若者が考える「日中の未来」vol.6

日本の若年層を中心とする 対中世論改善の可能性

ー学生懸賞論文集ー

元中国大使
宮本 雄二 監修　**日本日中関係学会** 編

日本僑報社

まえがき

　日本日中関係学会（会長：宮本雄二元中国大使）は、2012年から毎年、「宮本賞（学生懸賞論文）」を募集してきました。本書では、2019年度に募集した第8回宮本賞の受賞論文14本を全文掲載し、皆様にお送りします。

　第8回宮本賞では、「学部生の部」で54本、「大学院生の部」で33本、合計87本と過去最高の応募がありました。日本国内の大学のみならず、中国国内の大学からも多くの応募をいただきました。

　2019年12月に審査委員会を開催し、厳正な審査を行った結果、「学部生の部」では、最優秀賞に鈴木日和さん（慶應義塾大学）の「日本の若年層を中心とする対中世論改善の可能性」を選びました。このほか優秀賞3本、特別賞4本もそれぞれ選びました。また「大学院生の部」では、残念ながら最優秀賞の該当論文はありませんでしたが、優秀賞に劉毅さん・盤大琳さん（中山大学）による「中国に於ける2020年東京五輪に関するネット世論の研究―ウェイボー内容の感情分析に基づき」など3本、特別賞3本を選びました。

　今回の最大の特徴は、鈴木日和さんの最優秀賞受賞論文に見られるように、なんとか日本側の対中世論の改善を図れないかという視点からの受賞論文が目立ったことです。ゴミ処理や定年制、食卓マナーなど日本の優れた制度や習慣を中国が取り入れることによって、中国自身変わっていかなければならない。一方で、中国が先行している民泊ビジネスなどの分野では、日本が中国から学ぶべき点もある、という新たな論点も登場してきました。こうした相互理解、相互乗り入れによって、世論の改善も可能になるのではないか、という主張です。また、2011年にハルビン市方正県で発生した日本人開拓団の慰霊碑撤去事件をテーマに取り上げ、客観的、包括的に事件の背景を探るというこれまでにないアプローチ方法も注目されました。

　いずれの受賞論文にも、若者らしい斬新な切り口と興味深い分析が溢れており、これから日中関係を発展させていくうえで、貴重なヒント、手掛かりを提供してくれるものと確信しております。

　募集に際しては、日中の大学の多くの先生方から応募学生のご推薦・ご指導をいただきました。とりわけ日本大学の高久保豊先生、明治大学の郝燕書先生には、ゼミ活動の一環として今回も多くのゼミ生に応募いただきました。

東華大学の張厚泉先生には、上海を中心とした多くの大学に、応募の働きかけをしていただきました。このほか、日本華人教授会議、NPO中国留学生交流支援・立志会、日中交流研究所などの諸団体からも心強いご支援をいただきました。

　資金面からは、日中関係学会の多くの会員のみなさんから、ご寄付をいただきました。この場を借りて厚くお礼申し上げます。

　「宮本賞」のテーマは「日本と中国ないし東アジアの関係に関わる内容の論文、レポート」です。また分野は政治・外交、経済・経営・産業、文化・教育・社会、環境、メディアなどと幅広く設定しております。「宮本賞」の特徴は、論文・レポートの水準が高いだけでなく、これからの日中関係に論文・レポートがどのような意味を持つか、提言も含めて必ず書き入れていただいていることです。

　世界が不安定さを増す中、安定した日中協力関係は、日中両国にとってだけではなく、この地域ひいては世界全体にとってもますます重要になってまいります。とりわけ若い世代の皆さんの新しい発想と行動は大きな意味を持ちます。若い世代の皆さんが、日本と中国ないし東アジアの関係に強い関心を持ち、よりよい関係の構築のために大きな力を発揮していただきたい。日本日中関係学会などの諸活動にも積極的に参加し、この地域の世論をリードしていってもらいたい。「宮本賞」はそのための人材発掘・育成を目的として創設いたしました。

　「宮本賞」はすっかり軌道に乗り、日中の若者による相互理解を深める上で、大きな役割を発揮しております。2020年も第9回宮本賞の募集を行います。皆様方のご協力を得て、よりすばらしい「宮本賞」に発展させていけたらと願っております。

日本日中関係学会会長・「宮本賞」審査委員長
宮本雄二

目　次

最優秀賞

優秀賞

特別賞

付　録

日本の若年層を中心とする
対中世論改善の可能性
〜「直接交流」、ニューメディア、伝統メディアそれぞれの影響〜

慶應義塾大学法学部政治学科2年
鈴木日和

はじめに

　日本世論の中国に対する印象は「安定して悪い」のが現状で、改善の兆しはなかなか見られない。このような現状についてデータを用いて分析し、その原因を探ること、そして僅かながら見られる現状改善の萌芽について考察することが、本稿の最大の目的である。

　日本の民間団体である言論NPOが2018年10月に発表した日中共同世論調査では、中国国民の日本に対する印象について「良い印象を持っている／どちらかといえば良い印象を持っている」との回答が42.2％を占めた[1]。これは「悪い印象を持っている／どちらかといえば悪い印象を持っている」の56.1％には及ばないものの、2005年からの過去14年間では最も高い値である。両者の差が次第に縮まりつつあることからも、日本に対する中国世論の改善がうかがい知れる。

　一方の日本側の回答では、「良い印象を持っている／どちらかといえば良い印象を持っている」とした割合は13.1％にとどまり、反対に「悪い印象を持っている／どちらかといえば悪い印象を持っている」とした回答の割合は86.3％と9割近くに上った。調査結果の推移を見ても、2008年からの10年間にわたって7割を超える回答が中国に対するイメージを「悪い」としており、改善の兆しはなかなか見られないのが現状である。

　日中共同世論調査を実施している言論NPOでも、この傾向は指摘されている。同団体の代表である工藤泰志は、中国世論が改善した理由を「国民間の直接交流の増加と若者層を主体とした情報源の多様化」に見出す[2]。ではな

ぜ、日本世論において改善の兆しが見られないのだろうか。そしてこの状況は今後も続くのであろうか。

　この二つの問いに答えるうえで、カギになると考えられるのが10代後半から20代後半の若年層であろう。本稿においては、独自のアンケート調査の結果を交えながら、日本の若年層の中国に対する態度をより具体的に明らかにし、その現状を正しく理解することを第一の目的とする。さらに、近年になってより多様で複雑化するニューメディアの言論空間を中心に、今後日本の対中世論が改善する可能性についても考察したい。

一、日本の若年層の中国に対するイメージ

1-1 「中国に対するイメージ調査」の実施目的・期間・方法等

　本稿執筆にあたっては「日中共同世論調査」を参考にしながらも、よりテーマに沿ったデータを得ることを目的として、独自の「中国へのイメージ調査」を実施した。本調査は全国の15歳から30歳の男女を対象に、2019年10月8日から10月25日にかけて実施し、142本の有効回答を得た。参加者の年齢は、15歳から18歳が47.2%、19歳から22歳が38.7%、23歳から25歳が8.5%、25歳から30歳が5.6%である。

　第1章においては、本調査の結果を分析しながら、日本の若年層の中国に対する印象を、その背景を含めて考察したい。

1-2 中国に対する「良い」イメージと「直接交流」

　独自のアンケート調査への回答で「中国に対する印象」を「よい／どちらかといえばよい」とした回答は全体の38%を占めた。その理由としては、中国人の「親族・友人がいるから」を挙げた人が67.3%と最も多かった。その次に「中国の伝統文化」を挙げた人が56.4%、「中国語を学んでいるから」とした人が25.5%と続いた。

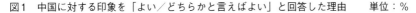

図1　中国に対する印象を「よい／どちらかと言えばよい」と回答した理由　　単位：%

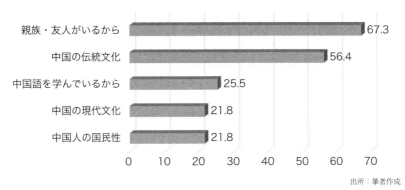

出所：筆者作成

　上記の結果から、最初に指摘されるのが「直接交流」の重要性である。なかでも「親族・友人」といった個人対個人の関係性の有無が、相手国に対する印象を形作る一つの重要な要素となっていることが分かる。

　また、文化的な魅力も大きな役割を果たしていると言えるだろう。歴史から来る両国の文化における共通性が、中国に対する好意的な態度を形成する一つの要因として作用していると推測される。さらに「中国の現代文化」を理由に挙げた回答を合わせれば、文化を理由として中国に「よい」イメージを抱くとする回答が78.2%に上ることからも、文化的な側面が相手国に対する印象を考えるうえで重要視されていることが読み取れる。今後、中国の現代文化が日本でより知られるようになれば、対中感情の改善につながる可能性があるといえよう。

1-3　中国に対する「悪い」イメージと「中国人の国民性」

　次に、全体の47.9%を占めた「悪い／どちらかといえば悪い」との回答について、その理由を見てみよう。最も多かったのは「中国人の国民性」で60.9%に上る。そのあとは「中国の政治体制」（49.3%）、「領土・領域の問題」（39.1%）と続く。

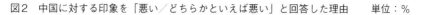

図2　中国に対する印象を「悪い／どちらかといえば悪い」と回答した理由　　単位：%

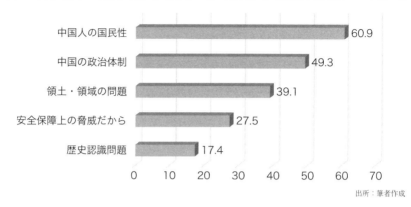

出所：筆者作成

　日本の若年層が中国に対して「悪い」印象を持つ大きな要因の一つとして「中国人の国民性」があげられたことは注目に値する。さらに考察が必要なのは、回答者がどこで一般的な「中国人の姿」のイメージを構築してきたのかという点である。

　本アンケート調査においては、回答者自身の中国あるいは中国人とのこれまでの関わりについて尋ねる項目があった。その結果と合わせて、回答者たちのいう「中国人の国民性」がどのように形成されてきたのかを分析してみよう。

　今回の調査で、中国に対する印象が「悪い／どちらかといえば悪い」という理由を「中国人の国民性」とした回答者のうち、中国との関わりは「ない」とする人は61.9%に及んだ。「中国人の友人・恋人がいる」とした人は26.2%、「中国を短期間（数日から2週間ほど）訪れたことがある」とした人は21.4%である。このことから6割を超える人々が、実際には中国や中国人との関わりを持たないまま、「中国人の国民性」を理由に中国に対して「悪い」印象を持っているということが分かる。この点については次章でさらに考察したい。

1-4　中国は「よく分からない」と回答した若者たち

　「よく分からない」という選択肢は日中共同世論調査には存在しなかったが、今回の調査で選択肢の一つに加えた結果、14.3%の回答者がこれを選択した。

　その理由の中で最も多かったのは「海外に興味はあるが中国に興味はない」「中国について見聞きする機会が少ない」の二つで、共に33.3%だった。そのあとは「中国についての話は難しくてよくわからない」が16.7%、「海外に興味がない」が4.2%と続く。ほかの理由としては「いいところも悪いところもあって選べない」など、その多面性を理由に態度を決めかねているとする趣旨の回答が21%寄せられた。この結果から、中国に対する印象を「よくわからない」と回答する層の8割弱は、中国に対して特段の知識や興味関心を持ち合わせていないために、質問に対して「よく分からない」との回答をしたということになる。

　この調査結果は、日本の若年層の中国に対する関心の低さとみることもできる。一方で、現時点で固定されたイメージを持たない層が一定数いるとすれば、彼らの中国に対する印象は今後の情報発信によって比較的柔軟に変化する可能性が高いということも指摘されよう。

二、日本の若年層の中国に対するイメージを構築するもの

2-1　「直接交流」の可能性と限界

　前章1-2で指摘したように、若年層の中で中国に対し「よい」イメージを持つとした回答者の67.3%が、中国人の親族・友人の存在を理由の一つに挙げている。このことからも分かる通り、言論NPOの工藤が指摘したような「直接交流」は対外国イメージの改善の上では、日本の若年層に対しても一定の効果を持っていると考えられる。

　しかし「直接交流」の機会を増加させることは容易ではない。ここで前提として確認しておかなければならないのが「直接交流」を可能にする条件である。他国の国民同士が直接に交流の機会を持つためには、どちらかがどちらかの国を訪れるか、あるいは第三国で両者が会うかという二つの選択肢がある。日本は地理的に海に囲まれた国家であり、陸続きの欧州などに比べて海外への渡航そのもののコストや心理的ハードルが高くなる傾向にある。

　また、アンケート調査で対中イメージの形成において大きな影響を持つことが確認された留学や国際交流事業への参加にも、大きな金銭的・時間的負担が伴う。今回の調査で、2人以上の回答者から参加経験があるとの回答が得られた日中の国際交流事業について、その期間や参加費を示したのが**表1**である。

表1　日中国際交流事業の期間や参加費

事業名（主催団体）	参加者数	期　　間	参加者の負担額
日中学生会議 （日中学生会議実行委員会）	日中合計で約60名	8月上旬から 下旬の約2週間	約9万円（日本開催） 約15万円（中国開催）
日本・中国青年親善交流事業 （内閣府）	日本参加青年約25名	10月下旬から 11月上旬の12日間	約10万円
RLEAD ASIA（JCSFG）	日中合計で約50名	8月下旬の9日間	3〜5万円
日中友好大学生訪中団 （公益社団法人日中友好協会）	約100名	8日間	1万円

出所：各主催団体のホームページから作成

　この4事業に関していえば、参加者の負担額は1〜15万円、参加者数は25〜100人、期間は8日間〜2週間となった。つまり、国際交流事業を通して「直接交流」の機会を持つためには、金銭的かつ時間的なコストが発生する。さらには、1回の事業の参加者数は若年層全体と比較すれば決して多いとは言えない。つまり「直接交流」は個々人の中国観には大きな影響を与える一方で、若年層全体の対中感情の改善に直接に寄与することは難しいように思われる。

2-2　「中国人の国民性」と日本メディアの中国報道

　前章の1-3では中国に対して「悪い」イメージを持つ若者たちの中で、中国と関わりがないにも関わらず「中国人の国民性」を理由に挙げる層が一定数いることを確認した。では、「中国人の国民性」が「悪い」イメージを伴うステレオタイプとして構成されたのは、一体なぜだろうか。本稿においては、アンケート調査の回答者の数人から寄せられた、日本のマスメディアによる中国報道の影響力への指摘から考察を試みた。

　慶應義塾大学の大石裕は2005年の「反日デモ」に関する日本の新聞社の報道を検証する中で、「量的にも、紙面構成の点でもほぼ画一的な報道傾向が見られた」と指摘する[4]。つまり、どの新聞も一様にデモの規模と破壊行為に着目し、その過激な側面を強調したというのである。

　この点については現場の記者も少なからず自覚的であると言えそうだ[5]。実際に中国で取材活動や駐在を経験したジャーナリストが多く寄稿した『日中対立を超える「発信力」』（2013、日本僑報社）では、その多くが「ニュース」を伝える自身の記事が中国に対するステレオタイプを強化しているのではないかとする葛藤を記している。

　その一人である塩沢英一は、そのような現状に対する努力として、共同通

信社が配信した「不惑の日中」「中国に生きる」といった長期連載を紹介している。このように、ニュースバリューが一般に高いとされるストレートニュースとは違った観点から、中国を多角的な視点でとらえようとする試みが一部ではなされてきた。しかし、塩沢本人が述べた通り、これらは大衆の「中国観」を変えるには至らなかった。

三、発展するニューメディアの言論空間と「中国観」変容の可能性

　ここまで「直接交流」やマスメディアによる報道を見ながら、それが若年層の中国に対するイメージにどのような影響を与えたのかを考察してきた。この章では、今日急速な発展を遂げるニューメディアという言論空間がこれまでとは違った形で、若年層の「中国観」に与える影響について考察していく。

3-1　ニューメディアの定義と特徴

　まず「ニューメディア」とは何かという点について、その定義を確認しておく必要がある。ここでの「ニューメディア」とは、新聞・雑誌・テレビ・ラジオなどの在来の伝統メディアに対し、技術の発展に支えられる新たな通信手段によって開発された情報伝達媒体ということができる。

　その特徴として第一に、個人による低コストでの情報発信を可能にしたことがあげられる。ここでやり取りされる情報は、新聞記事やテレビ・ラジオのニュース番組に多くみられるようなストレートニュースに限られない。むしろ、それらとは対照的に、個人の感情や直感を可視化する方向へとニューメディアは発展を遂げてきた。

　そして、二つ目の特徴として、双方向のコミュニケーションの活性化があげられる。個人による発信が容易になった結果、物理的に隔てられた、時には顔も本名も知らない人間同士が容易にコミュニケーションを取れるようになった。とはいえ、これはニューメディアが直接のコミュニケーションのみを促進したということを意味しない。そこで発生したのは、オリジナルの情報源からいくつもの発信者を介して、個人に情報が伝わるという、いわば間接的なコミュニケーションの促進である。

　従来の伝統メディアにおいては、記者が取材した内容が記事や番組の形で

読者或いは視聴者に届けられてきた。しかし、ニューメディアの言論空間において
は、誰かが発信した情報が別の誰かの手を経て、自身へ到達し、そこ
からそれを別の人へと「拡散」するということが容易になった。その「拡
散」の各段階で、それぞれの発信者が自身の意見を付加し、ときには情報を
加工するということが容易に行われるようになったのである。このようなニ
ューメディアの特徴は、日本の若年層の中国観にいかなる影響を与えてきた
のであろうか。そして今後、それはどのように変化するのであろうか。

3-2　日中の比較から見る若年層を主体とした「情報源の多様化」

　言論NPOの工藤は中国における「情報源の多様化」は若年層に主導され
てきたと指摘した。では、日本おけるニューメディアの台頭を中心とした
「情報源の多様化」は、どのように発生してきたのだろうか

　そこでまず指摘しておく必要があるのが、人口全体に対するインターネッ
トの普及率である。中国互聯網絡信息中心（CNNIC）が発表した「第44次
互联网报告」によれば、2019年6月時点での中国のインターネット人口は
8.54億人、普及率は61.2％となっている。[6] その中で、10 ～ 19歳と20 ～ 29歳
を合わせると、インターネット人口全体の41.5%を占める。

　一方、総務省が発表した平成30年度版の「通信利用動向調査」によれば、
2017年時点での日本のインターネット普及率は80.9%、世代別で見ても13
～ 59歳まででは各階層で9割を超える。[7] つまり、中国での「情報源の多様
化」がインターネットの普及と並行して進んでいるのに対し、日本において
はすでにある程度インターネットが国民全体に普及した状態にあるのだ。

　とはいえ、日本における「情報源の多様化」で各年齢層が同程度の影響力
を持っているとは言えないだろう。前出の「通信利用動向調査」を見ると、
日本のインターネット普及率は80.9%と全体として高い割合と言えるが、そ
の中でも13歳から19歳、20歳から29歳は、「ソーシャル・ネットワーキン
グ・サービス（以下SNS）の利用」「動画投稿・共有サイトの利用」などを
理由にインターネットを利用していると回答する割合がほかの年代に比べて
高い。

　これらのTwitter・InstagramなどのSNSやYouTubeなどの動画投稿・共
有サイトはいずれも、上記で指摘したようなニューメディアの特徴が顕著に
みられる媒体である。つまり、日本においてもニューメディアの台頭を中心
とした「情報源の多様化」は中国ほどではないにせよ、一定程度は若年層主
体で進行しているということができる。

3-3　ニューメディアを通して変化する日本人の「中国観」

　ここで実際にいくつかの媒体を見ながら、ニューメディアの言論空間が日本人、とりわけ若年層の中国に対するイメージにどのような影響を与えてきたのかを考察したい。しかしここで留意する必要があるのは、ニューメディアの言論空間は広大で、その影響を一言では評価できないという点である。ある一部分では中国に対するステレオタイプを強化する、あるいは事実に反するとされる情報が流布し、相互理解を妨げるといった影響が見られる一方で、違った部分ではマスメディアが伝えない日常の一面を伝え、ステレオタイプからの脱却につながるといった影響もみられる。

　今回は、そのそれぞれについて具体的な事例を取り上げながら、ニューメディアを通して変化する日本人の「中国観」を、若年層を中心に考察したい。

　まず、月12万件のニュースをネット上で配信するヤフー・ニュースとその記事についた読者によるコメントについてみてみよう。2015年4月の1週間にこのサイトで配信された政治・社会関連のニュース約1万件と、それに付いたコメント数十万件について、立教大の木村忠正とヤフー・ニュースが共同で調査した結果、各コメントについて、人名・地名等の頻出度を比較すると、上位の3つは「日本」「韓国」「中国」となり、中国と韓国に関連するコメントの多くに「嫌中」「嫌韓」の意識が強く見られた。

　2017年4月28日の朝日新聞の記事では「ネット上『嫌韓』『嫌中』はびこる」との見出しでこれを報じた。この調査結果からみればわかる通り、ニューメディアの言論空間の一部で、中国への悪いイメージが根強く示されていることは事実である。しかし、そのような言説が、日本におけるニューメディアの言論空間全体を写し取ったものといえるかどうかには疑問符が付く。

　この調査結果では、1週間で100回以上コメントした人が全体の1%、その1%の人々によるコメントがコメント全体の約20%を占めるとの結果が示されている。また、中国・韓国に対して排外的な態度を取る人々の性別・年齢層などに偏りが見られるとする指摘もある。具体的には、性別では男性、年齢層では10代及び40代が多いとの見解を示す関係者もいる。前項で指摘した通り、日本におけるインターネットの普及率には、性別・年齢などの属性による偏りが少ないことを考えれば、インターネットをはじめとするニューメディアの言論空間において、中国に対する厳しい見方が多いというのは一面的な指摘にすぎないだろう。

　では、反対にニューメディアの言論空間でみられる中国に親和的な言説としてはどのようなものがあるのだろうか。その一例として挙げられるのが、

若年層の女性を中心に流行の兆しを見せる「中国メイク」だ。その定義は難しいが、一般に日本や韓国で主流とされるメイク法よりも「キリッとした印象のメイクが多い」という[11]。

　このようなメイクを施した中国人女性は「チャイボーグ」とも呼ばれ、韓国の「オルチャン」に続く流行の兆しを見せ始めている。例えば2019年5月にYouTubeに投稿された「絶対流行るよ 中国メイク。【中国メイク第1弾】網紅メイク」と題する動画の再生回数は52万2,456回に上る（2019年10月30日時点）[12]。また、中国のメイクやファッションの情報を発信するTwitterアカウント「紅美女（@ honbmeinu_china)」のフォロワー数は14万2,156に上る（2019年10月30日現在）[13]。このような、中国文化への関心の高まりは、ステレオタイプの中国イメージからの脱却につながると考えられる。そこでは「中国」を「かわいい」という記号と紐づけるような、既存の枠組みとは違う新たな価値観が発生しているのである。

3-4　若年層の「中国観」の今後

　ここまでは、近年発生している若年層の中国に対するイメージを巡るいくつかの動きを取り上げてきたが、最後に今後の展開について考えたい。

　その上で重要になるのが、中国に対する印象を「良い」と回答し、中国との関わりを自負する層である。第2章で確認した通り、本稿執筆にあたって行った独自アンケートでは、彼らの7割近くが中国人との「直接交流」の機会を持っていることが判明した。一方で、第3章では「直接交流」は多くの人々の中国に対するイメージを変えることは困難であると指摘した。

　しかし、直接交流の機会を得た一部の若者が、ニューメディアの言論空間を通して、その経験や知見を発信し、さらにそれが拡散されれば、間接的により多くの人々に影響を与える可能性は大いにある。実際に、現在SNS上では中国に限らず、長期留学や滞在中に日々の生活などの情報を発信するアカウントが増加しており、その一部はYouTubeでの動画投稿やライトウェイト・コンテンツの「note」での情報発信も行っている[14]。

　このような動きが一次的に影響を与えられる範囲は限られている。しかし、ニューメディア特有の「拡散」を生かして、情報は興味関心が高い層からそうでない層へと緩やかに伝搬していくことが予想される。このような流れは、アンケート調査で中国に対するイメージを「よく分からない」と回答したような関心の薄い層にまで徐々に広まっていくであろう。

　また、ニューメディアの影響は、既存のメディア報道によって構築されて

きたと考えられる中国に対する「悪い」印象とその背景にあるステレオタイプの中国イメージにも及ぶことが予想される。第2章と第3章で確認した通り、彼らの多くは中国との接点がないまま、社会全体で構築されてきた「中国」のイメージの影響を大きく受けてきたと考えられる。既存のメディアが報じにくい、いわゆるニュースバリューの低い情報、即ちより「日常」に近い情報が増加するなかで、彼らの考えも柔軟に変化する可能性を持っていると言える。

おわりに

　本稿においては、若年層に焦点を絞りながら、日本人の中国観の現状とその背景、そして今後の変容の可能性について考察してきた。

　その中で特に力点を置いた「ニューメディアという新たな言論空間」については、日中両国においていまだに発展途上にあり、大きな可能性を持った分野であると考えている。その特徴は、一言でいうとすれば「間接交流」を可能にする媒体であるという点にあるだろう。

　一方で、これまで実施されてきた日中の国際交流事業や留学、そして既存のマスメディアによる中国への取り組みの意義を軽視することは決してできない。多様な人々が発信者となるニューメディアの時代が訪れる中で、いわゆる「中国通」とされる人々やマスメディアの記者には、責任ある情報の発信者としてより多くの役割が求められることであろう。

　ニューメディアの可能性は大きいと述べたが、一方で誤った情報やあらかじめ持っていた先入観の影響を色濃く受けた直感的な言説が流布しやすいのも、ニューメディアの特徴の一つである。このような負の側面を抑えようとするうえで、中国をよく知る人々やマスメディアの記者が発信する信頼性の高い情報は重要になる。

　このように、既存の取り組みと新たな潮流の双方が、その役割を果たし、互いに影響を与える中で、日本における中国に対するイメージは今後緩やかに改善していくものと考える。

参考文献

言論NPO「第14回日中共同世論調査」 http://www.genron-npo.net/world/archives/7379.html

工藤泰志「なぜ、日本人に中国へのマイナス印象が大きいのか 15回目の日中の共同世論調査結果をどう読むか」 http://www.genron-npo.net/world/archives/7381.html

大石裕・山本信人編著「メディア・ナショナリズムのゆくえ 『日中摩擦』を検証する」朝日新聞社、2006年

段躍中編「日中対立を超える『発信力』」日本僑報社、2013年

中国互聯網絡信息中心（CNNIC）「第44次互联网报告」、2019年

総務省「通信利用動向調査」http://www.soumu.go.jp/johotsusintokei/statistics/statistics05.html

総務省「平成30年度版 情報通信白書」 http://www.soumu.go.jp/johotsusintokei/whitepaper/ja/h30/html/nb000000.html

朝日新聞「ネット上『嫌韓』『嫌中』はびこる ニュースのコメント数十万件分析 立教大教授ら」、2017年4月27日

朝日新聞「ネット言論荒らさせぬ ヤフー、大量投稿の規制強化」、2017年7月31日

朝日新聞「（時代を読む）インターネット 気持ちがいい『正義の味方』『ネット右翼』は中高年の男性が意外に多い」、2018年10月22日

朝日新聞「ネット右翼検証、新たな存在も 東北大准教授ら、8万人アンケート」、2018年10月5日

福井新聞デジタル「『俺と同じ体重じゃん』父親の一言でダイエットを決意したJKが中国メイクの達人になるまで」、2019年10月24日

1　言論NPO『第14回日中共同世論調査』 http://www.genron-npo.net/world/archives/7379.html

2　工藤泰志「なぜ、日本人に中国へのマイナス印象が大きいのか 15回目の日中の共同世論調査結果をどう読むか」 http://www.genron-npo.net/world/archives/7381.html

3　日中学生会議実行委員会『日中学生会議』 https://jcsc-japan.org
内閣府『2019年度日本・中国青年親善交流事業（第41回）概要』 https://www8.cao.go.jp/youth/kouryu/boshu/h31/pdf/china_gaiyo.pdf
日中学生交流連盟（JCSFG）『RLEAD ASIA——リード・アジア——』 https://jcsfg-frontier.com/contents/program/rleadasia.html
公益社団法人日本中国友好協会『日中友好大学生訪中団』 https://www.j-cfa.com/project/visit/

4　大石裕／山本信人編著『メディア・ナショナリズムのゆくえ「日中摩擦」を検証する』朝日新聞社、2006年

5　段躍中編『日中対立を超える「発信力」』日本僑報社、2013年

6　中国互聯網絡信息中心(CNNIC)『第44次互联网报告』、2019年

7　総務省『通信利用動向調査』 http://www.soumu.go.jp/johotsusintokei/statistics/statistics05.html

8　朝日新聞「ネット上『嫌韓』『嫌中』はびこる ニュースのコメント数十万件分析 立教大教授ら」、2017年4月27日

9　同上

10　朝日新聞「（時代を読む）インターネット 気持ちがいい『正義の味方』『ネット右翼』は中高年の男性が意外に多い」、2018年10月22日

11　福井新聞デジタル「『俺と同じ体重じゃん』父親の一言でダイエットを決意したJKが中国メイクの達人になるまで」、2019年10月24日 https://www.fukuishimbun.co.jp/articles/-/959587

12　「絶対流行るよ中国メイク。【中国メイク第1弾】網紅メイク」 https://www.youtube.com/watch?v=eIysIKZipgI&t=3s（最終閲覧日2019年10月30日）

13　「紅美女（＠hongmeinu_china）」 https://twitter.com/hongmeinu_china（最終閲覧日2019年10月30日）

14　堀正岳「ブログでもSNSでもない『note』は未来を生み出すコンテンツ・プラットフォームだ」 https://lifehacking.jp/2014/04/note/

近代日本のアジア主義と
その現代における可能性

上海師範大学外国語学部
日本語学科4年
辜傲然

はじめに

　1993年11月1日、マーストリヒト条約が発効したことにより、正式に「欧州連合」（EU）が誕生し、約3億4000万人がこの広大な地域集合体を構成することとなった。現代における地域主義の発展、広域圏一体化の潮流の中で、東アジアも本格的な地域一体化構想に焦点を合せなくてはならない。「東アジア共同体」の実現可能性については、1990年代から議論が続いており、現在この構想は、単なる新たな国際関係の構想としてだけではなく、差し迫った現実の問題として、東アジアの人々に突きつけられている。

　歴史を遡ると、東アジアにおいては、世界の関心を集めるようになった十九世紀半ば以降、「アジアへの帰属感」を喚起する努力と、アジアの共同体創造に関する言説が多く見られるようになった。

　それはまず、東アジアで率先して近代国民国家建設に取り掛かった日本のアジア主義として生まれ、日本のナショナリズムとともに成長していった。しかし、その発展の過程において、共同体の「指導者」をどうするかという問題と、帝国主義下という時代的背景により、最終的に日本一国の膨張主義とアジア諸地域に対する侵略へと帰結してしまった。

　このようなアジア主義は、結果的に近代アジアの諸地域に莫大な被害と計り知れない損失をもたらした。同時に、西洋列強に対する抵抗を目的とし、東洋の連合による近代化（およびその中・後期における「近代の超克」という課題を巡る思想的試み）の実現というアジア主義本来の目標は、日本ナショナリズムの膨張政策の口実として利用され、多様性を抱合する「有機統一」の発展を、事実上の「ゼロサム政治」に導いたのである。こうした歴史

的事実は、アジア主義に「アジア諸地域を踏み台として日本の発展を目指した」というイメージを深く焼き付けてしまった。

　だが、アジア主義そのものを過去の日本の侵略行為と直結させ、排斥するだけの姿勢は正しいものとは言えない。アジア主義という思想が本来的に持つ「アジアへの帰属意識」と「東アジア共同体」への志向性は、無視してはならない。早くも1902年に、著名なアジア主義者である岡倉天心は、彼の代表作『東洋の理想』の冒頭部分で、「Asia is one（アジアは一体である）」と断言している。

　現代における「東アジア共同体」の創造というテーマに取り組むにあたって、アジア主義の再検討は、現代東アジア国際社会において極めてデリケートではあるが、避けることのできない重要な課題となる。新たな時代における東アジアの「有機的発展」を実現するためには、近代日本社会が生み出したアジア主義に対し、根本的な再検討を行わなければならない。具体的に言えば、その思想体系の基盤に存在する「他者との共存」という特性を分析しなければならないのである。

　本稿では先行研究の成果を踏まえたうえで、関連史料の再検証を通じて、近代日本のアジア主義がたどった顛末から、現代国際社会における「東アジア共同体」実現を阻む障壁を打破する方策と、21世紀における新たな日中関係を構築する可能性を模索していきたい。

一、先行研究と分析視角

　ある種の思想を語る際には、まずその社会的背景を考察しなければならない。ところが、近代日本社会は「世界で最も複雑な条件」下にあったかもしれないと指摘されている。19世紀半ばからの欧米列強によるアジア進出と植民地化の進展、アヘン戦争による清王朝の権威喪失などの要因によって、日本はヨーロッパからの脅威を実感する一方で、これが「高次の文化の低次の文化への流入」であることも認め、自ら近代国民国家の建設に乗り出したのである。

　こうした近代国民国家形成の中で、日本の民族意識も次第に形づくられてきた。劉峰は、「アジア」という言葉が日本にとってヨーロッパからの視線による「他称」から、「自称」に代わったとする観点から、日本のアジアに対する帰属意識に潜む受動的性格を明らかにした。また、アジア主義に関する最も著名な研究者でもある竹内好は、近代合理主義の実証精神が、自らの

「進歩」を確認し得たのは、東洋においてのみであったことを明らかにし、そこから東洋がいかなる抵抗形式をとっても、近代化（ヨーロッパ化）に行きつかざるを得ないという結論にたどり着いた。[5]

　確かに、明治維新後の欧化主義の高揚は、竹内の論旨の展開にとってある程度の裏付けになったのかもしれないが、初期のアジア主義が、指摘されたような受動的姿勢から生まれたという事実も見過ごすわけにはいかない。日本は「脱亜入欧」を高言する一方で、ある種素朴な「合従連衡」論を唱え、アジアが連合してヨーロッパへ対抗することを望んだ。こうした矛盾をはらんだアジア主義の思想的ひな形は、近代日本社会の複雑性と絡み合いながら成長していったのである。

　半面、国民国家形成と国民意識の目覚めに従い、アジア主義自体も多義化していったことにも留意する必要がある。中島岳志はアジア主義の文脈を再整理することを通じて、アジア主義を代表する論者たちの分類を試みた。それを通じて、竹内が主張した「アジア主義は心情から思想へと昇華しなかった」ことを認めている。中島は、多義的なアジア主義の様々な潮流が、最終的に帝国主義性質をもつ「大アジア主義」へと収斂した理由として、その萌芽期からすでに潜在的な危険性を内包していたことを示唆した。同時に、「アジア主義に本来あるはずのもう一つの可能性」を提示し、従来の研究から「オルタナティブな近代」への道筋を描いたのである。[6]

　本稿では、以上の先行研究に基づき、アジア主義者たちそれぞれの「出会い損ね」という視点から出発し、アジア主義の「未完性」に注目して、その中で最も「健全なアジア主義」に近い位相を明らかにしたい。そして、アジア主義の思想面における基盤をなす共通性から、現代における「東アジア共同体」の可能性を探ることが本稿の目的となる。

二、アジア主義の異なる位相

　アジア主義の定義は、辞書によって様々であり、定まった定義は、筆者の調べた限り、まず存在しないと言える。ほとんどの解釈には留保が付き、論者の政治的立場、時代の局面転換などの要因がもたらす多義性も認めている。それゆえ、アジア主義の分類を試みる際には、ある程度の限定を加えなければならない。それだけでなく、アジア主義そのものが「思想（イデオロギー）」として存在し得るどうかも考える必要がある。

　しかし、こうした議論はさておき、アジア主義に内包された様々な主張に

着目すると、アジア主義は日本近代史における何人かの重要な人物と密接に関わっていることが分かる。彼らにおける対抗は、いずれも単なるイデオロギー面の対抗にととまらず、むしろ日本近代国家の発展とナショナリズム成熟の過程を規定してきたのである。本章では、こうした様々なアジア主義の位相を明らかにしたい。

2-1　岡倉天心の位相

　東京帝国大学の東洋芸術史の授業で、当時青年だった大川周明は、非常勤講師だった晩年の岡倉天心の「アジアの精神的価値」に関する講義から、深い感銘を受けた。

　「それアジアは渾然たる一如である。ヒマラヤの連山は、孔子の共同主義を根底とする支那文明と、ベーダの個人主義を根底とする印度文明とを分けてはいるが、唯一如の面目をして益々鮮やかなさしむるものに過ぎぬ[7]」という大川の論述は、天心が『東洋の理想』冒頭で述べた有名な「Asia is one」から深い影響を受けたことを示している。

　天心から見れば、「文明」はそもそも近代西洋から輸入された概念であり、東洋にとってはむしろ「白禍」となる[8]。近代西洋文明から生まれた産業革命を武器としたヨーロッパの世界進出は、確かに「文明」の勝利とは言えるが、同時にアジアの植民地化をも意味した。「文明」はアジアを犠牲にして、自らの価値を確認し、イデオロギーを補完したと天心は見た。つまり、天心にとっては「文明」自体が反動的側面を持っているのだ。

　アジア主義を掲げ、アジアの「連帯」の下で「文明」へ近づけば近づくほど、反動化が進む。この矛盾した構造こそに、当時のアジア主義者が意識できなかった危険性が存在した。「文明」はそれ自体が価値であるが、「連帯」は手段に過ぎない。「連帯」によって何を実現するかがあいまいであったことが、「文明」の価値を否定できなかった原因であった[9]。次節で論じる「抵抗のアジア主義」から「政略のアジア主義」に転換してしまった玄洋社であれ、「対等合邦」から近代化の道を見出そうとした樽井藤吉[10]であれ、「連帯」それ自体に「文明」より高い価値を見出すことはできなかった。だから、いくらアジア主義者が「連帯」を鼓吹しても、天心の目には、退廃した「近代」へと向かう姿としてしか映らなかったのだ。

　その天心は、自らの視点を「東洋の伝統宗教による西洋近代の見直し」に置いた。ここでの「東洋の宗教的伝統」というのは、儒教、仏教、神道などをすべて含めた広義の「東洋の宗教」である。そして「西洋近代」とは、後

にマックス・ウェーバーが『プロテスタンティズムの論理と資本主義の精神』で述べた、西洋における個人主義の成長と資本主義発展への道という観点と思われる。

　天心の見るところ、近代ヨーロッパで発生した個人主義には、東洋の宗教が提唱する「秩序性」が欠けている。儒教は春秋時代の「礼崩楽壊」が到来する以前の「三代の治」復興を究極的な政治の理想とし、天下を平和にして「万民帰位」の大同社会に返ろうとする。仏教は「諸行無常」の「万物皆無」の世界を見限り、世界で「我」を把握しようとすれば、まず「無我」を達成しなければならないとし、「我」を自然の「法」である転生輪廻に委ねることを主張する。そして神道は「自然を畏服する」概念を強調し、自然の生んだ神霊たちと共生する中にこそ、人の原初的「感性」が存在することを確信している。つまり、東洋の宗教はいずれも、人と自然・社会と共生するのに必要な「秩序」を強調している[11]。

　ところが、ヨーロッパの個人主義が、合理主義という推進力下で目覚めたのは、「秩序に対する破壊性」あるいは「無秩序の推奨」であった[12]。人間の理性は必ずや万物を認識し、勝利へと導くと言うのだ。

　だからこそ、合理主義には限界が存在する。理性には感性という対立面が存在し、両者が調和することで人間として存在できる。理性しか残されていない人間はもはや人間でない。だから、不完全な感性こそが、人間の生まれ持った特性なのである。そして、主体としての個人の集合である社会が、「より健全」な社会に向かって、自らの不完全さを否定しながら永久運動をし続けなければならない[13]。

　天心にとっては、永久運動の過程で自らを否定し続ける「過渡」こそが、真の意味での社会「常態」であった。こうした「常態」の中で生きていくには、「過渡」を常態的存在として認識するだけでなく、「過渡」において不変である真理（「宇宙最原初最本質の共通法則」）を把握しなければならないのである。真理は唯一的であると同時に、普遍的でもある。ならば、真理は自然万物の中にすでに存在しているのではないか。

　こうして彼は、東洋の宗教の教義に共通して存在する「一にして異、異にして一」という「多一論」にたどり着いた。「異」に潜んでいる超越的な「宇宙の一」を見い出すことによって価値の対立を乗り越え、世界を「有機的社会」として統一する「アドヴァイティズム（不二一元論）」こそが、限界を打破する唯一の方法となる[14]。東洋における価値は、個人の特殊性を普遍的宇宙法則の上に置かず、個人の存在意義を絶対的なものとして考慮しな

いが故に、ゼロサムを乗り越えた「有機統一」が可能なのである。

　したがって、天心は文明を真理としての「美」に接近するために存在するものとした[15]。つまり、文明はあくまでも手段にすぎない。行き詰まった現状の打破は、まさに「東洋の伝統宗教の西洋近代のものに対する包み直し」で行なうべきである。この結論は福沢の唱えた文明価値論への批判となり、同時に真の意味においての「近代の超克」への道を切り開いたとも言えるだろう。だからこそ、天心は『東洋の理想』の冒頭部分に「Asia is one」と書いたのだ。

　もちろん、筆者の見るところ、天心にとってのアジアは、宇宙の真理へとたどり着く一つの「手段」となる。しかし、アジアという手段は「包み直し」を通じて近代合理主義の「無秩序」を正せる唯一の方法でもある。『東洋の理想』というタイトルは、そうした天心個人の理想を示したものだと言えよう。

2-2　玄洋社と大川周明の位相

　アジア主義が最終的にたどり着いた結末から遡ると、民間右翼団体における「大アジア主義」は、日本主義や日本ファシズムの流れを汲んだイデオロギーとして、アジア主義後期の主流となった[16]。その中で最も代表的なものは、頭山満と内田良平を中心として明治期に成立した玄洋社＝黒龍会と、大川周明を中心として大正期に成立した猶存社＝行地社である。

　一般的には、「国権論」を主張する右翼の源流と「自由平等」を掲げる自由民権運動は、対極にある存在と見なされる。しかし、1881年に創立された玄洋社の前身である向陽社は、自由民権運動から発足した[17]。しかもその初期メンバーである旧福岡藩士たちは、板垣退助によって創立された愛国社では左派グループに属し、民権伸張・国会開設に向けた政治活動で活躍していた。したがって、なぜ自由民権運動左派グループによって創設された玄洋社が、後の右翼運動へ転化したのかという問題を検討する必要がある。

　これに対する主流的見解は「転向」説である。すなわち玄洋社は民権論から国権論へと転向したとする。竹内を含む多くの論者が引用するのは、玄洋社の「転向」に際しての次のような自己弁明である。

　「当時、諸外国の我が国を遇する、あたかも小児を遇するがごとく、殊に隣邦老大国（清）の我に対する不遜軽侮の態度、憤慨に堪えざるものなり……すなわちここに民権伸張論を捨てて、国権主義に変ずるに至れるなり[18]」

　確かにこの文章は、玄洋社が民権を「捨て」、国権に「変」じたと解釈で

きるが、それが政治的意味における「転向」だとする見解には、筆者は賛成
できない。こうした「転向」を研究するにあたっては、その深層に潜む内因
を掘り下げなければならない。前段で言及した愛国社という名称に着目すれ
ば、容易に連想されるのは、1930年代以降の日本の国家主義であろう。少
なくとも現代日本人は、「愛国」という言葉自体に、多かれ少なかれ右翼的
要素が入っているように感じるのではないだろうか。

　なぜ自由民権運動左派が愛国社と名乗ったのかという問題を解くためには、
近代天皇制に言及しなければならない。

　中国の辛亥革命が皇帝による統治を否定した共和主義的革命であったのに
対し、日本の明治維新による国民国家形成は、近代天皇制を中核として成立
した。これは日中の近代化の起点における「象徴（シンボル）」の違いを意
味している。この違いは、両国ナショナリズムの方向を大きく規定した。つ
まり、近代日本における「反政府」と「反国家」の概念のくい違いである。

　中国の辛亥革命において、清国政府と清帝国は一致しているものと言って
もよいだろう。清の皇帝と清国政府はイコールで結ばれる。しかし、天皇そ
のものを革命の「象徴」とした日本では、「藩閥連合による専制政府に反対
し、政府勢力から天皇を救出することによって、日本全土を天皇の直接統治
下に置き、真の国民平等を実現する」ことが革命の目的となる。つまり、天
皇が直接統治を行なうことを革命の終点とする。この「天皇革命イデオロギ
ー」は、後のアジア主義の発展と緊密な関わりを持つことになると考えられ
る。

　以上のような全体像からすれば、民間における「反政府」という要求の高
まりに際して掲げられた「愛国」という言葉は、「国」は「天皇の国」であ
り、「愛」は「自由平等」に対する愛を意味するのである。このため、愛国
社と同時期に同じような革命構想を抱えた玄洋社メンバーたちにとって、
「愛国」はむしろ彼らが一貫してきた原則であった。[19]だから民権が外的脅威
にさらされる時、玄洋社の選ぶ武器は当然ながら、一貫して掲げてきた「愛
国」──国権の伸張となる。

　ここには、ナショナリズムがデモクラシーを支えるという構造が見られる。
換言すれば、近代日本のデモクラシーは、ナショナリズムに強く依存してい
るのである。このような視点から、住友陽文は、「ナショナリズムが、国家
を利益団体たる国民共同体として描こうとする『欲望』とするなら、デモク
ラシーはそれに形式を与える規律と統合の役割を果たすものであった[20]」と
述べて、両者の相補関係に注目するのである。

　したがって、これは竹内の理解した政治的意味の「転向」というより、表面的な方針転換と表現したほうがより妥当ではないだろうか。この方針転換は、玄洋社の根本的な政治立場とまったく抵触するものではない。むしろ彼らはそうした原則に固執していたからこそ、政治方針を転換したのである。ここで得られるアジア主義の一つの位相はナショナリズムに支えられる民権＝国権イデオロギーである。

　ただし、ここで補足として提示したいのは、玄洋社＝黒龍会は確かに終始一貫した思想を保持していたが、アジア主義本来の位相からは、ずれて行ったという点である。その活動の過程において、天皇を象徴視した玄洋社は民権を国権と結びつけたが、革命の象徴である天皇が彼らの理想通りの機能を果たす場合に、「天皇制絶対主義」というべき反革命的側面を持ってしまうことを看過した。

　すなわち、彼らの思想を突き詰めると、対外問題にあたっては、「万世一系」の天皇を価値のピラミッドの頂点と認識し、このような価値観を他国へも押し付け、「天皇との距離」が序列関係の基準となる、天皇を縦軸の中心とした同心円を拡大し続ける「超国家主義」になるのである[21]。

　玄洋社は成立当初、藩閥政府と帝国主義双方に反対し、「天皇革命象徴説」ともいうべき立場を通じて自由民権を主張する「心情」を表した。しかし、大日本帝国憲法発布以降、政党制が次第に浸透したことで、日本国内における民権はある程度の保障を確保した。

　この結果、玄洋社は一旦、目標の喪失に陥り、本来「手段」であった天皇親政を「目標」に転化したのである。そして、本来（民権保障のために）アジア諸国と手を結び、帝国主義に対する抵抗を訴え、連帯を呼びかけた方針は、自然に（国権保障のために）アジアにおける勢力範囲を確定しようとする膨張主義に変容した。

　これが竹内の言う「抵抗のアジア主義」と岡倉天心「思想のアジア主義」との「出会い損ね」である。玄洋社＝黒龍会が「アジアの連帯」の中に潜む近代文明を超克する価値を見つけられないまま、それを一国による支配論に帰した時点で、もはや連帯は価値の中心ではなくなったのである。

　では、岡倉天心の流れを汲んだ大川周明は「アジアの連帯」という価値の選択を巡り、どのような姿勢を取っていただろうか。

　大川周明は、イスラム教の政治に対する積極的関心と世俗を超える普遍性に注目した[22]。彼が主張していたのは、アジアはまずアジア自身の「一」を見出さなければならないことである。文化において共通した帰属感をつくる

ことによって、政治の整合的統一を達成し、ヨーロッパの帝国主義侵略に抵抗する同盟を結成する。その中からヨーロッパ物質文化の退廃を超克する力を見出し、アジアの「大義」を四海に広げるのである[23]。

そして、彼は「小乗アジア」と「大乗アジア」の存在を提示した[24]。「大乗」は広大、無量、寛闊という意味であり、人々を救おうとする「普渡衆生」という、際限のない大きな「大乗」に万物を乗せ、西方極楽世界を目指すことである。

しかし、大川の見るところ、アジア固有の伝統にはその超越的な「一」は本来存在しているが、アジアの宗教教義により観念化され、現世における存在感があまりにも薄くなっており、個人の観念である内面と政治的実体をなす外面が遮断される現象が起こっている[25]。したがって、真の「大義遍布」（「大義」を四海に広めること）を達成すべく、孤立の「小乗」を捨て、「大乗」を創出し、政治意味での「一」の超越にたどり着かなくてはならないとするのが、彼の結論であった。

しかし、大川のアジア主義は、大きな問題をはらんでいた。彼は、この「際限なき大乗」に舵取りが必要とし、全アジアの舵を取り「大義遍布」・「近代超克」を果たす役目は、日本以外にないと主張したのである[26]。これは時局に基づいた彼にとっての合理的な判断と思われるが、この「合理」こそが、本来近代を「超克」するはずの彼を、かつて天心が批判した近代合理主義へ回帰させてしまったのである。

彼は、「同人種の統治」による韓国併合の過程で日本が用いた植民・拡張との手段を、「東亜全局の平和を確保する必要」性から正当化し、それをもって日本の「先進・開化」をアジア全域に広めた上で、ヨーロッパと対抗できると主張した[27]。彼は意識していなかったが、こうした「先進・開化」こそ、そもそも西洋文明の産物だったのである。

要するに、天心のアジア主義の位相を純粋（かつ孤独）な「思想のアジア主義」とすれば、大川は完全に「東亜盟主論」という位相に滑り落ちてしまったと言えるだろう。その結果、彼の理論は日本の膨張主義を正当化するものに堕してしまった。これは二人の思想・理論の位相の違いが導いた出会い損ねである。その後、大川のアジア主義の影響下、天心の『東洋の理想』の素朴なアジア主義論は歪曲され、近代日本の膨張主義の本流へと流れ込んでいった。

2-3　西郷隆盛と孫文の位相

　視点をもう少し前の歴史に戻そう。アジア主義を語る際、大多数のアジア主義者にとって、その源流には西郷隆盛が永遠にたたずんでいる。積極的に国権を求める頭山満や内田良平にしろ、「大乗アジア」の拡大による極楽浄土の到達を望む大川周明にしろ、その行動の背後から西郷の姿が消えることはなかった。

　竹内は、「西郷を反革命と見るか、永久革命のシンボルと見るかは、容易に片づかぬ議論のある問題だろう。しかし、この問題と相関的でなくてはアジア主義は定義しがたい」[28]と述べ、西郷の立場およびその背後にある思想的なものを、二重の視点で見分けなければならないとする。「反革命」と「永久革命のシンボル」は一見矛盾しているが、その思想の源泉を掘り下げていくことは不可能ではなかろう。

　明治初期の征韓論争に注目すれば、西郷は自ら渡韓して殺されることで出兵の口実をつくり、対外戦争によって明治政府に対する士族の不満を鎮めようとしていたとするのが現在の通説である[29]。西郷のこうした主張は、欧米視察から帰国した岩倉視察団一派の反対による政府の分裂、さらに西郷らの下野で終止符が打たれた。

　では、西郷の「征韓論」の真意は果たしてどこにあったのか。これをめぐる異なった見方は、竹内が突きつけた西郷の二重性に対する理解の違いを反映し、アジア主義者たちによる西郷の神格化にもつながると考えられる。戦前、戦後を通じた右翼民族派として著名な評論家の葦津珍彦は、西郷の評伝『永遠の維新者』の中で次のように述べた。

　「もともと東洋の政治思想というものは『天下の仁政』を重んじたのであって、民族・政府の独立・主権について、二十世紀のような思想はなく、むしろインタナショナルである。異民族の仁政よりも、同じ民族の統治でさえあれば苛烈専制の暴君の政治のほうがよい、などという思想は、まったくない。人民は、治者が人種民族的に同じだとしても、それが暴政であれば、むしろ異国の仁政の王者を欲するのが自然であると考えられたのである[30]」

　葦津の用いた理論は、1924年に孫文が「大アジア主義」の講演を行う際に用いた「王道」と「覇道」の理論である。葦津によれば、中国の「天下」観は近代のインターナショナリズム（国際主義）と共通性がある。つまり、彼の見るところ、西郷は、西洋の「覇道」文明はあくまでも社会進歩の手段であり、東洋の伝統としての「王道」こそが、政治においての連帯を実現する理想の形という覚悟を抱えていたというのだ。

　ここでの「覇道」は、いわゆるパワーポリティクスを指す。そして「王道」は東洋固有の、孔孟学説と華夷思想が融合して生まれた政治思想——「天下の仁政」である。日本列島がなお「蛮夷」とされていた時は、中華が「仁政」をもってヤマトを教化に導いた。ところが今日の中華＝清王朝は衰え、専制統治下での反動が強化されている。しかも朝鮮までが我を張り、西洋文明を排斥する姿勢を取る。この両国の民は今まさに塗炭の苦しみをなめている最中にある。それゆえ、維新により新文化の道を歩むことになった日本は、過去の中華と同様に道義的な「教化」を行使しなければならないのである。それを通じて清・朝鮮の専制統治下で苦難に耐えている民を救済し、「王道」を敷くのだ。これが西郷のたどり着いた「仁政＝インターナショナリズム」という結論である[31]。

　しかしこの理論は、大久保利通を中心とよる明治政府の「覇道＝文明」論に敗れた。このため、西郷は明治政府にとって反革命（反文明）の最大の敵となり、葦津およびほとんどのアジア主義者にとっては、思想の源流となるのである。彼が二重性を帯びてしまうのは当然であろう。

　だが、葦津の解釈に沿って西郷を読んでも、こうした「王道」に内包される矛盾が現れてくる。すでに近代に足を踏み入れた日本が、アジアにおいて国民国家イデオロギー（文明）を先進文化の「教化」として押し広めることは、「文明」的手段が本来内包する「覇道」的性格そのものであり、「覇道をもって王道を押し広める」結果となることが気づかれていない。

　「王道」における「教化」の純粋さが失われ、それぞれの地域に生存する民衆の示した意志を不問として仁政を押し付けようとしたら、「教化」はそもそも「教化」でなくなり、「仁政」も「独善の政」に変わってしまう。玄洋社や大川周明もまた、同じような本質を表しているのである。

　では、孫文の「王道」論に、何らかの可能性を見出すことができるだろうか。

　1924年11月28日に神戸で行われた講演で、孫文はまず「大アジア主義とは何か」という設問を会場に投げかけた。ここにおける「大アジア主義」は、後の日本の大アジア主義＝東亜盟主論と単純に同一視するわけにはいかない。孫文はその際の訪日における最初の到着地、長崎で取材を受けた時に「日中ソ連携」を唱えた。その場で彼が用いたのは「われわれの大アジア主義」という言葉であった[32]。

　彼が強調したかったのは明らかに、日中の東アジアにおける連携を契機として、ロシア革命で社会主義国家を樹立し「東洋の王道から感化を受けた」

ソ連を味方につけ、さらに全アジアで植民地独立運動を引き起こすという構想であった。これは自らを「東亜の盟主」としてアジアの独立運動をリードしようとする日本の「単一論」とは、正反対の立場に立つものであった。

　講演の後半では、孫文はアジアの「正義人道に合致する」文化を、ヨーロッパの武力を重んじる「物質」文化と比較対照し、ヨーロッパの少数人口がアジアの多数人口に対して文化を独占していることを痛烈に批判した。そしてアジア文化とヨーロッパ文化をそれぞれ「王道」、「覇道」と定義したのである。

　彼はネパールを例に、「王道」文化が内包する教化による生命力と「覇道」文化が内包する武力の脆弱性を示し、さらにロシア革命の「脱欧」を例に「王道」文化の普及力と内在的真理性について論じた。最後に、彼は「王道」文化に基づく「大アジア主義」で「覇道」文化の独占を打破し、アジア諸民族を解放することを呼びかけたのである。

　しかし、孫文の本心からの言葉はここで終わっていない。後日中国で公開された講演の原稿末尾には、このような問いが付け加えられていた。

　「あなたがた日本民族は、欧米の覇道の文化を取り入れていると同時に、アジアの王道文化の本質も持っています。日本がこれからのち、世界の文化の前途に対して、いったい西洋の覇道の番犬となるのか、東洋の王道の干城となるのか、あなたがた日本国民がよく考え、慎重に選ぶことにかかっているのです」

　孫文が言及した「王道」文化の中核は仁義道徳の主張であり、「覇道」文化の中核は強権功利の主張である。彼の見るところ、日本は紛れもなく強権功利の「覇道」に深く踏み込んでいる。しかし政治的実利の関わる立場が、彼に批判を許さず、それを中国国内の新聞雑誌に発表することしかできなかったのである。

　彼は、常に発問という「良知喚起」の形で、日本に対する複雑な心情を表した。こうしたやり方は、彼の一貫した行動原理である。それは辛亥革命後、彼が北洋政府に妥協し、大総統の位を袁世凱に譲ったのと同様で、相手側に何物かを「喚起」する形で、何かを「獲得」しようとする。実に彼らしい軟弱性と妥協性が示されている。

　しかし、孫文の革命手段の取捨選択と革命過程をめぐる判断は明晰である。孫文は帰国の翌年に病没し、「革命なお未だ成功せず、同志よ、すべからく努力せよ」という言葉を残した。嵯峨隆は日本に対する期待感が持続していたことを根拠とし、孫文は「大アジア主義」講演の段階では、なお反帝国

主義的な民族解放論の立場に移行していないと結論づけている[36]。だが、孫文が反帝国主義的立場に立っていたかどうかを、帝国主義国との間での政治的実利の追求を基準に判断するわけにはいかない。むしろ、講演で示された「覇道」文化に対する批判と、日本に突きつけた陣営選択の問題は、彼の反帝国主義の心情と思想的立場を裏付けていると言えるだろう。

　したがって、日本ナショナリズムにとっての西郷と、中国ナショナリズムにとっての孫文は、ある意味で「永久革命のシンボル」という共通の特質を備えている。しかし、西郷と孫文が果たした役割は決定的に異なる。西郷の「永久革命＝覇道型王道」論の一面は、かえって右翼アジア主義者たちの膨張主義に基づく理論の土台を固め、アジア諸国に対する「文明の進軍」と化していった。

　一方、孫文の「永久革命＝王道の普及」論が直面する問題は、普及の方法であった。彼の反帝国主義的立場は紛れもないが、それでもすでに帝国主義化した日本を「大アジア主義」の陣営に引き入れようとした。だが、肝心なその方法論を欠いていたのである。

　彼の「王道」論の中核は、岡倉天心の思想とある程度まで合流し、「仁政」に内包される諸民族の「教化」をめぐる同一性を見い出だすことができるが、現実において日本を「王道」陣営に戻す手段を持っていなかった。だからこそ、彼は日本の「良心の発見」に希望を寄せ、日本が自らを「教化」することを期待したのである。

　当時の中国には、日本が「教化」されるに足るものがなかった。むしろ日本帝国主義からの軍事的圧力によって、孫文は訪日に際して慎重に対応し、講演においても言葉を配慮せざるを得なかったのだ

　ここで西郷を孫文と一緒にして論じるのは、両者それぞれの「王道」論が果たした役割を明確にしたいからである。結論から言えば、西郷の「覇道型王道」にしろ、孫文の「普及型王道」にしろ、現実には岡倉天心の夢見た「Asia is one」という理想を実現することはできなかった。彼らは思想の位相において一時的な合流を果たしたこともあったが、すぐに分かれてしまった。彼らの一方はあまりにも強硬であり、もう一方は軟弱すぎたのである。この２つの「王道」論は、アジア連帯への道筋を示すどころか、むしろ日本帝国主義を補完するイデオロギーとして機能し、最終的に日本をアジア太平洋戦争の破局へ引きずり込んでいったのである。

おわりに

　本稿では、アジア主義の歴史における幾つかの重要な位相がそれぞれたどり着いた結末を例に挙げ、アジア主義を名乗った思想がいかに膨張主義へ転化したかを明らかにした。本稿で示した諸思想の共通点は、「生存」への考慮である。

　玄洋社は、近代国民国家体制下の日本国民の生存権を守るために、国権拡張に力を尽くした。西郷と孫文が、「王道」の理論を駆使し、「覇道」に対抗する連帯に没頭したのも、かつてアジアが生み出した生存の「道」を見出そうとしたからである。そして岡倉天心と大川周明は、普遍的真理を求め、近代に飲み込まれた時代から新しい時代の生存のあり方を描いた。

　彼らの思想はいずれも、近代アジアが直面した「生存」に対する脅威から誕生した。彼らは同じ原点から出発し、異なった位相ですれ違った。そして例外なく膨張主義の加担者の立場に立ち、アジア諸民族に拒絶された。つまり、アジア主義というイデオロギーは、「自己の生存」を第一義にしたが故に、「連帯」に不可欠な「他者の生存」を軽視してしまったのである。

　このようなアジア主義の中から、我々はいかに現代における可能性を見出すのか。

　戦後、江口朴郎は真の民族精神に対して、「われわれのところでは、民族的なものに立つことには慎重でなければならない。ほかの地域でも民族固有のものの意義が強調される場合にも、それがそこに固有であることが問題ではなくて、それが民族そのものの切実な要求の、適切な表現の形式として現在に生きていること、また現在民族の求めているものを古典において見出すことが問題であったであろう。そして一般に、すぐれた古典的な存在が民衆との密接な結びつきによってのみ生れ得たことが学ばれるべきであろう[37]」と述べた。

　つまり、真の民族精神は、ひたすら伝統を掘り下げることではなく、民族の「特殊性」を拡大することでもない。肝心なのは、「現実を生きる人間」と結びつき、「普遍性」を備える新しい「伝統」を創出することにある。なぜなら、人間が生きる上で、「生存」への衝動は必ず存在するからである。

　玄洋社は他国の人間の生存要求に目を背けた。大川周明と西郷隆盛は、他国の人間が自分の主張を受容できるかを考えなかった。孫文も日本の民衆に「生存」をめぐる共通の価値を伝えることができなかった。彼らはそれぞれの位相で出会い損ねたというよりも、本質的に「現実を生きる他者」と出会

い損ねたと言えよう。

　最も「健全なアジア主義」に近い位相に立つ岡倉天心の描いた普遍的真理に代表されるアジア精神は、必ずや「有機的なナショナリズム」と融合して誕生することになるはずだ。それは、「他者と共に生きること＝共存」を第一義に置くことにほかならない

　現代において、日中両国に生きる人々が「共存」の意義を確かに理解できれば、中国はアジア諸民族の中における自己を把握し、日本もアジアの一員という意識が生まれるだろう。また、日中両国の食い違う歴史認識が統一され、国際関係の調和も図れるようになり、真の意味で「歴史を共有」することも可能になるであろう。日中両国の人々が「共存」を実現した時、「東アジア共同体」はその可能性を現わすのである。

1　岡倉天心「東洋の理想」『天心先生欧文著書抄訳』、日本美術院、1922年、p.4
2　江口朴郎「近代史における民族の問題」『帝国主義と民族　第二版』、東京大学出版会、1977年、p.206
3　竹内好「中国の近代と日本の近代」『日本とアジア』、筑摩書房、2013年、p.14
4　劉峰「近代日本亜洲主义的早期发展与概念定型」『东北师大学报』2016年第4期、P.54
5　竹内、前掲書、p.15
6　中島岳志『アジア主義　西郷隆盛から石原莞爾へ』、潮文庫、2017年。中島は、アジア主義を「政略のアジア主義」「抵抗のアジア主義」「思想のアジア主義」の三つに分類し、それぞれに分析を加えている。
7　大川周明「日本文明の意義及び価値」『大陸』第3号、1913年、p.84
8　岡倉、前掲書、pp.68 〜 69
9　竹内、前掲書、p.327
10　森本藤吉『大東合邦論』、国立国会図書館近代デジタルコレクション、pp.127 〜 142
11　岡倉、前掲書、pp.4 〜 43
12　アダム＝スミス『国富論』、中央公論新社、1978年
13　中島、前掲書、p.582
14　岡倉、前掲書、pp.4 〜 5
15　天心自身は美術家出身のため、ここで描いた「美」はその芸術領域における反映である。
16　丸山真男「日本ファシズムの思想と運動」『超国家主義の論理と心理 他8篇』、岩波文庫、2018年、pp.41 〜 44
17　泉賢司「頭山満と玄洋社」『國士舘大學武徳紀要』第21号、2005年、p.33
18　竹内、前掲書、pp.306 〜 308
19　例えば、玄洋社の社則の条項には「皇室を敬戴すべし」「本国を愛重すべし」「人民の権利を固守すべし」といったものが並列的に主張されている。玄洋社社史編纂会『玄洋社社史』（書肆心水）、2016年、p.156
20　住友陽文『皇国日本のデモクラシー　個人創造の思想史』、有志舎、2011年、p.171
21　丸山、前掲書、p.35
22　大川周明「神秘的マホメット教」『道』第25号、1910年、pp.114 〜 115
23　大川周明「君国の使命」『道』第93号、1916年、pp.111 〜 112
24　大川周明「復興亜細亜の諸問題」『大川周明全集　第二巻』、大鐙閣、1922年、pp.5 〜 6
25　同前

26　同前、p.7
27　大川周明「印度国民運動の由来」『月刊日本』70-71号、1931年、pp.508 ～ 509
28　竹内好「日本のアジア主義」同『日本とアジア』所収、筑摩書房、2013年、p.354
29　井上勝生『シリーズ日本近現代史①　幕末・維新』、岩波新書、2006年、p.209
30　葦津珍彦『永遠の維新者』葦津事務所、2005年、p.39
31　中島、前掲書、pp.81 ～ 83
32　嵯峨隆「孫文の訪日と『大アジア主義』講演について」『国際関係・比較文化研究』第6巻第1号、2007年、p.109
33　陳徳仁・安井三吉『孫文・講演「大アジア主義」資料集』、法律文化社、1989年、p.54
34　同前、p.64
35　孙中山「致苏联遗书」、1925年、p.1
36　嵯峨、前掲論文、p.117
37　江口、前掲書、p.208

地域創生に着目した日中文化交流事業

～新たな交流でグローバル人材を育成～

東洋大学経済学部国際経済学科3年

査怡彤

はじめに

　グローバル化は全世界に及び、日本もグローバリゼーションの波に乗っている。今国内の各大学では、グローバル化に向けた取り組みが盛んに行われており、国際競争力を向上させるため、世界から優れた高等人材や留学生を受け入れている。2018年の文部科学統計要覧では、大学、大学院に海外からの留学生は13万7480人が在籍しており、中でも中国人留学生の割合は約50％で、6万8706人に達している。2019年も日本の外務省は「日中青少年交流推進年」と銘打ち、日中の若者の交流に力を入れている。これから大学に在籍している中国留学生と日本人学生間の交流は、未来に向けて日中友好関係促進の重要な鍵となろう。

　しかし、留学生が慣れた環境から離れて、異文化の社会で一人暮らしをするのは簡単ではない。言葉遣い、日本人の友達作り、自国と違う大学生活、アルバイト先の人間関係など、特に文化の差異、コミュニケーション能力の低いことが原因で、留学生は日本社会に慣れない、自己の主張や考えがうまく日本人学生に伝えられないなど、様々な困難を抱えている。

　このような問題に対する一つの解決策になるのではと考えたのが、私自身が参加した日中両国の学生参加による地域創生事業だ。そこでの合宿型社会体験、地域促進ボランティアなどの活動は今後、より効果的に異文化交流ができるものとして、重視すべきだと思われる。

　このレポートでは、まず日本の大学で発生している中国留学生のグループ化、日本人学生の中国文化理解のズレ、学内交流事業の制限といった現象を紹介し、その上でなぜ学生主体の日中交流活動、地方促進ボランティアを取

り上げる必要があるかを説明する。私が実際に参加した「佐渡市新穂潟上集
落持続可能地方活性化の日中両国学生参加型エコツアー」という地域創生ボ
ランティアを取り上げ、これに参加した後の日本人の友達に対する印象、関
係の変化、さらにツアー参加者たちの意識がどのように変化したかについて
明らかにする。そして、日中の学生が地域創生事業を企画し、体験すること
がどのように役に立つたかを考察したい。

一、日中の学生を中心にした地域創生ボランティアの必要性

1-1　中国人留学生のグループ化

　現在、日本の大学の教室や食堂で、中国人留学生はグループの形で一緒に
行動する姿がよく見られる。中国からの留学が大衆化する中で、欧米でも中
国人留学生のグループ化が深刻になっている。

　もちろん同じ文化的環境で育った人たちとは話題が作りやすく、共感が得
られやすく、話がより前に進みやすい。日本語は中国語と似ているが、日本
人は相手に不快な思いをさせないように、自分の意見をはっきり言わない曖
昧な言葉遣いが多い。中国語はそのまま直接翻訳すると、日本人にとって間
違えた理解になり、不快感を与える場面もあるかもしれない。例えば、中国
語の"我想你"は、日本語で"あなたと会いたい"と訳されることが多いかも
しれないが、日本で映画監督を務めている友達の日本人教授から、日本人に
ははっきりし過ぎた表現なので、ほとんど使われないと言われた。

　ゼミで初めてグループディスカッションを組んだ時、日本人学生は黙って
いる時間が多く、たくさん誘導の質問をしないと、自分のアイデアをほとん
ど出さない。これは日本人の恥の文化と関連があり、いいアイデアを持って
いても、恥ずかしい、自信がなくて出せない、という人が多いのではないか
と思う。一方中国人の学生は、輝いたアイデアを出せば出すほど、先生に褒
められるという中国の教育環境で育った。中国人の学生がアイデアを出し過
ぎると、これに対して日本人の学生は「あいつは気が強い」、「うるさい」、
「常識が通じない」と思い、少しずつ口数が少なくなり、チームワークがで
きなくなる。

　佐々木（2002）も、「個としての文化」の重視という捉え方で、留学生と
日本人との相互理解を困難にしているのは、単に留学生の日本語力の問題と
いうよりは、日本社会の持つ閉鎖性とその文化的差異が大きな要因になって
いると述べている。[3]

　それに対して、相手の表情や言い方をみて五感を働かせ、空気を読むコミュニケーションは、個人主義を重視した中国文化で育った若者の中国留学生にとって極めて難しい。また職場、学校など場面が変わると、話す文の長さ、分かりやすさ、論理性、敬語など、うまくコントロールする能力が必要になる。面倒を感じる留学生たちは日本学生との交流に壁を造り上げ、グループ化が多数発生しているではないだろうか？

1-2　日本人学生の中国文化理解のズレ

　最近中国人観光客が増え、それに伴いインバウンドビジネス[4]も増加している。だがメディアには、「インバウンドビジネス」だけでなく、「爆買い」、「安い民泊を利用」、「ゴミや騒音に関するマナーの悪さ」など、少し偏見を持つ言葉が多い[5]。

　インターネットの普及により、多くの情報を手に入れることができ、日本人学生は本を読むよりマスメディアから中国に関する情報を得て判断している。マスコミ、誰でも発信できるSNSなどから影響を受け、中国や中国人に対するイメージを生成し、そのイメージの中に先入観・固定観念などが含まれていると言わざるを得ない。例えば、日本人の友達と一緒に食事している時、「あなたの家は絶対にお金持ちだよね、日本へ留学もできる」と言われる。これは中国人がみんな金持ちだという先入観があるのではないだろうか。こういう会話のたびに「日本に留学している中国人＝お金持ち」ではないと、説明する必要がある。

　また、東京の美味しい中国料理レストランについて話した時、「中国人は普通のレストランで料理を食べる前には、まず花びらが入っている水のうつわを食卓に乗せ、食卓で手を洗うという文化があるよね」というような質問が出た。私は「そんなことないよ」と泣くに泣けず笑うに笑えず答えた。日本人の友達は「ドラマで見たけど違うんだね」と言った。この例は全てドラマ、マスメディアから得た先入観、イメージの影響があることを示している。

　このように、日本人は中国・中国人に対しては，あまり良い印象を抱いていない人が多く、中国文化に偏った理解があり、中国留学生に対し誤解、偏見を多く持っている人もいる。今後、中国人留学生が大幅に増加することが予想されることから、中国の正しい伝統文化を伝える必要がある。

1-3　学内交流事業の制限

　1-1、1-2で挙げた中国人留学生のグループ化、マスコミ、SNSなどから間

違えた情報を入手することによる誤解。この二つは、学生たちの異文化理解力、多文化共生力が低いことを示している。

　現在、日本社会の国際化を進めるため、大学を重点支援する「スーパーグローバル大学」プログラムが行われている。異文化交流によって日本社会が持つ排他社会文化から脱して多文化共生社会を形成し、日本人学生、留学生たちが共に地球規模の課題に取り組み、未来を創造するグローバル人材の育成を目指し、多くの交流イベントが企画され、行われている。

　大学国際教育センターによって、国際交流支援活動、留学生支援イベント、日本人と留学生の合同授業、日本人学生による日本語指導サポート、ECZ（English communication zone）などたくさん開かれている。しかし、日本人と留学生との交流事業は90％以上が半日、一日だけだ。例えば、日中交流会、パーティー、講演会など、内容はおそらく学校側が決めたもので、グループを作ったり、意見を交流したり、何かのテーマについて会話や簡単なグループワーク、ゲームなどをするが、このような活動は時間の制限があり、知り合ったばかりの相手と少し親しむ環境になっても、すぐ「さようなら」を言わなければならない。後で連絡先を交換しても、また直接会う機会を作りにくい。長い間連絡を取らないとか、お互いに都合が合わないなどの理由によって、一緒に外出遊びや食事などができない。継続的に接する関係をつくることにつながる可能性は低い。

　一方で、最近少しずつ学生間に評判が高くなっている異文化交流事業がある。それは留学生と日本学生を中心に企画したコミュニケーションを重視する合宿型社会体験、地域促進ボランティアなどの活動である。地域活性化事業で、祭り、農作業の体験など、地域と交流し、現地でしかできない観光をし、日本人と留学生が一緒に生活しながら行動する。それによって、お互いに共感を与え、より親しい関係をつくる。相互に深く異文化を理解するとともに地域に活力を与え、多文化の視野から改善策の提案ができ、また日本だけでなく海外にもSNS発信して地域の事業、観光資源情報をアピールでき、外国人の来訪を促すことにもつながる。

二、佐渡市新穂潟上集落における
日中両国学生参加型エコツアー

2-1　活動内容ときっかけ

　2019年8月26日から8月30日まで、東洋大学経済学部国際経済学科の郝

ゼミと藤井ゼミの留学生と日本人学生計10名が参加するエコツアーが行われた。これは、学生主体の「佐渡市新穂潟上集落持続可能地方活性化の日中両国学生参加型エコツアー」という地域創生ボランティア活動である。現地ではトキ（朱鷺）[7]の保護と繁殖を目指しているが、人口の減少や高齢化が続いて農業の担い手が不足している。そこでツアー参加者がトキのエサ場整備のためのボランティア活動を行うのである。

　国際保護鳥のトキは、中国でパンダと同じく中国の一級保護動物である。中国の陝西省洋県にトキ保護センターが設置され、日中間で30年以上トキの保護と繁殖に向けて協力してきている。日本新潟県佐渡市と中国陝西省洋県は1985年以来、繁殖能力のあるトキの個体提供など、トキ保護分野における長期的な友好協力をしてきた。[8] 1998年に新潟－上海－西安定期航空路線が開設されてから、毎年両国間で繁殖研究協力活動を行っている。

　佐渡市は、「トキと暮らす故郷」と言われており、現地ではトキが生き続けられる生物多様性豊かな里山環境を守るため、人とトキが共に生きる島づくりを目指している。

　筆者は陝西省西安の出身で、子供のころからトキは陝西省西安の象徴になっている貴重な鳥だとよく言われた。親は私がトキを実際に見ることができるように、経済状況が厳しい中国の環境の下で、会社の車を借り、往復6時間かけて洋県にあるトキ保護センターへ連れて行ってくれた。今でも記憶が残っているが、大都市と違い自然がよく残っている里山である。トキは鳴く時「ターァー」とカラスのような声を出し、幼い私は非常に驚いた。母から「トキはどう？」聞かれて、「かわいそうね、鉄の箱に閉じ込められて、外に飛ぶこともできない」と答えたことを今でも覚えている。筆者が生まれた地域で大切にされてきたトキは、上野動物園のパンダのように人気があるため、自ら発信すべきと思い活動に参加した。

　今回は佐渡市のトキの保護会館で、ゼミの2人の先生と協力してボランティアを行った。日中学生が地域トキ保護活動を通じて、トキの生きている豊かな自然環境の大切さ、双方の国でのトキの実態を知り、文化や習慣の違いを認め合いながら交流し、日中両国にSNSの発信をすることで、多くの人にトキ保護事業を知ってもらうことを目指している。

2-2　一緒に農作業をし、暮らすことによる認め合い

　8月の酷暑の下でトキのエサ場づくりを体験した。帽子やタオルを頭にかぶり、虫や草が目に入らないためのゴーグル、ブーツなどを着け、学生たち

がお互いに肩掛け草刈機をベルトで調整し、全身の準備をしてから除草作業
を始める。草刈りは必ず周囲に人がいないかを確認することが必要で、刃が
水平になっていない、左右に振れる、いきなり動かすなど間違えた操作はす
べて除草作業の効率性を下げ、危険性もある。作業の分配、草刈機操作の手
伝いなど、チームワークが上手でないと、時間がかかり極めてきつい。

　最初みんなは元気満々だったが、時間が経つにつれて肩はきつく、みんな
の顔がしょんぼりとなった。休憩の時間には「大変だよね」「虫が多いね、
サワガニ、トンボ、蟋蟀（こおろぎ）……」「機械操作難しいね、なかなか
上手にできない」、「金属刃は少し左に傾けるとやりやすいかな」「右から左
へ動かすほうがいい」などそれぞれの意見を共有しながら、食べ物をシェア
した。少し体力が回復すると、学生は一緒に昆虫を捕まえて遊んだ。苦しか
ったが、楽しくもあった。

　一日終わったら全身がだるかった。部屋は4人で、日本人とルームメイト
になることは初めてのことだった。シャワーの後、私は普通髪が少し濡れて
いる状態で寝てしまう習慣があるが、日本人の友達から「それはダメだよ、
髪はずっと濡れている状態だと髪の質が悪くなるから一緒に乾かそう」と言
われた。その日一日で疲れた足が腫れないようにするため、日本人のルーム
メイトからマッサージ方法も教えてもらい、助け合って全身マッサージをや
ってから、お休みの挨拶をして一日が終了した。

　ツアー四日間で、日中学生たちが一緒に生活し、地域創生事業を体験する
ことは、大学とアルバイト先という相手が限られた空間での交流と違うもの
だった。農作業をやるとともに日本人の学生と共感をし、より身近な生活を
通じてコミュニケーションを取り、日本語がインプットからアウトプットに
なって、日本語のコミュニケーションに自信を持ち、実質的なコミュニケー
ション能力が向上した。日本人と接する間に日本文化も理解し、自ら一歩前
に踏み出し、日本人学生と今までにない信頼関係を伴った人間関係をつくる
ことができた。農作業の時も、相手を手伝い、機械の操作方法を教えるなど、
自分は誰かの役に立っているという実感もあった。

2-3　ツアー企画参加・ワークショップを通じたグローバル人材育成
　今回の活動は、東洋大学の日中の学生たちが現地のトキ交流会館とやり取
りしながら企画したものだ。1日目は東京から出発し、トキ交流会館でチェ
ックインし、買い出しをし、夕食の準備をした。2日目は除草作業からはじ
め、餌場作り、トキがエサを取りやすくするための水路整備など大変な農作

業を日本人学生、中国人留学生と一緒に体験した。その後3、4日目は地域の住民と鬼太鼓体験、子供交流、バーベキュー交流をした。トキの現状、生きるための環境、種類、日本はどうやってトキを繁殖するかについて、トキの森公園で見学し、実際にトキを観察した。最後は現地に残っている独特の美しい景観を訪ねてからワークショップに参加後、東京に戻って解散した。このプランはすべて学生たちが企画した案で行われ、現地トキ保護センターから資金サポート、指導教授の協力もあった。

　当初の企画案に比べると、天気などの不可抗力や、買出しで使ったお金、レンタカーでの移動時間などの多少のズレがあったが、最後は順調にプラン通りにすべての活動ができ、皆が満足した。一方で4日目のワークショップで、集落の活性化を図るためトキの日中交流ボランティアを続けていくには、まだ改善の余地があることも分かった。さらにワークショップで日中学生の視点を合わせ、来年もボランティアを企画することも決まった。

　9人の日中学生のアンケート調査から、以下のことが分かった。

　　▽プランには多くの地域体験事業が盛り込まれているが、電車、車など
　　　移動手段がない。歩くか、バスを待つなど結構、無駄な時間が掛かっ
　　　た。車のレンタル日を増やせば、移動時間を減らすことができ、行動
　　　範囲も広げることができる。（4名）
　　▽スケジュールの大きな変更は困る、最初の一日目の休憩が多すぎる。
　　　（1名）
　　▽佐渡市らしいものが食べたい。（1名）
　　▽ツアー内容はこのままで良い。（2名）

　グローバル化が進む今日、企業においてもグローバルに活躍できる日本人と外国人が求められており、特に国籍を問わず社会人としての基礎力は大学だけでは培われない。アルバイト先はほぼ単一な作業で、プログラムの企画や解決を担当することは少ない。日中学生が一緒に地域活性化事業でボランティア活動を企画し、実際に企画した地域活性化事業を通じて今まで体験したことのない、勉強してこなかったことを身につけ、学生自身がサービス・ラーニングをすることができた。

　「サービス・ラーニングは、学生達が、人々とコミュニティのニーズに対応した活動に従事する中で学ぶ、経験的学習のひとつの形であり、そこには意識的に学生の学びと成長を促進するように設計された構造的な機会が含まれ

ている。内省と互恵がサービス・ラーニングの鍵概念となっている」（Jacoby & associates, 1996の定義）

　トキを保護する重要性を理解し、中国と日本の友好関係の大切さも分かっていく。そして自らの企画を実現することにより、大学では体験できない多くの学びがあった。この活動はグローバル人材の育成につながる活動である。

　以下、日本人学生がツアー参加後にアンケート調査で書いた感想である。

　　▽トキの保護活動が熱心に行われていて、とても感銘を受けた。
　　▽地元が新潟でトキの保護活動が行われていることは知っていたが、中
　　　国との友好の証であることは知らなかった。留学生が地元で一生懸命
　　　活動してくれて嬉しかった。
　　▽中国と日本の友好関係について知ることできてよかった。佐渡には何
　　　度か行ったことがあるが、次に行った時にはこのような餌場作りとか、
　　　トキに関した場所に寄ってみたいと思った。
　　▽日中の友好関係の象徴はパンダだけだと思っていたが、トキもそうだ
　　　ということを初めて知った。佐渡に行った中国の留学生のように、私
　　　も行動してみたいと思う。[10]

　学生たちが企画を実現するためには、様々な課題に直面する。活動を通して課題の解決に向けてのトレーニングができるとともに、新しい価値を生み出す創造力も養われる。その中から留学生と日本人が企画、ツアーについて提言し、コミュニケーションを取ることで、お互いに意見の違いや立場の違いを理解し、異文化理解の柔軟性を身につけることができる。そこから長く続けられる友達関係をつくり、日中友好交流のために若者から発信ができると思う。ツアー企画参加・ワークショップ・企画した地域事業参加などを通じて、外国語のコミュニケーション能力、異文化理解・活用力、社会人基礎力という3つの能力が身に付き、[12]日本社会が求めているグローバル人材育成にも貢献できると思われる。

おわりに

　本レポートは、中国留学生のグループ化現象、日本人学生の中国文化理解の偏り、学内交流の限界といった現状を変えていくために、学生主体の日中交流活動、地域促進ボランティアを進めていく必要性を明らかにした。

　実際に参加した「佐渡市新穂潟上集落持続可能地方活性化の日中両国学生参加型エコツアー」を通じて、日中の学生たちの間で今までにない信頼関係を伴った人間関係をつくることができた。また、地域活性化事業の企画を通じて、素晴らしい体験や勉強ができた。

　今後中国人留学生が増加するにつれ、異文化の壁を超え、相互理解を図る必要性が高まってくるので、学生主体の日中交流活動、地域促進ボランティアはこれからさらに発展させていく余地がある。参加したエコツアーは第2回目の開催だったが、参加学生のツアーの満足度は想像以上だった。ツアー中の問題を改善していけば、今後への期待がさらに高まっていこう。

参考文献

松永典子「留学生はボランティア活動をどう意味づけているのか：地域社会参加、キャリア形成との関係から」『地球社会統合科学（九州大学）』第23巻2号、2016年、pp.1 ～ 11

呉暁良「在日留学生のソーシャル・ネットワークに関する研究の総括」『地球社会統合科学（九州大学）』第6号、2017年、pp.29 ～ 39

長濱和代・江川あゆみ・石田好広「国際ボランティア論における教育実践と学生の変容」『高度教育研究（目白大学）』第25号、2019年、pp.99 ～ 106

久保田美映・鈴木理子「日本語ボランティア活動がグローバル人材育成につながる可能性　世界の日本語教育の現場から」、2015年度、pp.73 ～ 88

穆紅・孟慶栄「日本人大学生の中国に対する意識の変容—国際交流プログラムへの参加」『東アジアへの視点』、2015年6月号、pp.41 ～ 50

東洋大学経済学部「トキと生きる—佐渡市新穂潟上集落に活力を与える日中両国学生参加型エコツーリズムの提案」『2018年度 新潟県 大学生の力を活かした集落活性化事業、2018年

鈴木雅久「日本におけるグローバル人材育成のこれから」『独立行政法人日本学生支援機構ウェブマガジン（留学交流）』、2018年1月号 Vol.82、pp.13 ～ 30

三隅友子「留学生との交流による多文化共生のまちづくり－とくしま異文化キャラバン隊の活動を通じて」『独立行政法人日本学生支援機構ウェブマガジン（留学交流）』2016年7月号 Vol.64、pp.20 ～ 31

安井裕司「留学生による国際ボランティア活動・スタディッスアーの考察」『日本経大論集』第46巻2号、2016年、pp.187 ～ 197

松本久美子「ボランティア活動を通じての主体的な地域社会参加の試み」『広大学内紀要論文』第5号、2001年、pp.31 ～ 40

外務省「日中青少年交流推進年認定行事」、2019年　https://www.mofa.go.jp/mofaj/a_o/c_m1/cn/page25_001777.html

文部科学省「文部科学省統計要覧（高度教育外国人留学生数 専攻分野別）」、2018年　http://www.mext.go.jp/b_menu/toukei/002/002b/1403130.htm

産学人材育成パートナーシップ グローバル人材育成委員会（2010）『報告書～産学官でグローバル人材の育成を～』　http://www.meti.go.jp/policy/economy/jinzai/san_gaku_ps/2010globalhoukokusho.pdf　2017/1/10（アクセス2010年4月）

環境省「日本国環境省と中華人民共和国国家林業・草原局との間で行うトキ保護協力の継続実施に関する覚書」　https://www.env.go.jp/press/files/jp/109084.pdf（アクセス2018年5月9日）

東洋経済「日本人の「外国人観光客への偏見」が酷すぎる」　https://toyokeizai.net/articles/-/185483（アクセス2017年8月22日）

44*44**44*

44*44*44**44*

44*44**44*

---

1 外務省「日中青少年交流推進年認定行事」、2019年　https://www.mofa.go.jp/mofaj/a_o/c_m1/cn/page25_001777.html
2 文部科学省「文部科学省統計要覧（高度教育外国人留学生数 専攻分野別）」、2018年　http://www.mext.go.jp/b_menu/toukei/002/002b/1403130.htm
3 佐々木(2002)は文化認識において、「個としての文化」を重視している。言語学習における文化を扱う研究・実践報告の多くは、コミュニケーションや個人の場面認識を重視することだった。
4 インバウンドとは「中に入ってくる」という意味で、ここでは海外から日本を訪れることを表している。インバウンドビジネスとは、日本を訪れる外国人をターゲットとするビジネスや、それに付随するもののことを指す。
5 「日本人の『外国人観光客への偏見』が酷すぎる」、東洋経済、2017年8月22日。
6 文部科学省「スーパーグローバル大学創生支援」
7 トキは漢字で「朱鷺」と書く。朱（赤色）の鷺（サギ）だが、サギとは別の種類。学名はニッポニアニッポン（Nipponia nippon）。かつては日本・ロシア・朝鮮半島・中国に生息していたが、19世紀以降、日本と同様に各地のトキの数は減り、20世紀半ばには絶滅したと考えられていた。ところが、中国の陝西省洋県で1980年代に再発見され、保護されている。（「新潟県佐渡市トキの森の公園の資料」より）
8 環境省「日本国環境省と中華人民共和国国家林業・草原局との間で行うトキ保護協力の継続実施に関する覚書」、2018年5月9日
9 佐渡市新穂潟上集落における日中両国学生参加型エコツアー後調査結果、2019年8月29日
10 佐渡市新穂潟上集落における日中両国学生参加型エコツアー後調査結果、2019年8月29日
11 産学人材育成パートナーシップグローバル人材育成委員会の報告書に挙げられている、外国語（特に、世界で幅広く通用する英語）でのコミュニケーション能力、異文化理解・活用力、社会人基礎力の3つの能力は、グローバル人材に共通して求められる能力である。

民泊ビジネス飛躍への示唆
～途家（トゥージア）の経営手法に着目して～

日本大学商学部商業学科　代表 **橋本紗弥**（3年）

孔繁羽（4年）、**岩渕晶**（3年）、**楊旻昊**（2年）、**川内皓平**（2年）、
柴田大成（2年）、**齊藤隆太**（2年）、**林冠璇**（2年）

はじめに

　2020年東京オリンピックの開催を控え、日本政府は観光立国への新たな国づくりを目指している。その一環として2016年に「明日の日本を支える観光ビジョン構想会議」を開き、訪日外国人観光客数を2030年に6000万人にすることを掲げた。日本の将来的な宿泊施設不足が懸念されるなか、日本でも民泊を始める環境が整えられつつあるが、その浸透は必ずしも順調ではない。

　一方、中国では民泊の波が広がっている。国内で民泊市場が急成長を遂げ、競争が益々激しさを見せている。中でも民泊大手の「途家（トゥージア）」は、創業時に日本民泊の在り方と異なる独自の経営手法を導入したことにより、ブランドを確立し圧倒的なシェアを誇っている。

　こうした中で、我々は従来の日本民泊の在り方を変化させる必要があると考えた。途家の経営手法を参考にし、訪日中国人に対象を絞ることで民泊発展につながることを提案したい。この提案が有効であることが検証されれば、日本民泊ビジネスは今後飛躍的に成長する市場となろう。

　第1章では民泊をめぐる3つのアクターを確認しつつ、日本と中国の民泊利用状況を把握する。第2章ではビジネスモデルキャンバスの枠組みを活用して日本と中国の民泊企業を比較し、成長要因を探るとともに、日本民泊の

46

新しい形態を提案する。第3章では途家式のBtoCを日本に導入する可能性を詳細に検討する。最後に今後の日本民泊の新しい構想を提示したい。

一、研究背景 ～借りる側・貸す側・企業からさぐる日中民泊～

　民泊とは、一般的に「住宅（戸建住宅やマンションなどの共同住宅等）の全部又は一部を活用して、宿泊場所を提供すること[1]」を指し、既存の宿泊施設だけでは受け止めきれない多様なニーズに応えられる。近年インターネット上で、民泊仲介企業が民泊サイトに物件を掲載し、宿泊希望者と提供者をマッチングするビジネスが展開され、注目を浴びている。

　我々はこの民泊ビジネスに焦点を当て、それを構成する要素を「借りる側」、「貸す側（個人、貸し手としての企業）」、「仲介企業側」の3つに分解した。以下の分析では、仲介企業を単に「企業」と呼ぶことがある。それぞれを日中間で分析・比較しながら、日本の民泊問題の所在を探る。

1-1　日本人の民泊利用状況

　図1から、日本人のなかで民泊を知っている割合は全体の86.5％である。図2は、民泊認知度ベースでの利用状況を表しており、宿泊の利用経験者はわずかに5.4％でしかない。宿泊と提供を共に経験した人はわずか1.8％となっている。

　以上から、日本人の大多数は民泊という言葉のみを知っているに留まり、その中で経験者、提供者の割合は圧倒的に少なく、宿泊手段に民泊を利用しない傾向が強いといえる。

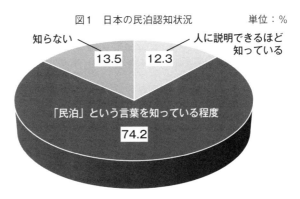

図1　日本の民泊認知状況　　　　単位：％

知らない　13.5　　12.3　人に説明できるほど知っている

「民泊」という言葉を知っている程度　74.2

出所：Cross Marketing「民泊に関する調査」、2018年を参考に作成

図2　日本の民泊利用経験

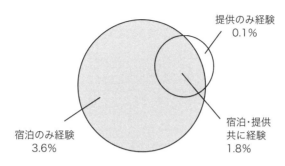

提供のみ経験
0.1%

宿泊・提供
共に経験
1.8%

宿泊のみ経験
3.6%

出所：Cross Marketing「民泊に関する調査」、2018年を参考に作成

　調査を進めると、日本人の借りる側、貸す側（個人）双方に民泊への抵抗意識が存在することが分かった。まず、借りる側には3つの現状が見られた。
　1つ目に、安全性や衛生面、犯罪に巻き込まれるという不安意識を持つ人が多くいる。
　2つ目に、既存の宿泊形態（ホテル・旅館）の勢力が強い。観光庁は、日本人の宿泊施設別の利用頻度について、「旅行の際にどの宿泊施設を利用する機会が一番多いか」というアンケート調査を実施した[2]。
　この調査によると宿泊施設別利用頻度はホテル75%、旅館18%、民宿・ペンション3%、別荘1%、民泊1%となっている。ホテルと旅館を合わせると90%を超えているのに対し、民泊を利用する人はわずかに1%である（**図3**参照）。

図3　日本人が利用する宿泊施設　　　単位：%

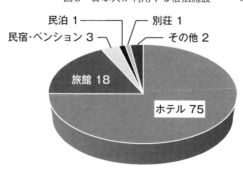

民泊 1
民宿・ペンション 3
別荘 1
その他 2
旅館 18
ホテル 75

出所：国土交通省観光庁「観光や宿泊業を取り巻く現状
及び課題等について」、2019年をもとに作成

　3つ目に、日本人の民泊の捉え方が挙げられる。全国の男女1000人を対象に行われた民泊の印象についてのアンケート調査によると、半数以上の約53%が民泊は外国人向けであると回答している。日本人の多くが民泊は訪日外国人が利用するものと考える傾向にある。

　次に、貸す側（個人）の現状を調べると、民泊新法施行後に提供をやめた人は50%[3]に上った。その理由として、民泊新法により、適していない物件の登録削除や運営するために必要な膨大な提出書類の手続きの複雑さや面倒さにより、個人の提供者では対応が難しく採算が合わない現状がみられた。以上のことから、約2%の提供者にとどまっている。

1-2　中国人の民泊利用の高い需要

　一方、中国では民泊の波が広がっている。アウンコンサルティングによる「民泊に対する意識調査」というデータから、その状況を見てみよう。

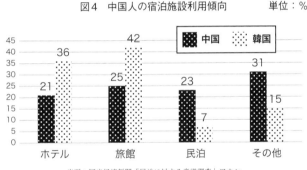

図4　中国人の宿泊施設利用傾向　　　単位：%

出所：観光経済新聞「民泊に対する意識調査」アウンコンサルティング調べ（2018年）をもとに作成

図5　中国人が民泊を利用したことがあるか　　単位：%

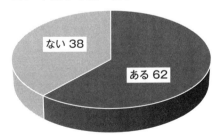

出所：観光経済新聞「民泊に対する意識調査」アウンコンサルティング調べ（2018年）をもとに作成

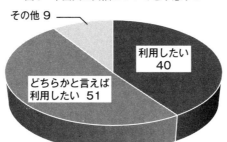

図6　中国人は民泊についてどう思うか　　単位：%

出所：観光経済新聞「民泊に対する意識調査」アウン
コンサルティング調べ（2018年）をもとに作成

　図4は中国と韓国の宿泊施設利用について調べたものだが、韓国人は民泊希望率が7%なのに対し、ホテル・旅館の希望率は合わせて78%に達しており、ホテル・旅館に需要が集中している。一方、中国人の希望率は民泊が23%、ホテルが21%、旅館が25%となっており、韓国人に比べれば、民泊希望率が比較的高いことが分かる。

　図5では中国人全体の62%が民泊を利用していること、図6では民泊を利用したいと考えている人の割合が91%となっていることがわかった。

　以上のことから、中国では民泊を知っているだけにとどまらず、利用する割合が非常に高いことが分かる。抵抗を感じる人も少なく、既存の宿泊施設に偏っていないため、今後中国での宿泊手段の一つとして受け入れられ、さらなる需要の増加が見込まれる。

　一方、日本人は民泊への不安意識と外国人が利用するものという考えが強く、そのため既存施設の利用割合が9割を超えており、民泊の利用度と立場は圧倒的に弱い。よって日本と中国における民泊に対しての考えには、大きな違いがあることが分かる。

1-3　盛り上がりを見せる中国人観光客

　高まるインバウンド需要によって増加を続ける外国人旅行客の中でも、訪日中国人は日本経済に大きな経済効果をもたらす存在になっている。

　日本政府観光局「訪日外客数（2019年8月推計値）」（**表1**）によると、2019年8月の訪日外客数は全体として減少しているが、訪日中国人に絞ってみると、86万人から100万人へと16.3%の伸び率を示している。[4]他国よりも伸び率が圧倒的に高い。

表1　訪日外客数の比較

	2018年8月	2019年8月	伸び率
訪日外客数	257万8000人	252万人	-2.2%
訪日中国人	86万人	100万人	16.3%

出所：日本政府観光局「訪日外客数（2019年8月推計値）」より作成

　国土交通省観光庁の「国籍・地域別にみる訪日外国人旅行消費額」によると、2019年4-6月期の訪日外国人旅行消費額は1兆2810億円（前年同期比13.0％増）と推計され、四半期として過去最高を記録した。国別にみると（表2）、中国が4706億円（構成比36.7%）と、他の国に比べ圧倒的に大きいことがわかる。近年、訪日中国人は日本文化の体験に価値を見出し、ディープな旅行をする「コト消費」の傾向がみられる。文化体験には、民泊の方が適しているし、しかも家族旅行などの大人数旅行や長期間の滞在にも対応することができる。このため訪日中国人には、多様な宿泊ニーズに対応ができる民泊が支持されている。以上のことから、日本民泊には増加を続ける訪日中国人という絶大な需要が存在するといえる。

表2　国籍・地域別にみる訪日外国人旅行消費額（2019年4-6月期）

	金額（億円）	構成比（%）
中国	4706	36.7
台湾	1457	11.4
韓国	1227	9.6
米国	946	7.4
香港	904	7.1

出所：国土交通省観光庁「国籍・地域別にみる訪日外国人旅行消費額」より作成

二、日中民泊企業の比較分析

　ここではまず、日本と中国のそれぞれの民泊最大手で、最大シェアを誇る「Airbnb」と「途家」の経営手法に着目する。
　日本の最大手であるAirbnbの経営手法は、宿泊施設を直接提供するのではなく、宿泊したい人と部屋を貸したい人をネット上でマッチングさせる仲介サービスを提供することである。この場合、借りる側・貸す側ともに個人が担っていることが特徴であり、「CtoC」と呼ばれて日本民泊の主流となっている（図7）。

図7　Airbnb（日本）の経営手法：「CtoC」

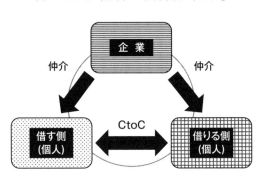

出所：筆者作成

　次に、中国国内で47.6％のシェアを誇り、業界最初の「ユニコーン企業」
である途家は、不動産会社と提携して膨大な数の物件を一括管理し、自前の
宿泊施設として直接提供をしている。この場合、借りる側は個人であるが、
貸す側が個人ではなく企業が担っていることが特徴であり、この部分で日本
の経営手法と大きく異なり、「BtoC」と呼ばれる（図8）。

図8　途家（中国）の経営手法：「BtoC」

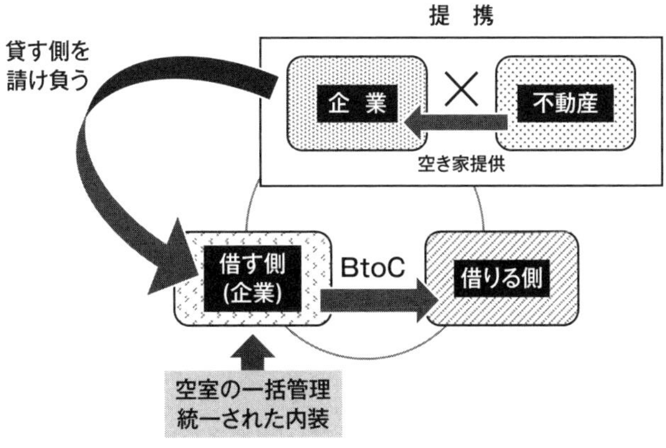

提　携

貸す側を
請け負う

企　業　×　不動産

空き家提供

借す側
（企業）　BtoC　借りる側

空室の一括管理
統一された内装

出所：筆者作成

2-1　ビジネスモデルキャンバスによる民泊成長要因の析出

　途家の経営手法がAirbnbと大きく異なっていることが分かったが、さらに独自性を探るために、両企業のビジネスプラットフォームの比較を行う（**表3-1、3-2**）。同表はアレックス・オスターワルダー、イヴ・ピニュールによる『Business Model Generation』で示したビジネスモデルキャンバスに倣って、詳細に分析を行ったものである。この分析を通じ、途家の独自性と途家がBtoCを取り入れたことによる成長要因が発見できた。

表3-1　途家のビジネスモデルキャンバス

KP （パートナー）	KA （主要活動）	VP （価値提案）	CR （顧客との関係）	CS （顧客セグメント）
政府協力 中国消費者協会（先払い保障） 全国工商連不動産商会 不動産開発会社：竜湖地産、世貿股份（青島）、中鉄、中航、久大置業、和泓地産 旅行会社：携程（Ctrip） 投資会社：光速創投、鼎暉創投 民泊、管理会社：HomeAway、Sweetome	データベース開発、lot推進（スマートチェックイン）、オフラインサービス（内装・清掃・管理）、民泊登録代行、コンサルティング、保険、24時間ユーザーサポート（荷物配送・写真撮影サービス）、ゲストとホストの相互評価、先払いシステム、ホストコミュニティの推進、執事サービス、オンラインコミュニティマーケット	ホテルのような高品質なサービスを提供する ホスト：空き家活用、オフラインサービス（内装・清掃） ゲスト：高品質なサービスと環境（ホテルのような部屋） 手軽に予約	顧客獲得	ホスト ゲスト：家族単位での需要が大きい
	KR （リソース）		CH （チャネル）	
	ブランド力（中国国内と67カ国1089都市）宿泊施設（100万カ所）、年間ユーザー9000万人以上		ソーシャルメディア、口コミ、ウェブサイト、インターネット広告、電話、店頭予約	
C$（コスト構造）			R$（収益の流れ）	
ホスト ゲスト：家族単位での需要が大きい			CtoC　ホストとゲストによる手数料 BtoC　ゲストによる宿泊料金の一部	

出所：アレックス・オスターワルダー＆イヴ・ピニュール著（小山龍介訳）『ビジネスモデル・ジェネレーション』翔泳社、2012年、44ページおよび途家公式ホームページをもとに作成。

表3-2　Airbnbのビジネスモデルキャンバス

KP（パートナー）	KA（主要活動）	VP（価値提案）	CR（顧客との関係）	CS（顧客セグメント）
サプライパートナー 64社 ホームシェアパートナー 49社 集客パートナー 4社（コンビニエンスストア、不動産、航空、伝統文化）	オンラインコミュニティーマーケット（仲介）、マーケティング、ネットワーク構築、保険、24時間、ゲストとホストの相互評価	暮らすように旅しよう、いろんな我が家を旅しよう ホスト：空きスペース活用、利益 ゲスト：ホテルにはない現地の暮らし、手軽に予約（レビュー機能、Airbnb独自の決済システム）	顧客獲得	ホスト ゲスト：主に若者訪日外国人、ビジネスマン
	KR（リソース）　ブランド力（6万5000以上の都市と191か国のカバー、プラットフォーム（PMSシステム））、宿泊施設（600万人）、ゲスト5億人、言語機能		CH（チャネル）　アプリ、ウェブサイト、インターネット広告、ソーシャルメディア、旅行ガイド、口コミ	

C$（コスト構造）	R$（収益の流れ）
実効性担保（法規制による税制）、ランニングコスト、人件費	CtoC　ホストとゲストによる手数料、サービス料

出所：アレックス・オスターワルダー＆イヴ・ピニュール著（小山龍介訳）『ビジネスモデル・ジェネレーション』翔泳社、2012年、44ページおよびAirbnb公式ホームページをもとに作成。

　表3-1、3-2にいくつか共通点が見られるが、中でも4つの点に注目した。1つ目は、「KA：主要な活動」である。途家はAirbnbよりも活動範囲が広く、ホスト（貸す側）とゲスト（借りる側）へのオフラインサービスが充実していることが分かる。オフラインサービスとは、部屋に統一された内装を施すサービスと管理、清掃のことである。ホストに対して民泊登録代行やコンサルティング、ホストコミュニティの推進などオンラインでないサービスに力を入れている。

　これを可能にさせるのは途家のBtoCである。不動産会社から空室提供をしてもらうことで、一括管理運営、戦略の統一が容易になり、ゲストに統一された清潔感のあるホテルと変わらぬ標準化されたサービスを提供できるので、CtoC企業との差別化が可能となる。

　2つ目は、当然途家のビジネスモデルは、オフラインサービスのための投資が多くなり、少しの投資で高利益を生み出せるCtoCとは程遠いものとなっている。しかし、BtoCは2017年の1年間で前年比5倍となる年間宿泊ユーザー9000万人を突破することに成功しており、途家創業当初にCEOの羅軍が行った取り組みは、今日の途家というブランドの信用を確立し、確かな成果として現在まで引き継がれている。

　3つ目は、「KP：パートナー」である。ここでの途家の特徴は、政府との連携である。反対に、Airbnbでは政府と連携する姿勢はあるものの、具体的に目立った動きはみられていない。

　設立当時、中国では空室率の高さが国レベルの問題となっていた。都市部の空室率は22.4％と高く、全土での空き部屋総数は4898万部屋に上った。そのため、羅軍は空き部屋約1万件を買い取り、民泊物件に転換した。それにより、中国政府から絶大な信頼を獲得し、政府・自治体との連携へとつながった。

　4つ目は、不動産会社は空き部屋を途家に貸し出すことで、月々安定した収入が得られるようになり、双方に利益が出る形になっている。

　分析の結果、途家がBtoCを取り入れたことで成長した要因を4つ発見した。すなわち、「AirbnbをはじめとするCtoC企業との差別化」、「ブランドの信頼の開発・維持」、「政府・自治体との連携」、「不動産会社にも安定した収入を得られる」である。これらから、我々は途家の強みを、「不動産会社との提携による物件の一括管理から物件の内装や清掃、管理のオフラインサービスによるBtoC」、「政府・自治体との連携」とする。

2-2　途家式BtoCモデルの提案

　Airbnbと途家のビジネスモデルを精査することにより、途家の成長要因が独自なBtoCを取り入れたことにあることを突き止めた。

　それを基に我々は、「日本民泊の新しい形態」として①急成長している途家独自のBtoC経営手法を日本の民泊企業全体に取り入れる②日本民泊の利用対象を訪日中国人に向けるという2点を取り入れることが、今後の民泊発展の鍵になるのではないか、という仮説を立てた。

　つまり不動産会社と提携し、貸す側を個人から企業に変化させることで、提供者不足を解決し、膨大な数の物件を供給することができる。さらに1章で述べた通り、中国人は訪日外国人の中で最も大きなシェアとなっており、しかも日本人のように民泊に対する抵抗を感じていない。家族やグループ旅行を好む中国人には、むしろ民泊が向いているとも言える。以上2つの提案を取り入れることで、民泊需要のある訪日中国人に対し、空室一括管理によって供給を拡大することが可能となり、需要と供給を一致させられるのではないかと考えた。

　次に第3章では、我々が発見した途家のBtoCによる成長要因、すなわち「AirbnbをはじめとするCtoC企業との差別化」、「ブランドの信頼の開発・

維持」、「政府・自治体との連携」、「不動産会社も安定した収入を得られる」の4つが、日本全体で生かせるかどうかを検討し、この提案が有効であることを検証する。

三、新提案モデルの日本での可能性

　BtoCを取り入れたことで成長した4つの要因が、日本で生かせるかどうかを検討し、**表4**にまとめた。生かせるものには○、生かすことが難しいものには×、生かせるかどうか現段階で難しいものには△を付けた。

表4　途家BtoC成長要因を日本で生かせるか

	途家がBtoCを取り入れたことで成長した要因	日本で生かせるか
①	CtoC企業と差別化出来る	○
②	ブランド（ミドルハイエンド・ハイエンド）の信頼を開発・維持	○
③	政府・自治体との連携	×
④	不動産会社にも安定した収入が得られる	△

出所：Chaitech「【途家网（Tujia）】オフラインサービスを拡充する民泊仲介B2C:中国ユニコーンFile053」、2019年をもとに作成

①CtoC企業と差別化できる

　CtoCを行う企業との差別化は、日本で生かせる。オフラインサービスを充実させることでブランドを確立し、自社の特徴を差別化することができる。

　CtoC企業との差別化の例として楽天があげられる。物件の内装の監修、施工管理、アメニティから現地スタッフの調達まで、すべてを楽天ブランドの元で対応していることや、民泊施設運用代行サービス、ゲスト対応から予約管理、価格調整、集客、販売などの運用業務を幅広く支援している。

　上記から、日本でも実際にBtoCを取り入れ、ゲストに対してサービスが手厚く行われている。CtoCよりも利用者に対してサービス面で顕著な違いが表れるのが特徴である。これらから日本で生かせるため、表では○とした。

②ブランドの信頼を開発・維持

　ブランドの信頼を開発・維持することにより、ターゲットなどの戦略の立てやすさに生かせる。具体的には部屋の内装やアメニティ、広告の変化が容易であることがあげられる。

　ブランドの信頼を開発・維持した例として米大手民泊会社HomeAwayがあげられる。若年層で少人数のゲストに利用される傾向が強いAirbnbとは

異なり、35 〜 54歳の中年層ゲストが中心で、家族やグループ旅行で利用される傾向がある。家族やグループの旅行は中国人旅行の特徴の1つである。別荘や一棟貸しなどが多く掲載されていることから、予約単価や予約日数はAirbnbよりも高いことも明らかになった[6]。

　これらから家族単位の旅行ができるという訪日中国人のニーズを的確にとらえている。これがHomeAwayのブランド確立に繋がっており、日本で生かせるため、表では○とした。

③政府・自治体との連携

　民泊企業が政府・自治体と連携しての発展は難しい。政府は民泊新法を民泊促進のために施行したが、運営するのは180日に規定され、提出書類も多い[7]。民泊を始めようと考えても、始める前の手続きの段階で面倒くささを感じている人も少なからずいるようである。

　次に、自治体の例として、京都市を挙げる。京都市が制定した京都市旅館業法[8]によると、おおむね10分以内で半径800メートル以内に管理者を駐在させる「駆けつけ要件」を設ける条件を課した。これも民泊を始める人に大きな負担となる。このように、現在の政策では個人が民泊を始めることは負担が大きい。

　以上のことから日本で生かすことは難しいため、表では×とした。

④不動産会社も安定した収入が得られる

　不動産会社が空室を貸し出すだけで安定した収入が得られるかは、現段階で判断が難しいと考えた。観光地や都市部など需要がある地域の「人気物件」は予約が埋まり、不動産の安定した収入につながると考えられる。しかし、観光資源のない地域や、また観光資源があり、民泊需要が比較的高い地域であっても、評価が低い「人気ではない物件」はどうであろうか。民泊需要がある地域では当然、多くの民泊やその他の有名宿泊施設が激しい競争をしている。そのような競争率の高い地域で品質の低い物件が収入を大きくあげることは考えにくい。

　不動産が安定した収入を得られるかは、民泊市場が盛り上がりを見せるにつれて、物件が淘汰されることで発展と衰退の二分化の可能性も考えられるため、はっきり断定できない。

　これらから、生かせるかどうか現段階で判断が難しいと考え、表では△とした。

　では、実際に日本民泊で途家式BtoC、つまり不動産との提携及び物件提供は行われていないだろうか。観光庁の調査に着目してみた。その結果、2018年の7月と2019年5月を比べた調査によると、貸す側の法人事業者割合が27％から48％に伸び、家主が同居しない物件は55％から74％に拡大していることがわかった。民泊の営業主体が個人から法人運営に切り替わり、途家式BtoCによる経営が行われ始めている。

　例として、民泊新法施行後のAirbnbを挙げる。法令により、ヤミ民泊の取り締まりが強まり、大幅に物件数が減少した。また、営業日数制限や2カ月ごとの宿泊実績報告などの法的ルールに加え、自治体ごとに定められた手続きが必要になるなど、個人での民泊経営には限界が出始めている。CtoCの経営手法であるAirbnbにも悪影響が現れ、その解決のためにAirbnbは不動産と提携していくスタイルに変更し、着実に物件数の確保を行った。不動産会社であるオープンハウスや宅都ホールディングスとの提携により、不動産が物件を提供したり、運営したいと考えているホストに物件を提供する。それにより、民泊に参入しやすい機会をつくり、民泊の活性化を狙っている。

　以上のことから、Airbnbは従来の日本の経営手法CtoCではなく、不動産会社と提携し互いのノウハウを利用する経営手法、つまり途家式BtoCの経営手法に切り替わりつつある。

終わりに

　本論文では、「従来の日本民泊の在り方を変化させる必要がある」という着想を基に研究を進めてきた。我々は、日本民泊企業が途家の経営手法を参考にし、対象を訪日中国人に絞る「新しい日本民泊の在り方」を提案した。

　結論として、我々が発見した途家式BtoCによる成長要因は、日本では一部生かせることがうかがわれ、導入できる可能性が高いことが分かった。さらに考察から、民泊の営業主体は個人から不動産会社と提携し、物件の直接提供を行う途家式BtoCの経営手法に切り替わりつつある。

　つまり、従来の日本の民泊であるCtoCから我々が提案したBtoCへの変化が表れている、と言え、今後日本の主流になることが大いに期待できる。実際にAirbnbや楽天LIFULLSTAY、HomeAwayなどの一部の企業でも、我々が提案した新形態の導入が部分的にみられた。

　しかし、全体的にみると普及しているとは言い難い。他の日本民泊企業も中国に倣い、BtoC方式を推進していくことが、日本の観光立国を後押しす

ることになる。

　一方、日本では民泊新法などが未だに発展の障壁となっている。これに対して中国では政府と民泊企業との連携が進み、民泊の盛り上がりを支えている。よって日本の民泊がさらに発展するには「政府・自治体との連携」が必要になると考えられ、政府の援助は将来の訪日中国人の増加を大きく後押しする可能性が高い。

　民泊の発展は、中国人と日本人の間のより深い交流に発展していくだろう。密な交流の積み重ねが、今後の日中関係をより良いものにすると期待したい。今後の日本民泊の取り組みについて引き続き観察していきたい。

参考文献・参考 URL

（日本語）

アレックス・オスターワルダー＆イヴ・ピニュール（小山龍介訳）『ビジネスモデル・ジェネレーション』翔泳社、2012年、p.44

観光経済新聞「【データ】「民泊に対する意識調査」アウンコンサルティング調べ」、2018年8月10日　https://honichi.com/news/2018/08/08/aun-konsaruthing/（最終閲覧2019年9月23日）

京都市情報館「京都市旅館業法の施行に関する要綱」、2018年6月15日　https://www.city.kyoto.lg.jp/hokenfukushi/cmsfiles/contents/0000177/177773/3300615youkou.pdf（最終閲覧2019年10月1日）

国土交通省「石井大臣会見要旨」、2019年6月14日　http://www.mlit.go.jp/report/interview/daijin190614.html（最終閲覧2019年10月1日）

国土交通省観光庁「国別・地域別にみる訪日外国人旅行消費額」、2019年7月17日　http://www.mlit.go.jp/common/001299606.pdf（最終閲覧2019年10月1日）

国土交通省観光庁「訪日外国人旅行消費額」、2019年3月29日　http://www.mlit.go.jp/common/001283138.pdf（最終閲覧2019年9月23日）

国土交通省観光庁観光産業課「観光や宿泊業を取り巻く現状及び課題等について」、2019年1月28日　https://www.mlit.go.jp/common/001271444.pdf（最終閲覧2019年10月1日）

国土交通省民泊制度ポータルサイト「はじめに『民泊』とは」　http://www.mlit.go.jp/kankocho/minpaku/overview/minpaku/index.html（最終閲覧日2019年10月2日）

産経新聞「民泊、ビジネス色強く　解禁1年、文化交流はどこへ」、2019年7月15日　https://www.sankei.com/life/news/190715/lif1907150020-n2.html（最終閲覧2019年10月31日）

衆議院「住宅宿泊事業法案」http://www.shugiin.go.jp/internet/itdb_gian.nsf/html/gian/honbun/houan/g19305061.htm（最終閲覧2019年10月2日）

情報通信総合研究所・シェアリングエコノミー協会「シェアリングエコノミー関連調査結果」、2019年4月9日　https://sharing-economy.jp/ja/wp-content/uploads/sites/2/2019/04/a72ba3cb20f4f08b87cea4920c17b867.pdf（最終閲覧2019年10月1日）

宅都ホールディングス公式ホームページ「宅都ホールディングスとAirbnbが民泊事業で業務提携」、2018年10月1日　https://www.takuto-holdings.com/company/release/2018/10/airbnb.html（最終閲覧2019年10月31日）

日経ビジネス「サービスとホスピタリティー：『おもてなし』は主人側の視点？」、2019年7月4日　https://business.nikkei.com/atcl/seminar/19/00059/070300078/（最終閲覧2019年10月2日）

日本経済新聞「エアビーの民泊物件、日本5万件に回復　新法施行1年」、2019年6月6日　https://www.nikkei.com/article/DGXMZO45787110W9A600C1TJ2000/（最終閲覧2019年10月31日）

日本経済新聞「オープンハウス、エアビーと民泊向け住宅開発」、2019年6月14日　https://www.nikkei.com/article/DGXMZO45787110W9A600C1TJ2000/（最終閲覧2019年10月31日）

日本政府観光局「訪日外客数（2019年8月推計値）」、2019年9月18日　https://www.jnto.go.jp/

jpn/statistics/data_info_listing/pdf/190918_monthly.pdf（最終閲覧2019年9月23日）

日本途家（TUJIA JAPAN）「日本途家公式ホームページ」　http://www.tujia.jp

楽天LIFULLSTAY「楽天LIFULLSTAY公式ホームページ」　https://www.rakuten-lifull-stay.co.jp/（最終閲覧2019年10月2日）

Airstair「前年比94％増！急成長のHomeAway。Airbnbとの違いとは？」、2017年4月19日 https://www.google.co.jp/amp/s/airstair.jp/homeaway-airbnb/amp/　（最終閲覧2019年10月2日）

airbnb「airbnb公式ホームページ」　https://www.airbnb.jp/（最終閲覧2019年10月2日）

Chaitech「【途家网（Tujia）】オフラインサービスを拡充する民泊仲介B2C：中国ユニコーンFile053」、2019年9月3日　https://chaitech.jp/unicorn/0093/（最終閲覧2019年9月21日）

Cross Markting「民泊に関する調査」、2018年　https://www.crossm.co.jp（最終閲覧2019年10月1日）

（中国語）

北京日報“途家─做中国住宿分享行业的引领者”、2017年10月10日　http://sjjsb.bjd.com.cn/html/2017-10/10/content_181247.htm（最終閲覧2019年10月01日）

第一财经日報“罗军的途家故事：理想走在欲望之前”、2013年4月12日　http://www.yicai.com/news/2621341.html（最終閲覧2019年9月28日）

环球网　科学频道“劲旅发布2016住宿分享行业报告　途家交易额市场占比超三成”、2016年11月29日　https://china.huanqiu.com/article/9CaKrnJYT8q（最終閲覧2019年9月28日）

途家民宿“关于途家－大事记”、2019年2月16日　http://content.tujia.com/dashiji.htm（最終閲覧2019年9月28日）

1　国土交通省民泊制度ポータルサイト「はじめに『民泊』とは」　http://www.mlit.go.jp/kankocho/minpaku/overview/minpaku/index.html（最終閲覧日2019年10月2日）

2　国土交通省観光庁観光産業課「観光や宿泊業を取り巻く現状及び課題等について」、2019年1月28日　https://www.mlit.go.jp/common/001271444.pdf（最終閲覧2019年10月1日）

3　情報通信総合研究所・シェアリングエコノミー協会「シェアリングエコノミー関連調査結果」、2019年4月9日　https://sharing-economy.jp/ja/wp-content/uploads/sites/2/2019/04/a72ba3cb20f4f08b87cea4920c17b867.pdf（最終閲覧2019年10月1日）

4　日本政府観光局「訪日外客数(2019年8月推計値)」、2019年9月18日　https://www.jnto.go.jp/jpn/statistics/data_info_listing/pdf/190918_monthly.pdf（最終閲覧2019年9月23日）

5　国土交通省観光庁「国別・地域別にみる訪日外国人旅行消費額」、2019年7月17日　http://www.mlit.go.jp/common/001299606.pdf（最終閲覧2019年10月1日）

6　Airstair「前年比94％増！急成長のHomeAway。Airbnbとの違いとは？」、2017年4月17日 https://www.google.co.jp/amp/s/airstair.jp/homeaway-airbnb/amp/（最終閲覧2019年10月2日）

7　衆議院「住宅宿泊事業法案」　http://www.shugiin.go.jp/internet/itdb_gian.nsf/html/gian/honbun/houan/g19305061.htm（最終閲覧2019年10月2日）

8　京都市情報館「京都市旅館業法の施行に関する要綱」、2018年6月15日　https://www.city.kyoto.lg.jp/hokenfukushi/cmsfiles/contents/0000177/177773/3300615youkou.pdf（最終閲覧2019年10月1日）

9　産経新聞「民泊、ビジネス色強く　解禁1年、文化交流はどこへ」、2019年7月15日　https://www.sankei.com/life/news/190715/lif1907150020-n2.html（最終閲覧2019年10月31日）

10　日本経済新聞「エアビーの民泊物件、日本5万件に回復　新法施行1年」、2019年6月6日　https://www.nikkei.com/article/DGXMZO45787110W9A600C1TJ2000/（最終閲覧2019年10月31日）

11　日本経済新聞「オープンハウス、エアビーと民泊向け住宅開発」、2018年6月14日　https://www.nikkei.com/article/DGXMZO31717870T10C18A6000000/（最終閲覧2019年10月31日）

12　宅都ホールディングス公式ホームページ「宅都ホールディングスとAirbnbが民泊事業で業務提携」、2018年1月1日　https://www.takuto-holdings.com/company/release/2018/10/airbnb.html（最終閲覧2019年10月31日）

中国における2020年東京五輪に関する ネット世論の研究

～ウェイボー内容の感情分析に基づき～

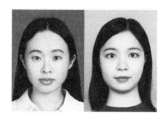

中山大学外国語学院
日本語言語文学研究科
博士課程前期2年
劉毅、盤大琳

はじめに

　現在の中国においては、日常生活の様子や世間の出来事に関する感想などをウェイボー（Weibo）に代表されるソーシャル・ネットワーキング・サービス（SNS）に投稿する人が益々多くなっている。ウェイボーというのは、ツイッター（Twitter）とフェイスブック（Facebook）の要素を併せ持ち、文字や画像・動画の投稿・検索ができる、中国で最も人気のあるSNSの一つである。

　東京オリンピック・パラリンピック（以下、東京大会）の開催が近づき、ウェイボーでも東京大会に関するニュースはトップランキング入りし、ユーザーに評価、シェアされることが多くなっている。ウェイボーでの東京大会関連情報の閲覧数は、既に6千万件を超えている。つまり、中国のネットユーザーは東京大会に高い関心を示していると考えられる。

　NHK放送文化研究所は、2016年から毎年、日本国民の東京大会に対する意識調査を行っている。その結果によると、およそ8割の人々が東京大会に関心を持ち、積極的に評価していることがわかる（斎藤、2019）。また、開催都市以外の大学に在籍する大学生を対象に行われた調査でも、77％の大学生が東京大会を評価しているとの結果を示している。その理由としては、「日本の魅力発信、経済効果、スポーツの普及・発展、直接観戦の機会の創出」などがあげられた（北島、2019）。これは大会主催国の国民感情として理解できよう。では、隣国中国の国民は、2020年の東京大会に対してどのような考え方を持っているのだろうか。

　そこで、本稿はウェイボー上のコンテンツの感情分析に基づき、中国における2020年東京大会に関するネット世論に注目する。東京大会及びその関連情報に関する感情は、ポジティブなのか、それともネガティブなのかを明らかにしていきたい。具体的には、ウェイボーに投稿された東京大会に関する話題のテキストデータを収集し、その内容の感情分析を行う。その上で、分析結果を考察することにより、今後の日中両国の民間交流に対して有益な提案が出来ることを期待したい。

一、研究アプローチ

　本稿では、「時系列表の作成」、「データの収集」、「感情分析」の三つのステップで研究を進める。まず、公益財団法人東京大会組織委員会のホームページを参照し、2013年に五輪大会の開催都市が東京だと発表されて以後の東京大会に関する重要ニュースを時系列順に整理して一覧表を作成し、これらのニュースが中国のネットユーザーに与える影響を分析する。

　続いて、ウェイボーの検索・話題ランキングトップに入ったニュースを研究対象とし、「八爪魚采集器」というウェブクローラーアプリ（詳細後述）を利用して、ウェイボーに公開された関連テキストを収集・保存する。

　次のステップでは、NLPIRという感情分析サイト（詳細後述）を利用して、収集したテキストの感情分析を行い、中国ネットユーザーの東京大会に対する感情を明らかにする。最終ステップでは、これらの分析結果に基づいて、その原因や社会的背景を分析する。

1-1　時系列表の作成

表1　東京大会に関する重大ニュース

日　時	東京大会に関する動向
2016年4月25日	エンブレムが決定し、発表会を開催
2018年2月28日	マスコットの投票結果を発表し、マスコット候補「ア」を採用作品として決定
2018年7月22日	マスコットがデビュー
2018年9月26日〜12月上旬	大会ボランティアを募集
2019年4月18日	公式チケット販売サイトがプレオープン
2019年5月9日	日本在住者向けに、観戦チケットの抽選申込受付を開始
2019年7月24日	メダル、メダルリボンおよびメダルケースのデザインを発表

出所：公益財団法人東京オリンピック・パラリンピック競技大会組織委員会HP

　公開情報に基づき、東京大会に関する重大ニュースを表1にまとめる。その内容を踏まえ、本稿は「东京奥运会」(東京大会)、「东京奥运会会徽」(東京大会エンブレム)、「东京奥运会吉祥物」(東京大会マスコット)、「东京奥运会奖牌」(東京大会メダル)、「东京奥运会志愿者」(東京大会ボランティア)をキーワードとし、これらのキーワードを含むウェイボーテキストを収集する。その他、ウェイボーのホットな話題となった「东京八分钟」(東京大会の8分間プレゼンテーション)、「东京奥运会国家拟人」(東京大会の各国国旗擬人化キャラクター)も本稿の分析対象とした。

1-2　データの収集

　クローラー(Crawler)とは「ロボット」「スパイダー」などとも呼ばれ、インターネット上に公開されているテキスト・画像・動画などの情報を自動で収集するプログラムのことである。今回使用する「八爪魚采集器」は、現在中国で最も多く使用されているウェブクローラーの一つである。

　本稿は上述した7つの話題をキーワードとし、ウェイボーで投稿されるオリジナルのテキストをキーワード毎に10ページずつ収集する。

1-3　感情分析

　データ分析では、本稿は「感情分析(センチメント分析とも言う)[1]」という方法を用いる。感情分析は、特定の対象物に対する書き手の意見を発見するタスクと定義されている。その分析のアプローチとしては、辞書を用いる手法と、ラベル付きデータから分析する手法に大別される。感情表現辞典には「嬉・怒・哀・怖・恥・好・厭・昂・安・驚」という10種類の中国語の感情表現ワード(名詞、形容詞、副詞)が収録されている。辞書を用いるとき、予めポジティブまたはネガティブな言葉を登録しておき、それを基準に文章の感情を測定する。

　感情分析は、これまでにも情報処理の分野で多く使われている。現在、ブログやSNSなどのWebサービスの普及により、誰でも簡単に情報発信ができるようになっている。それにより、オンラインユーザーのコンテンツには、政策や製品、サービスに関しての膨大な評価情報が蓄積されている。例えば、野中ら(2017)は、オンラインレビューにおける消費者の感情を分類するタスクにおいて、予測に対する寄与度が大きい素性を用いることで、販売数値に関する予測タスクの精度を向上させる手法を提案した。橋本ら(2011)は、評判傾向の時間的変化と、その原因を抽出する評価傾向抽出エージェントを

実現するために、マイクロブログのコンテンツにp/n判定[2]と感情分析を実施し、重回帰分析を用いて評価傾向の変化点を求め、変化点におけるトピックを抽出する手法を提案した。

　この研究手法は、ソーシャルメディアの発展に伴い、近年社会学や情報学の分野でも感情分析を行い、世論調査などに応用されるようになっている。ソーシャルメディアでの投稿の大半は匿名で、ユーザーは気軽に自分の感情や意見を発信することができる。また、アンケートやインタビューの方法はコストやリアルタイム性の点でネックになるが、それに比べてウェイボーは情報の速報性が高いという特徴もあげられる。本稿ではNLPIR[3]というサイトを利用し、収集したデータの感情分析を行う。

二、結果と考察

　ウェイボーで広く議論されているトピックは「ウェイボー話題」として作成され、その話題の下にユーザーが自分の意見やコメントを投稿できる。投稿する際、ネットユーザーの関心を集める話題のキーワードの両側を「#」（ハッシュタグ）ではさむのが特徴である。

2-1　「東京大会」

　今回の研究対象である「東京大会」に関しては、数多くの話題が作られ、活発に議論されている。#東京五輪大会#の話題の閲覧数は6355.6万回を超え、また#2020年東京五輪大会#も4976.3万回の閲覧数に上っており、5万件余りのコメントを集めた。内容はスポーツに集中しており、とりわけサッカーや女子バレーボール、男子バスケットボールの予選が注目されている。最近では、テニスの試合に大坂なおみが日本を代表し出場することも話題になっていた。その他、旅行のラベルを付けた#2020東京五輪大会#の閲覧数も7361.8万回に達している。このように、全体的にみれば、中国のネットユーザーは東京大会に高い関心を示していることが分かる。

　具体的に、ウェイボーにおける東京大会に関する注目度の高い7つの話題をキーワードとして収集したテキストを、NLPIRで感情分析を行った結果は以下の通りである。

図1 「東京大会」に関する感情分析

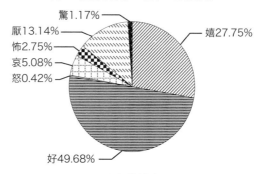

驚1.17%
厭13.14%
怖2.75%
哀5.08%
怒0.42%
嬉27.75%
好49.68%

出所：筆者作成
注：四捨五入のため、合計は必ずしも一致しない（以下の図も同じ）。

図2 「東京大会エンブレム」に関する感情分析

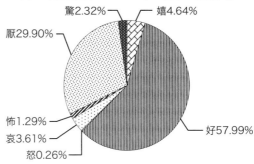

驚2.32%
嬉4.64%
厭29.90%
怖1.29%
哀3.61%
怒0.26%
好57.99%

出所：筆者作成

図3 「東京大会マスコット」に関する感情分析

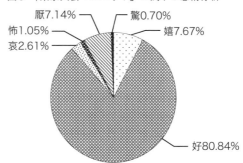

厭7.14%
驚0.70%
怖1.05%
嬉7.67%
哀2.61%
好80.84%

出所：筆者作成

　「嬉」とは「喜ぶ」の意味で、「好」は「好む」の意味である。**図1**によると、「喜ぶ」と「好む」の感情が高い比率を占めていることから、ウェイボーユーザーは東京大会に対して肯定的な態度を示していることが明らかである。

　詳しく見ると、関心を集める話題の分野は実に幅広く、例えば東京大会への予選や東京の会場と施設、試合の行われる主催都市、チケットの抽選、東京大会のボランティアなど、多岐に亘る。

　日本政府は、東京大会が開催される2020年に訪日観光客数4000万人の目標を掲げている。確かに、ウェイボーの投稿によると、多くの中国人は東京大会を観戦するとともに、日本各地を観光する予定である。また、もともと日本への旅行を計画している人々からは、東京大会という特別な時期に競技観戦ができるなら、人生の忘れられない旅になるという投稿も見られる。

　その他、ウェイボーでは多くの日本在住の中国ユーザーが、東京大会のチケットの抽選結果についても投稿している。当選した人達は、「2020年東京大会が楽しみ！」「東京で中国の皆を待っている！」など、喜びを隠せない。一方で、いくつかの試合のチケット抽選に申し込んだが、結局一枚も当たっていない人達は、「運が良くない！」「難しすぎた！」「行きたかった！」などと投稿し、落選の哀しみを表現している。

2-2　「东京奥运会会徽」（東京大会エンブレム）

　「ウェイボー話題」では、#東京オリンピックエンブレム#、#2020年東京オリンピックエンブレム#を合わせ、160万回以上の閲覧数に達している。「好」が57.99％で最も多く、「嬉」（4.64％）と合わせて62％強に上る。エンブレムは日本の伝統色である藍色で、江戸時代の「市松模様」であり、「多様性と平等」の文化的な意味を包含するとの説明テキストが多い。「いくつかの要素を融合しているところを評価すべき」、「シンプルで日本の伝統文化を現している」と評価する人々がいる。他にも、「飴の包み紙に似ている」というような投稿も見られる。一方、「厭」が29.9％を占めている。これは、2015年に東京エンブレムを決定する際に、有力候補作であった佐野研二郎氏のデザインが、盗作疑惑で撤回されたことがウェイボーで広く議論され、ユーザーからネガティブな評価が寄せられていたことが背景にあると見られる。

2-3　「东京奥运会吉祥物」（東京大会マスコット）

　東京大会マスコットに関しては、#東京大会マスコット#、#2020年東京マスコット#、#東京五輪大会マスコット名前発表#など、五つの話題が議

論され、120万回の閲覧数に達している。分析の結果、「好」の割合は80.84％、「嬉」は7.67％で、高い割合で肯定的な感情が示されていることがわかる。

　オリンピックマスコットは、伝統と近未来が一つになった温故知新的キャラクターであり、伝統的な市松模様と近未来的な世界観から生まれたという。ウェイボーの投稿では、東京五輪大会マスコットの名前である「ミライトワ」、「ソメイティ」はそれぞれ「未来永遠」、「非常に力強い」を意味していると、ウェイボーのユーザーによって紹介されている。また、日本全国の小学生による投票でマスコットが決定されたことが一番印象深いとし、「子供は未来だ」、「子供による投票が革新的だ」と高く評価されている。更に、「ミライトワ」と「ソメイティ」のキャラクターグッズの写真を、ウェイボーに投稿する人も少なくなかった。

2-4 「东京奥运会奖牌」（東京大会メダル）

　ウェイボーで、「東京大会」に次ぐ最もホットな話題は「東京大会メダル」であった。この話題では＃東京五輪大会メダル＃、＃2020年東京五輪大会メダル＃を合わせると、閲覧数が996.2万回に達した。特に＃東京五輪大会メダルの制作過程＃、＃使用済みの携帯からなる東京五輪大会メダル＃という話題は、420万回の閲覧数を超えた。「好」は67.45％で、「嬉」（13.78％）を合わせたポジティブな感情が80％を超えている。

　外見やデザインの理念を説明するテキストは少なくないが、ユーザーの注目点は、やはり使用済み携帯電話などの小型家電からメダルを製作することにある。世界初のリサイクル原材料によるメダル製作については、環境にやさしい点を高く評価し、このような点で日本に学ぶべきである、といったコメントが次々と出ている。

2-5 「东京奥运会志愿者」（東京大会ボランティア）

　東京大会のボランティアには20万人が応募し、当選したのは8万人、その内、外国人は12％を占める。

　図5が示すように、「好」は45.24％で、「嬉」は19.35％である。ボランティアに関するウェイボーの投稿の多くは、在日中国人である。投稿の内容としては、自分がボランティアに当選したという報告が多い。そのため、「東京大会ボランティア」をキーワードとする投稿には、「嬉しい」、「楽しみ」のような積極的な感情が多い。彼らにとって、ボランティアに応募する動機は、国際的イベントに取り組むことができることや、日本語、英語の勉強に

もなるということだろう。一方、「哀しみ」の意味である「哀」は11.9%を
占めている。これはボランティアに落選した人達が、残念な気持ちや、悔し
いという気持ちを投稿したことが原因と思われる。

図4 「東京大会メダル」に関する感情分析

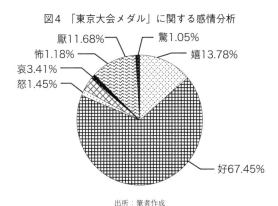

出所：筆者作成

図5 「東京大会ボランティア」に関する感情分析

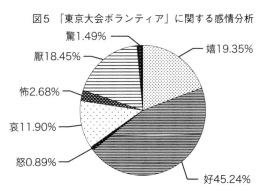

出所：筆者作成

2-6 「东京八分钟」（東京8分間のプレゼンテーション）

　#東京8分間のプレゼンテーション#の話題は、3372.2万回の閲覧数となり、コメントが1.8万件を超えている。「好」と「嬉」を合わせると、74%強に達している。

　五輪閉幕式で行われる「8分間のプレゼンテーション」は、従来から次回大会の「試演」と位置づけられてきた。リオ五輪の閉幕式で東京は、「東西文化の接点と融合を体現」し、「日本の最新テクノロジーの開発力を顕示」し、「復興に向けた『カンフル剤』を注入する」という、3つの印象深いメッセージを発信した。ウェイボーでの投稿は、東京8分間のプレゼンテーションが面白く、東京大会を楽しみにしているというものが大多数である。その他には、プレゼンテーションで表現された日本文化に興味を示すというような内容も見られる。

2.7 「东京奥运会国家拟人」（東京大会の各国国旗擬人化キャラクター）

　キャラクターに関しては、「好」（69.92%）と「嬉」（12.2%）を合わせて82%強に上り、積極的な態度が大多数を占める。#東京大会の各国国旗擬人化キャラクター#の話題は、144万回の閲覧数となっている。人民網によると、世界の国旗を網羅した国旗ポータルサイト「ワールドフラッグス（https://world-flags.org）」では、日本のイラストレーターや漫画家達が世界各国の国旗をキャラクター化し、東京大会の宣伝に貢献していると述べられている。

　「ワールドフラッグス」のトップページには、今回の活動について、「2020年東京大会に向けて、当サイトでは今回の非公式活動を通じて、侍や僧侶などの日本の伝統的な和装と、各国の国旗の要素や文化を掛け合わせることで、各国の国旗を擬人化し、キャラクターを作成した」としている。これらのデザインがソーシャルメディアで発表されると、各国のネットユーザーの間でたちまち話題になった。中国のネットユーザーからの評価では、「中国が一番カッコいい」という声が最も多かった。その他、このような形で東京大会を宣伝することについて、「日本人らしい」、「ユニーク」であるとの投稿も少なくない。

　このような非公式活動は東京大会を宣伝するとともに、世界各国の民間交流の活発化に繋がる。つまり、世界の友好交流に資する活動として、このような非公式活動が重要な役割を果たしていると言えよう。

図6　「東京8分間のプレゼンテーション」に関する感情分析

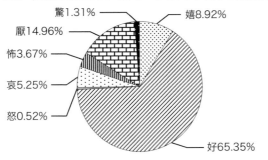

出所：筆者作成

図7　「東京大会の各国国旗擬人化キャラクター」に関する感情分析

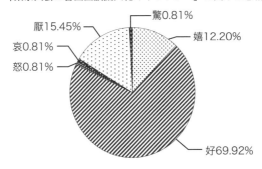

出所：筆者作成

2-8　まとめ

　上述の分析により、今回の東京大会に対して、中国のネットユーザーは非常に積極的な感情を持っていることが明らかになった。中国のネットユーザーは東京大会に高い関心を持っており、期待感も高い。さらに、ボランティアや観客として東京大会に積極的に取り組んでいる傾向も見られる。

終わりに

　日本は1964年に続き、2020年に二度目の五輪を開催するアジア唯一の国である。東京大会は中国で高い関心を集めたが、その原因は二つあると思われる。

　一つには、日本は地理的に中国の隣国であり、現在、約76万人の中国人が日本に在留していることである。この人達は東京大会に関心を持ち、ウェイボーを通じ東京大会に関して積極的に投稿を行った。また近年、日本への観光ビザの取得が容易になり、日本を観光する中国人が激増するなど、東京大会を観戦することは以前に比べ簡単になった。

　もう一つは、文化的距離が近いという点があげられる。両国は同じく漢字を使用し、日本語が判らないとしても、漢字を見れば意味が推測できるため、親しみを感じられる。また、日本文化が近年中国で流行して、日本文化に興味を持つ中国人が増えており、そのため東京大会はウェイボーでいつも話題になっている。現時点で、東京大会の開催まで一年を切った。2020年に向けて各競技の代表選考が本格化し、競技施設の建設も進むなか、人々の関心は更に高まることが予想される。

　中日両国は一衣帯水の隣国である。今年、両国は国交正常化47周年を迎え、両国の交流は更に密接になり、様々な分野での協力は目覚ましい成果を上げている。また、日本は令和の時代を、中国も新中国成立70周年と、両国はともに新たな時代を迎える。2020年東京五輪と2022年北京冬季五輪が近づくにつれて、中日両国の人的・文化的交流も新たなチャンスを迎えるであろう。

　従来から、人種、肌の色、性別などの多様性を受入れ、調和を提唱する五輪大会は、世界の人々の友好交流の場になっている。今回の東京大会もその役割を果たすはずである。東京大会は中日両国の友好協力の向上や、両国国民の民間交流の深化に対して積極的な役割を担うと思われる。五輪の開催をきっかけとし、中日間の人的往来と各分野の交流が促進されることを期待する。それにより、中日両国が互恵・ウィンウィンの美しい未来を協力して共に構築していくことを願う。

参考文献

　公益財団法人東京オリンピック・パラリンピック競技大会組織委員会ホームページ　https://tokyo2020.org/jp/

　人民網日本語版　http://j.people.com.cn/

北島信哉「2020年東京オリンピック・パラリンピックに関する大学生の意識調査：開催都市外の
　　大学生に着目して」『大学体育研究』41、2019年、pp.67 ～ 75

斎藤孝信「2020年東京オリンピック・パラリンピックへの期待と意識：2018年10月東京オリン
　　ピック・パラリンピックに関する世論調査（第4回）の結果から」『放送研究と調査』69（4）、
　　2019年、pp.30 ～ 51

野中尚輝・中山浩太郎・松尾豊「オンラインレビューから抽出した消費者の感情に寄与する素性
　　を用いた自動車販売予測」『情報処理学会論文誌データベース』10（3）、2017年、pp.16 ～ 25

橋本和幸・中川博之・田原康之・大須賀昭彦「センチメント分析とトピック抽出によるマイクロ
　　ブログからの評判傾向抽出」『電子情報通信学会論文誌』94（11）、2011年、pp.1762 ～ 1772

本多波輝・横井健「センチメント分析を用いたテレビ番組におけるバースト期間のツイート分
　　類」『第76回全国大会講演論文集』2014（1）、2014年、pp.111 ～ 112

1　センチメント分析とは、ユーザコンテンツの心的態度を抽出する手法である。
2　p/n判定とは、評価情報を肯定的／否定的に分ける手法である。
3　NLPIR（http://ictclas.nlpir.org/）はテキストデータのネット収集、テキスト内容の抽出、言
　　葉の分類、言葉の回数統計、キーワードの抽出、感情分析などの機能がある。十余年以来、
　　NLPIRは世界30万か所の会社や機関にサービスを提供し、ビッグデータ処理の分野に実力を
　　持ち、認められている。

中国男女別定年制及びその改正に関する研究
～日本の裁判例による示唆に基づいて～

早稲田大学社会科学研究科
博士課程後期5年
楊亜楠

はじめに

　中国における男女別定年制をめぐり、日本においても、様々な観点から議論がなされてきた（澤田2010；小嶋2010；松井2013）。澤田（2010）は、中国男女別定年制のもとで、「女性の間でも職種や年代によって利害が異なるため、対立が生じている」と指摘している[1]。また、小嶋（2010）では、定年年齢の性別格差是正に関する中国国内諸アクターの言説や行為を整理することにより、社会構成主義的見地から、中国におけるジェンダー政治を描き出した[2]。さらに、松井（2013）は、中国憲法における「男女平等」に関する規定と男女別定年制を確認したうえで、憲法の最高法規性の性質について考察している[3]。

　以上の研究では、経済的、政治的、法学的というそれぞれ異なる視点から、中国現行の定年制について議論を展開している。しかし、定年制の改正の方向性については、なお検討の余地があると考えられる。したがって、本稿では、既存研究の成果と限界を踏まえ、中国の社会情勢に鑑み、日本の定年制に関連する裁判例との比較を手掛かりにし、定年制の改正をめぐる必要性及び方向性について改めて検討することとしたい。

一、中国の男女別定年制に関する法的規定

　中国において、国民は労働の権利と労働の義務を有する。労働の権利は、基本的人権の一つであり、憲法によって保障されている（第42条）[4]。労働の権利の中には、好ましい労働条件、職業選択の自由、同一労働同一賃金、休

暇休業の権利などが含まれている。いつまで働き続けるかということ、すなわち定年年齢については、労働条件の一つであり、労働の権利の保障に関わっている。

　1950年代から、新中国成立初期の社会状況に基づき、定年制が導入されてきた。定年制とは、労働者が一定の年齢に達した場合に、雇用関係が自動的に終了し、退職する制度である。定年制の実施について、中国憲法は、「国家は法律の定めるところにより、企業及び事業組織の職員・労働者並びに国家公務員について定年制を実施する。定年退職者の生活は、国家及び社会によって保障される」（第44条）と明確に規定している。定年制は重要な経済的政策の一つとして、単なる個別の労働者や企業だけでなく、労働市場ないし社会全体にも幅広い影響を及ぼしている。

　1951年2月26日に、より労働者の健康を守り、生活上の困難を軽減するために、中央人民政府政務院は「労働保険条例」を公布・施行した。初めて年金制度（中国語では、「養老保険制度」）が創設され、労働者の家族にも恩恵が及ぶ、新中国における最も重要な社会保障制度となった。表1に示すように、本条例第15条において、男女労働者の年金の支給開始年齢、すなわち法定定年年齢が規定された。戸籍管理制度の実施に加え、本条例の適用対象は、原則的には、主に都市部における国営企業、公私合営、私営及び合作経営企業などに限定されていた。ところが、新中国の成立初期における政治的混乱により、本条例の実施効果は非常に小さかったと言わざるを得ない。

表1　中国における定年年齢に関する法的規定

公布時期	発表部門	法　令	定年年齢、規定内容
1951. 2	政務院	労働保険条例	男性：満60歳 女性：満50歳
1955.12	国務院	国家機関における人員の定年退職の処理に関する暫定方法	男性：満60歳 女性：労働者満50歳、幹部満55歳
1957.11	国務院	労働者、職員の定年退職の処理に関する暫定規定	
1978. 6	国務院	労働者の定年・退職に関する暫定方法、老齢・虚弱・病気・障害を有する幹部の配置に関する暫定方法	
1983. 9	国務院	国発〔1983〕141号文書 高級専門家の離退職問題に関する暫定規定	高級専門家：65歳可 教授：70歳可
1983. 9	国務院	国発〔1983〕142号文書 中堅教師・医者・技術者の定年退職年齢の引き上げに関する通知	男性：満65歳可 女性：満60歳可
1990. 2	人事部	人退発〔1990〕5号文書 高級専門家の離退職問題に関する通知	女性高級専門家：満60歳可
1992. 9	中共中央組織部,人事部	組通字〔1992〕22号文書 県、処級女幹部の離退職年齢問題に関する通知	県、処級以上の女性幹部：満60歳可
2015. 2	中共中央組織部,人力資源社会保障部	組通字〔2015〕14号文書 機関事業単位県、処級女幹部と女性高級専門家の定年退職年齢問題に関する通知	県、処級以上の女性幹部、女性高級専門家：満60歳可

出所：筆者作成

　1956年1月より、国務院によって「国家機関における人員の定年退職の処理に関する暫定方法」が施行された。本暫定方法により、定年制は適用範囲が拡大され、国営企業と並び、国家機関においても導入された。これにより、定年年齢は男性の場合、依然満60歳であるが、女性の場合は幹部が満55歳、同労働者が満50歳とされた。すなわち、女性の定年年齢が、初めて労働者と幹部の間で異なるようになった。1957年11月には国務院が「労働者、職員の定年退職の処理に関する暫定規定」を公布、翌年2月より施行し、「国営・公私合営の企業・事業単位及び国家機関、人民団体における女性職員は、定年年齢を55歳にまで引き上げる」ことになった（第2条[9]）。

　このような定年制の統合を図るために、1978年5月に国務院によって「労働者の定年退職に関する暫定方法」と「老齢・虚弱・病気・障害を有する幹部の配置に関する暫定方法」が制定された。両方法を併せて「国発〔1978〕104号文書」と称され、適用対象は、全民所有制すなわち国有企業及び県以上の集団所有制企業、事業単位の労働者及び国家機関の職員とされ、農民が除外されている[10]。本文書は、定年制の基礎的規範として、最も根本的な法的根拠を提供している。さらに、「『文化大革命』によって破壊された定年退職者の年金制度の回復に重要な役割を果たしている」と指摘されている[11]。現行の定年退職の要件については、表2に示したように、国発〔1978〕104号文書によって明確に定められている。

表2　中国現行の定年退職の要件

	要　件	男　性	女　性
①	当該企業における勤続年数満10年の雇用条件を満たす。	満60歳	労働者満50歳、幹部満55歳
②	鉱山、高所作業、高温作業、重労働及び他の身体健康に有害影響を及ぼす業務に従事し、かつ、当該企業における勤続年数満10年の雇用条件を満たす。	満55歳	満45歳
③	病院の証明書と労働鑑定委員会の審査によって、完全に労働能力を喪失したと認められ、かつ、当該企業における勤続年数満10年の雇用条件を満たす。	満50歳	満45歳
④	業務上の災害により、病院の証明書と労働鑑定委員会の審査によって、完全に労働能力を喪失したと認められる。		

出所：国発〔1978〕104号文書から作成

二、定年制改正の必要性

　1978年に改革・開放政策が導入されたのを契機として、中国では社会主義計画経済に替わって、社会主義市場経済が次第に形成されていった。市場

化に向けての経済改革が急速に進行する中で、労働市場は大きく変化してきており、労働者を取り巻く雇用環境はますます厳しくなっている。ところが男女別定年制は、制定されてから現在に至るまで一度も改正が行われず、なお効力を有している。不十分なところが残ったままで、既に社会発展の実情に合致していなくなっていると言わざるを得ない。性別による定年年齢格差の是正が必要な理由として、以下の中国国内社会の諸要因と国際的定年年齢立法の動向をあげることができる。

2-1　男女間年金格差の拡大

　　近年、高学歴化の進展に伴う就学年数の延長とともに、就業開始年齢が上昇している。男女別定年制のもとで、女性労働者は勤続年数が一層短縮され、それゆえ、企業内部の職業教育訓練などの人的資本の蓄積においてマイナスの影響を受け、ひいては管理職への昇進やキャリア構築が困難になっている。雇用上の性差別的取扱いに加えて、男女別定年制は社会保障における年金格差にもつながっている。

　　本来、定年後に算出される年金の受給額は、定年退職前の賃金の90%という高い水準が設定されていた[12]。そのため、女性は早期退職しても、年金受給額上の不利は小さかった。ところが、1997年の年金制度改革に伴い、年金の受給額は、主に基本給と勤続年数に比例する仕組みとなった。換言すれば、人的資本理論の変数である勤続年数は、労働者の賃金や年金にとってプラスになる[13]。労働者の勤続年数が上がるにつれ、賃金も年金も一定割合で上昇する。とりわけ、労働者の賃金水準が高いほど、年金受給の格差が拡大する[14]。

　　このような年金制度改革により、制度的に性別を問わず早期定年退職へのインセンティブが低下することになった[15]。女性は早期定年退職により、年金加入年数が短縮され、結果的に定年後の年金受給額が概して男性より低い状況となっている。

2-2　労働力人口の確保

　　中国では、1979年以降「一人っ子政策」が長期にわたって全面的に実施されてきた。その結果として、総人口が世界第一位であるにもかかわらず、少子・高齢化が急速に進行している。

　　中国国家統計局によると、中国では2014年末時点で60歳以上の人口の割合は15.5%、そのうち65歳以上の人口の割合は10.1%となっていて、既に本

76

格的な「高齢化社会」に入っており、さらに2025年には「高齢社会」に突入するとされている[16]。また、生産の担い手である生産年齢人口[17]は、「1949年の新中国成立以来、2012年に初めてマイナス成長に転じた」と指摘されており[18]、その後持続的に減少を続けている。さらに、労働市場を総体的にみると、労働力人口[19]の需給状況に根本的な変化が生じ、既に過剰から不足の状態になっている。結果的に、人件費コストの上昇により、大量生産と低人件費を特徴とした中国の労働集約型産業の国際市場における競争力は、低下しつつある。

　深刻な少子・高齢化社会の到来にあたり、「人口ボーナス」のメリットが次第になくなってきている。厳しい労働力供給不足は、中国経済の安定成長に大きな支障を与えている。したがって、労働力供給不足を緩和するために、貴重な女性労働力利用を促進していくことがますます重要な雇用政策となっている。こうした状況の中で、女性の定年を早期とする男女別定年制は、既に労働力需給の実態に対応できなくなっている。

2-3　平均寿命の持続的な延び

　近年、医療技術の進歩、健康意識の向上などに伴い、生活習慣が改善され、中国の平均寿命は上昇し続けている。表3は、中国における平均寿命の年次推移を示している。この表でも分かるように、2013年の平均寿命は男性74歳、女性77歳であり、女性のほうがより長い。女性の平均寿命が延びるとともに、女性労働者を一層長く活用することによって女性活躍を推進していくことが不可欠になっている。

　ところが、男女別定年制の実施により、女性の勤務年数が寿命の延びに対応していないという問題が顕著となっている。女性労働者は強い労働能力と勤労意思を有するにもかかわらず、50歳に達すると定年退職せざるを得ない。女性の早期定年は、退職者自身だけではなく、企業の経営及び社会の長期的発展にとってもマイナスの効果を及ぼしている。

表3　中国における平均寿命の年次推移　　　単位：歳

時　期	全　体	男　性	女　性	男女間格差
1981年	68	66	69	-3
1990年	69	67	71	-4
2000年	71	70	73	-3
2010年	75	72	77	-5
2013年	75	74	77	-3

出所：中国国家統計局第六回全国人口センサス「我国人口平均予期寿命達到74.83歳」、WHO「Global Health Observatory data（世界衛生統計報告）2015年」

2-4 法定定年年齢をめぐる国際的動向

　法定定年年齢については、国際的に統一された基準が確立しておらず、国や地域によって異なる。国際的には、まず、定年制自体の撤廃に向けた議論が高まり、柔軟性を備えた定年制へと改正する国が次第に増加している[20]。アメリカ、カナダ、イギリス、オーストラリアなどの国においては、強制的な定年制が禁じられる傾向にあり、定年制が許容されるのは少数の職種に限定されている。また、統計調査によれば、チェコ、デンマーク、フランス、ギリシャ、ハンガリー、イタリア、韓国、トルコなどの定年制が実施されている国でも、2010年から2050年にかけて、法定定年年齢を段階的に引き上げる検討が行われている[21]。

　さらに、アジアについて見れば、多くの国で、男女同一の60歳に定年年齢が設定さている。また、ベトナム、パキスタン、イラクといった少数の国では、女性の定年年齢が男性より低い定年制が実施されているが、男女間定年年齢格差は縮小傾向にある[22]。一人当たりのGDP（国内総生産）が中国と近い国と比べると（表4）、中国の定年制における男女間の定年年齢格差が最も大きいことが分かる。このように、国際的にみると中国の定年制度は立ち遅れている。

表4　国別定年年齢

定年制の類型	国　　家	定年年齢	
		男　性	女　性
男女別定年制	ブルガリア	65歳	63歳
	ルーマニア、アルゼンチン、ブラジル	65歳	60歳
男女同一定年制	メキシコ	65歳	
定年制なし	アメリカ、カナダ、イギリス、オーストラリアなど		

出所：白天亮「延遅退職：怎麼延、影響就業嗎」『人民日報』2016年7月23日第006版から作成

三、定年制改正の方向性

　第2章では、男女別定年制改正の必要性について、社会保障制度（年金制度）の改革、労働力人口の確保、平均寿命の延び、国際的定年年齢の動向という4つの側面から、分析を行った。以上の分析を踏まえると、現行の男女別定年制は合理性がますます低下し、改正の時期を迎えている。なお、現代の中国社会は、地域や所得などの格差が拡大傾向にある。こうした複雑な状況のなかで、定年制の改正を円滑に進めるためには、労働者の利益や要求を

十分に考慮した上で、段階的かつ漸進的に取組むことが必要である。定年制改正の過程では、以下の3つのステップを踏むべきと考えられる。

　まず、第1ステップは、女性のうち幹部クラスと幹部以外の差をなくし、女性内の定年年齢格差を是正することである。職務遂行能力から見れば、労働者間に個人差が存在する。50歳以上の女性であっても、必ずしも企業経営上要求される職務を遂行できないわけではない。したがって、平均寿命が延びるにつれ、50歳という年齢は、既に女性を労働市場から一律に排除する理由にはならなくなっている。

　改正の第2ステップは、女性の定年年齢を引き上げ、男女間の定年年齢格差を是正することである。法律上、労働の権利は平等権の一つである[23]。中国憲法、労働法、女性権益保護法、就業促進法において、女性は男性と平等な労働の権利を享有すべきであると定められている。企業では、国の定年制を執行する際に、性別を理由として女性を差別してはならない（女性権益保護法第27条第2項）。それゆえ、男女間に年齢差をつけた定年制それ自体、それを正当とする特段の事情はなく、中国憲法、労働法、女性権益保障法、就業促進法などが定める男女平等の趣旨に違反し、単なる性別のみによる明らかな性差別待遇にあたる。

　また、従来と異なり、科学技術の進歩に伴い、現代のデジタル化社会においては、肉体労働が減少する一方で、頭脳労働がますます重要視されている。頭脳労働において、男女間に顕著な差異は存在しない。年齢の上昇に伴い、男女ともに生理機能や労働能力が低下する。同年齢層の男女を比較すれば、当然に女性の方が男性より労働能力が低いとは一概に言えない。したがって、男女同一定年年齢を実施してはじめて、男女平等の労働条件が実現できる。例えば、中国大手新聞社の「中国婦女社」では、2009年5月1日から既に男女ともに60歳をもって定年退職する試みが始まっている[24]。

　さらに、改正の第3ステップは、男女同一定年年齢を実現したうえで、職種や職務によって法定定年年齢を段階的に引き上げることである。中高年齢層の労働者は、加齢に伴い身体機能が低下し、体力面では若手に劣る一方で、勤続年数に伴って蓄積された職務経験や能力では優れている。とりわけ研究者、技術者、教員といった専門的・技術的職業従事者は、指導者としてノウハウの継承や若手人材の育成において貢献度がより高い。

　企業経営という観点からすると、定年年齢の引き上げは、優秀な中高年層の労働力の確保につながっている。2013年11月12日、中国共産党第18期第3回全体会議（中国語では、「三中全会」）が開催され、「改革の全面的な深

化における若干の重要問題に関する中共中央の決定」（中国語では、「中共中央関於全面深化改革若干重大問題的決定」）を採択した。本決定の中で、「持続的な社会保障制度を確立し、定年年齢を段階的に引上げる」（第45条）と定められている。今後、法定定年年齢に達する労働者に対し、労働者の健康状態、職務遂行能力、勤労意欲などに基づき、定年退職するか、もしくは継続就業するか、より多くの選択肢を提供すべきである。

四、男女別定年制に関する裁判例

　社会主義市場経済体制が進むにつれて、あらゆるものが商品化されていき、労働市場における競争がますます激しくなってきている。こうした状況の中で、女性が男性より低い年齢で定年退職することについて、女性に対する合理的な特別保護か、雇用上の不合理的な性差別かが急速に問題視されるようになった。男女間で10歳の定年年齢格差の合法性を争う訴訟が、燎原の火のように広がっている。一方、中国と同様に日本社会では、男女別定年制の違法性をめぐる法的議論が、1960年代末から既に展開されていた。

　以下ではまず、男女別定年制の合理性に係る2つの代表的な訴訟事例を取り上げ、中国において裁判がいかなる判断を下してきたのか、判決の内容を具体的に検討することとしたい。次に、日本における男女別定年制撤廃の過程を振り返って検討を加える。最後に、日本における男女別定年制の撤廃に係る裁判の経験から得られる、中国への示唆を提示する。

4-1　中国の男女別定年制に関する裁判例
(1)周香華が中国建設銀行河南省平頂山支店を訴えた定年退職決定取消請求事件　（2006年、湛民1初字第31号[25]）

a.事案の概要
　被告（中国建設銀行河南省平頂山支店）は、「老齢・虚弱・病気・障害を有する幹部の配置に関する暫定方法」の規定に基づき、原告（周香華、女性）が満55歳であり、勤続年数が満10年となっていることを理由に、河南省の労働及び社会保障部門に原告の退職を申告した。

　2005年1月、被告は、原告に退職手続きを行うことを通知した。同年8月22日、原告は、憲法の規定する労働権の男女平等に違反しているとし、被告の行為の取り消しを求め、河南省平頂山市労働紛争仲裁委員会に訴えた。

同年10月4日、労働紛争仲裁委員会は、国発〔1978〕104号文書（「老齢・虚弱・病気・障害を有する幹部の配置に関する暫定方法」）を法的根拠に、原告の請求を退ける〔2005〕86号裁決書を下した。同月28日、原告は労働紛争仲裁委員会の裁定を不服として、労働紛争仲裁委員会の〔2005〕86号裁決書及び定年退職させようとした被告の決定の撤回を求める民事訴訟を河南省平頂山市湛河区裁判所（中国語では、「人民法院」）に提起した。翌年2月8日、原告の訴訟請求を退ける一審判決が行われ、原告は上告を諦めた。

b. 本件の主要な争点

本件の争点は、以下の2つである。第1の争点は、下位に位置する行政法規の国発〔1978〕104号文書が、上位に位置する憲法に反するか否かを裁判所が判断できるかである。第2の争点は、国発〔1978〕104号文書が、憲法の規定する労働権の男女平等に違反しているか否かである。

c. 判決

結果として、裁判所は、2006年2月8日に原告の訴訟請求を退ける一審判決を行った。その主な理由としては、①被告の行為は、現行の政策と法規に沿っており、法的に不当なところがない　②原告の主張、すなわち「被告の行為が憲法上の男女平等に関する原則に反し、労働権を侵害し、取り消しを求める」という主張には、法的な根拠がない、ということである。

d. 検討

本判決は、中国における男女別定年制に対して初めて下された判決である。

第1の争点について裁判所は、「被告の行為は、国家の現行の政策と法規に合致しているので、不当なところはない」との判断を示した。松井（2013）によれば、「この判断によると、そもそも現行の政策と法規、すなわち『老齢・虚弱・病気・障害を有する幹部の配置に関する暫定方法』四条に基づき『男性が満60歳、女性が満55歳』で退職しなければならないことには、何ら疑問はないことになる」と述べられている。[26] その一方で、中国憲法において、「裁判所は裁判権を独立して行使し、行政機関、社会団体及び個人の干渉を受けない」（131条）と定めているが、裁判所による違憲審査制が規定されていない。それゆえ、現段階において、裁判所は違憲審査権を持っておらず、憲法に違反する法令などを無効にできない。[27]

第2の争点である男女別定年制が憲法に違反しているか否かの問題につい

ては、本事件において判断が示されなかった。

⑵胡麗華ら13人の女性教員が浙江省温州市平陽県教育局を訴えた定年退職決定取消請求事件（2010年、浙温行申字第7号[28]）

a.事案の概要

　本件では、原告（胡麗華ら）の13人は、被告（浙江省温州市平陽県教育局）によって雇用され、契約社員として学校に配置され、教員免許を取得した。2008年4月7日、被告は51人の中小学教員（原告を含む）が定年退職の法定定年年齢が達したことを理由に、「董淑菲等51人の定年退職手続きに関する通知」（以下では、「平政教〔2008〕57号通知」と略称する）を発した。同年8月12日、原告は、女性の労働権が侵害されたと主張し、被告の行為が憲法上の男女平等原則に反し、その違法確認及び取り消しを求める行政訴訟を提起した。

b.本件の主要な争点

　本件の争点は、以下の2つである。第1の争点は、1970年代の末に制定された国発〔1978〕104号文書（「国務院の労働者の定年退職に関する暫定方法」）が適用されるか否かである。第2の争点は、被告の行政行為の手続き的違法性である。

c.判決

　第一審判決では、中国教育法及び国発〔1978〕104号文書（「国務院の労働者の定年退職に関する暫定方法」）によると、被告が2008年4月7日に下した「平政教〔2008〕57号通知」は社会の実情に合致するものとして、その行政行為の適法性を認め、原告の請求を退けている。控訴審判決では、中国行政訴訟法第61条第1項によって、第一審判決の理由を認め、控訴人の控訴を棄却し、原判決の維持を判決した。

d.検討

　第1の争点について、本件裁判所は以下のように判示している。まず、国発〔1978〕104号文書（「国務院の労働者の定年退職に関する暫定方法」）の適用を認めた。判決はまず原告が本方法の「労働者」に該当するか否かを判断している。「国務院の労働者の定年退職に関する暫定方法」第1条第1項に

よると、全民所有制企業、事業単位と党政機関、人民団体における定年年齢は、男性は満60歳、女性労働者は満50歳、同幹部が満55歳であり、当該企業における勤続年数満10年の雇用条件を満たす場合としている。「事業単位と党政機関、人民団体」は、企業や工場に限定されず、より幅広い所属部門が含まれている。本件において、原告は教育局によって雇用され、長期的に教員として勤め続けて教員免許を取得した。したがって、原告は本方法の「労働者」に当たると認定された。この判断に対し、原告は異議申し立てをしなかった。

　次に、「国務院の労働者の定年退職に関する暫定方法」は、1970年代に制定されて数十年経ったが、現在に至るまでなお効力を有している。確かに、社会全体の大きな変化の中で、本暫定方法の立法の意図と社会的背景は、現実の社会の状況に合致しなくなってきている。しかしながら、本暫定方法が国務院によって撤廃されるか、もしくは改正されるかしない限り、各行政庁はなおこれに基づき、適切に業務を行うべきである。したがって、本件において、本方法の適用の合法性を容認する。さらに中国憲法第33条の「法の下の平等」は、「法適用の平等」のみを指し、「法内容の平等」は含まないとされている。本暫定方法を男女に平等に適用した結果、定年年齢に差が出たというだけで、中国における「法の下の平等」に反するとは考えられていない。

　第2の争点について、本件裁判所は、次のように判断した。中国の社会環境の中で、定年制は、優遇措置であると考えられている。定年退職決定の手続きは、行政上の強制執行、行政罰と異なり、現行の法律法規には明確に規定されていない。退職行政決定を関連部門に複写・送付しないこと、或いは、人事局に報告しないことは、それが退職決定前に行う手続きではないため、行政手続きの違法及び重大明白な瑕疵に当たらないものと解すべきである。したがって、原告が、被告は女性労働者が満50歳、同幹部が満55歳に達したときは退職とする旨の平政教〔2008〕57号通知によって、定年退職にあたるとする決定を行ったことについて、その手続きの合法性を容認する。

4-2　日本における男女別定年制の撤廃

　1960年代から高度経済成長期に入った日本社会では、性差別的な雇用慣行が散見されていた。多くの大手企業において、定年制の就業規則への導入に際し、男女別定年制（女性のみの結婚退職・出産退職・若年定年制などを含む）が採られていた。1985年5月の男女雇用機会均等法（正式名称、「雇

用の分野における男女の均等な機会及び待遇の確保等に関する法律」。以下、「均等法」と略称する）が成立するまで、男女別定年制を規制する法律は存在しなかった。この間、男女別定年制の撤廃を図る上で、多くの裁判例が蓄積された。裁判例は着々と理論構築を進め、充実した判例理論と結論を提供し、法理論上、男女平等の取り扱いの判例法理が形成されてきた。

　男女別定年制の撤廃の動きは、1969年の東急機関工業事件に始まった。同事件は、合理的根拠が認められない女性の30歳定年制が公序良俗に反するものとして無効とされた最初の裁判例であり、男女別定年制の撤廃に大きな影響を与えた。それ以降、1974年の名古屋放送事件、1975年の伊豆シャボテン公園事件、1981年の日産自動車事件を経て、民法90条の公序良俗に関する規定により、女性の定年年齢を男性より低く定めた就業規則の部分は無効であるという判断が次々と出てきた。

　以上で挙げた訴訟では、訴えの主要な争点は、女性の定年年齢を男性より低く定めた部分は、女性労働者の労働権を侵害するか否か、或いは、年齢差別であって憲法14条1項（法の下の平等原則）の趣旨に反することにより民法第90条（公序良俗）の規定違反となるか否かが問題となってくる。これに対し、裁判判決では、主に以下のような判断が下された。

　まず、憲法学説上の「直接効力説」ではなく、「間接適用説」が用いられている。会社の就業規則は、私人間の合意によって制約を設けることであり、私的自治の原則の適用により、一応有効であるということができる。私的人権侵害となるかという問題を判断する際に、憲法上の法的根拠として、直接関わる条文は14条1項である。憲法第14条は性別による差別を禁止しているが、労働契約、労働協約、就業規則などのような私人間の契約にその効力が及ぶか否かが問題となる。

　憲法学説上の「直接効力説」によれば、憲法14条1項の基本的人権の保障に関する規定が、私人間の行為の効力（第三者効力）を直接左右する。しかし、判例は憲法学説上の「間接効力説」を採用する。男女平等取り扱いの趣旨（憲法14条1項、民法1条2項）は、私人間における「公の秩序」の内容になっており、男女間の不平等な扱いはそれを正当化する合理的理由のない限り、民法90条の公序違反を根拠に、無効であるというべきである。

　「公序良俗」とは、何よりも、憲法上の規範及びそれを具体化した法律などの体系であり、それに合致した限りでの社会通念である[29]。均等法施行前後を問わず、民法90条の「公序良俗」によって、賃金その他の労働条件において、性別を理由とした女性を差別的に取り扱うことは禁止されている。

したがって、男女別定年制を定めた就業規則の規定は、専ら女性であることのみを理由とし、それ以外の合理的理由が認められなく、著しく性別によって定年を異にする不合理な差別である。民法709条（不法行為）などに基づき、差別に当たるような嫌がらせや不利益取り扱いは、損害賠償を求めることができる。

4-3　日本の裁判例による示唆

　4-2では、日本における男女別定年制を無効とする一連の裁判例を取り上げ、分析を行った。以上の分析を踏まえると、男女別定年制の撤廃は容易なことではなく、長時間の歳月が必要であるということが言える。中国で、男女別定年制を改正する際に、日本における男女別定年制の撤廃に係る裁判の経験に鑑みると、下記の2点の有益な示唆が得られると考えられる。

　まず、憲法を実質化し、憲法の私人間効力を積極的に認めることである。中国の司法において、憲法は数多く改正されているが、「公法・私法二元論」により、いまなお、私人間への適用が認められていない。それゆえ、憲法は裁判規範ですらなく、これまで援用されることはなかった。「いままで憲法は実質的には実施されていない。憲法の判例が一件もない」と指摘されている[30]。何故なら、刑事訴訟であれ、民事訴訟であれ、行政訴訟であれ、直接憲法を適用することが認められていないのである[31]。

　一方で、以上で挙げた日本の裁判例においては、いずれも憲法14条の私人間直接適用ではなく、法律行為の無効を規定する民法90条の公序良俗を根拠に、憲法14条の趣旨の間接適用を積極的に認めたという点が共通している。合理的な理由のない雇用における男女差別は、公序良俗違反であるという考え方は、この時点で最高裁も支持する考え方になった[32]。つまり、差別的定年制は、「憲法14条の趣旨に反する」ものであり、違法性が確認された。この意味で、女性労働者は、裁判を通じて救済を得たといえよう。

　次に、雇用平等を中心とする新たな立法措置を整備することである。男女別定年制に係る判決の文脈からみると、中国の裁判では、「国発〔1978〕104号文書」の適法性が争われているにもかかわらず、取り消しを求める理由には法律上の根拠がないことから、依然として本文書の適用を認めている。「国発〔1978〕104号文書」は、1970年代の末に施行されてから、40年間一度も改正されることがなかった。現在に至るまで、女性幹部、女性専門技術者などを除き、女性労働者の定年年齢の引き上げに関する公式文書は未だに公布されていない。現行の定年制を規定する法律だけでは、労働市場の変化

に十分対応できなくなっている。

　その一方で、日本では1985年に均等法が制定されて以来、度重なる重大な改正が行われ、内容の充実が図られている。1997年の改正均等法では、雇用上の性差是正の試みが始まり、それまで努力義務であった採用・昇進・教育訓練等での差別が禁止された。退職の勧奨、定年、整理解雇、労働契約の更新について、性別による異なる取扱いの禁止を明確に定めている（第6条4項）。これにより、男女別定年制は均等法違反および公序良俗違反として違法とされている。均等法は女性雇用の拡大とその長期化だけではなく、平等雇用の推進において、不可欠な法的保障の機能を果たしている。性に関する平等な取り扱い義務については、現行法では、かなりの部分が均等法に根拠を求めることができるようになっている[33]。

　以上のように、人権を一層保障するように、中国国内法整備の一環として、裁判で如何に憲法を私人間に適用するかが、今後の主要な法的課題となっている。また、法律の履行確保はもとより、法的基盤としての新たな雇用性差別禁止基本法を成立することが急務になってきている。雇用性差別禁止基本法の制定・施行の際に、日本の均等法を参照することは重要な意義を持っていると考えられる。均等法の改正過程を振り返り、雇用性差別禁止基本法の中で、性差別の定義を明確にするとともに、より実効性のある規制内容を盛り込み、賃金そのほかの雇用ステージのあらゆる場面における性差別的な取扱いを全般的に規制すべきである。

おわりに

　中国において、男女が同一年齢で定年退職すべきであるかどうかという議論は、まだ結論に至っていない。男女間の定年年齢格差の背後には、伝統的な性別役割分業意識が残存している。男女別定年制の弊害として、女性のみが早期定年の対象とされ、労働者としての勤務年数及び年金加入年数が強制的に短縮されることになっている。憲法上の男女平等の趣旨からすると、男女別定年制は合理的根拠を欠く、単なる性別を理由とする差別的な制度である。女性労働者に対する特別保護や優遇ではなく、むしろ享受すべき労働の権利と労働の自由の侵害であると考える。さらに、年金制度の改革、労働力減少の傾向、平均寿命の上昇及び就学年数の延長といった変化に伴い、定年制における定年年齢は、法律上の性別平等に係る問題であると同時に、深刻な社会的問題にもなっている。

　男女共に活躍できる社会に向けて、雇用分野における女性に対する不利な取り扱いの解消を図るために、形式的な平等にとどまらず、実質的な平等の徹底が求められている。したがって、憲法上の男女平等理念のもとで、定年以降の処遇を改善するとともに、男女別定年制をめぐる改正の必要性がますます顕在化している。当然、現行男女別定年制の改正は、一挙に行えるものではない。社会の現状に応じ、男女別定年制の改正を慎重に進めていくことが喫緊の課題となっている。

参考文献
（日本語文献：五十音順）
〈論文〉
　石錚「中国の女性労働に関する研究:経済・制度の歴史的変遷から」『立命館経営学』第54巻第3号、2015年、pp.91 ～ 109
　郭延軍・唐佳寧訳「中国における女性の雇用平等保障:制度に対する反省とその改革への展望」『比較法雑誌』第48巻第3号、2014年、pp.159 ～ 185
　梶田幸雄「中国における労働紛争仲裁判断の法的効力:『一裁終局』の労働紛争仲裁と裁判の関係」『中国研究』第17巻、2009年、pp.1 ～ 25
　小嶋華津子「定年年齢の性別格差是正をめぐる政治：中国におけるジェンダーと政治」『国際政治』第161巻、2010年、pp.82 ～ 96
　澤田ゆかり「定年年齢の男女差と年金をめぐる言説」『近きに在りて』第58巻、2010年、pp.82 ～ 90
　張千帆・江利紅訳「現代中国憲法学の発展について」『比較法雑誌』第48巻第1号、2014年、pp.97 ～ 104
　野沢秀樹「中国における労働就業問題と関連法規」『比較法学』第30巻1号、1996年、pp.65 ～ 119
　松井直之「男女別定年年齢問題にみる中華人民共和国憲法の最高法規性の特質:周香華事件判決を踏まえて」『季刊中国』第115巻、2013年、pp.27 ～ 37
〈著書〉
　相澤美智子「男女同一賃金:岩手銀行事件」村中孝史・荒木尚志編『労働判例百選第8版』有斐閣、2009年
　浅倉むつ子「日本における同一価値労働同一賃金原則実施システムの提案」西谷敏・和田肇・朴洪圭編著『日韓比較労働法1』旬報社、2014年
　浅倉むつ子・島田陽一・盛誠吾『労働法』有斐閣、2015年
　石塚浩美『中国労働市場のジェンダー分析:経済・社会システムからみる都市部就業者』勁草書房、2010年
　小野幸二・高岡信男編『法律用語辞典第4版』法学書院、2010年
　國谷知史・奥田進一・長友昭編『確認中国法用語250WORDS』成文堂、2011年
　中国綜合研究所・編集委員会編集『現行中華人民共和国六法』、1988年
　鄭功成「中国社会保障制度の変遷と発展」広井良典・沈潔編著『中国の社会保障改革と日本:アジア福祉ネットワークの構築に向けて』ミネルヴァ書房、2007年
　和田肇『人権保障と労働法』日本評論社、2008年

（中国語文献：アルファベット順）
〈論文〉
　国際労働機関・四川大学人権法研究中心報告「中国裁判所和仲裁機構禁止就業歧視案例選:国際労働機関課題」、2011年、pp.13 ～ 16

劉明輝「中国退職年齢制度中的悖論」『中華女子学院学報』第2巻、2012年、pp.12 〜 18

徐暁雯・張新寛「対延遅我国法定定年年齢的思考（下）」『山東財政学院学報』第3巻、2011年、pp.73 〜 77

張步峰「男女不同年齢定年制度的憲法学思考」『法学家』第4巻、2009年、pp.138 〜 147

〈著書〉

林嘉『社会保障法的理念、実践与創新』中国人民大学出版社、2002年

張千帆『憲法学導論：原理与応用（第二版）』法律出版社、2008年

1　澤田ゆかり「定年年齢の男女差と年金をめぐる言説」『近きに在りて』第58巻、2010年、p.83

2　小嶋華津子「定年年齢の性別格差是正をめぐる政治：中国におけるジェンダーと政治」『国際政治』第161巻、2010年、pp.82 〜 96

3　松井直之「男女別定年年齢問題にみる中華人民共和国憲法の最高法規性の特質：周香華事件判決を踏まえて」『季刊中国』第115巻、2013年、pp.27 〜 37

4　以下に用いる「憲法」、「労働法」、「婦女権益保障法」、「就業促進法」等の邦訳は、中国綜合研究所・編集委員会編集『現行中華人民共和国六法』(1988年)に拠っている。

5　小野幸二・高岡信男編『法律用語辞典第4版』法学書院、2010年

6　①事業組織（Institutional Organization）とは、国家（政府）、或いはその他の組織が国有資産を利用し、設置する社会服務組織である。一般的に、社会公益目的のため、教育、科学技術、文化、衛生管理などの事業や活動を行う。中国の事業組織は、日本の独立行政法人や特殊法人に相当する。
　　②職員とは、一般労働者よりも、体力の消耗が少ない事務系、ホワイトカラーなどの職に属する者をいう。

7　「政務院」は、新中国の成立初期における最高の国家行政機関。1954年9月15日に開催された第一期全国人民代表大会（以下では、「全人代」と略称する）で、政務院に代わって、国務院が設立された。国務院は中国の中央人民政府であり、日本の内閣に相当する。

8　鄭功成「中国社会保障制度の変遷と発展」広井良典・沈潔編著『中国の社会保障改革と日本：アジア福祉ネットワークの構築に向けて』、2007年、p.34

9　単位とは、中国の社会における基層組織であり、労働を媒介として全人民を組織化し、行政、経済、思想のあらゆる面から管理・支配する中国特有の組織である。國谷知史・奥田進一・長友昭編『確認中国法用語250WORDS』成文堂、2011年、p.63

10　野川秀樹「中国における労働就業問題と関連法規」『比較法学』第30巻第1号、1996年、p.71

11　「文化大革命」とは、中国で1966年から1976年まで続いた毛沢東主導による革命運動である。正式名称は、「無産階級文化大革命」。前掲「中国社会保障制度の変遷と発展」、p.36

12　前掲「定年年齢の男女差と年金をめぐる言説」、p.84

13　石塚浩美『中国労働市場のジェンダー分析：経済・社会システムからみる都市部就業者』勁草書房、2010年、p.153

14　前掲「定年年齢の男女差と年金をめぐる言説」、p.86

15　前掲「定年年齢の男女差と年金をめぐる言説」、p.85

16　高齢化社会は、65歳以上人口の割合が7-14％であり、高齢社会は65歳以上人口の割合が14-21％である。中国の高齢化のスピード(65歳以上の人口が7％から14％に推移するのに要する年数)は、日本とほぼ同じ25年とされている。中国国家統計局「2014年国民経済和社会発展統計公報」 http://www.stats.gov.cn/tjsj/zxfb/201502/t20150226_685799.html（アクセス2019年5月27日）

17　生産年齢人口とは、一般に生産活動に従事しうる年齢層の人口を指す。中国では、男性16 〜 60歳、女性16 〜 50歳に該当する人口が生産年齢人口とされている。

18　中国国家統計局「馬建堂就2012年国民経済運行情況答記者問」 http://www.stats.gov.cn/tjgz/tjdt/201301/t20130118_17719.html（アクセス2019年4月5日）

19 労働力人口＝生産年齢人口－非労働力人口（通学者、家事従事者、病弱や高齢が理由で生産活動に従事しない者など）。

20 劉明輝「中国退職年齢制度中的悖論」『中華女子学院学報』第2巻、2012年、pp.12 ~ 18

21 白天亮「延遅退職：怎麼延、影響就業嗎」『人民日報』2016年7月23日

22 徐暁雯・張新寛「対延遅我国法定定年年齢的思考（下）」『山東財政学院学報』第3巻、2011年、p.75

23 張歩峰「男女不同年齢定年制度的憲法学思考」『法学家』第4巻、2009年、pp.138 ~ 147

24 「中国婦女報男女同齢退職」『城市党報研究』2009年6月15日第3期

25 「平頂山『退休性別歧視案』一審判決　男女同齢退休的訴求被駁回」『経済参考報』2006年2月11日第008版；国際労働機関・四川大学人権法研究中心報告「中国裁判所和仲裁機構禁止就業歧視案例選：国際労働機関課題」、2011年、pp.13 ~ 15

26 前掲「男女別定年年齢問題にみる中華人民共和国憲法の最高法規性の特質：周香華事件判決を踏まえて」、p.31

27 張千帆『憲法学導論：原理与応用（第二版）』法律出版社、2008年、p.189

28 前掲「中国裁判所和仲裁機構禁止就業歧視案例選：国際労働機関課題」、pp.15 ~ 16

29 相澤美智子「男女同一賃金：岩手銀行事件」村中孝史・荒木尚志編『労働判例百選第8版』有斐閣、2009年、p.37

30 張千帆・江利紅訳「現代中国憲法学の発展について」『比較法雑誌』第48巻第1号、2014年、p.101

31 前掲「男女別定年年齢問題にみる中華人民共和国憲法の最高法規性の特質：周香華事件判決を踏まえて」、p.33

32 浅倉むつ子・島田陽一・盛誠吾『労働法』有斐閣、2015年、p.61

33 和田肇『人権保障と労働法』日本評論社、2008年、p.63

方正県石碑事件についての一考察

北京外国語大学北京日本学研究センター
博士課程前期2年

馬雲雷

はじめに

　方正県は黒龍江省の中南部に位置し、ハルビン市の衛星都市である。県内には中国政府が公式に認める唯一の日本人公墓があることから、多くの日本人に知られている。1945年、日本を降伏させるため、ソ連は国境を越えて参戦した。東北各地にいる「満州開拓団」の団員らは、旧関東軍の食糧基地である方正県に移動する途中、飢えや寒さで、約5000人が餓死か病死した。1960年代初めに、松田ちゑという残留孤児が「開拓団員」の遺骨を見つけ、方正県政府に「遺骨を埋葬したい」という願いを申し出た。これに対し、方正県政府と黒龍江政府はすばやく中央政府に指示を仰いだ。当時、周恩来総理は人道主義の立場に立ち、「開拓団員も軍国主義の犠牲者である」と言って、公墓の建立を許可した。

　方正県日本人公墓の建立に対して多くの日本人、特に「開拓団」の親族たちが中国人の気量の大きさに感動し、一時期、方正県の日本人公墓は中日友好のシンボルとなった。2011年、地元政府が70万元を投じ、「開拓団」死亡者の名が刻まれた石碑を建立すると、大きな話題となり、「方正県政府は売国奴だ！」「侵略者を記念するものか！」などの罵声が上がった。更に、5名の中国人が中国の各地から方正県に集まり、石碑に赤いペンキをかけ、ハンマーなどで壊した。事件の拡大を防ぐため、方正県日本人公墓は一時的に立ち入り禁止となり、「開拓団」死亡者名簿の刻まれた石碑も撤去された。この事件はすぐ日本にも伝わり、「理解できない」、「無念だ」などの投稿が多く見られた。

　なぜ一基の石碑が中国人の怒りを引き起こしたのか。なぜ石碑を立てるべきかどうかについて、方正県政府と民衆の意見は対立したのか。そして石碑

の撤去について、なぜほとんどの中国人が賛成するのに対して、日本人はなかなか理解できないのか。8年経った今、方正県日本人公墓は昔のように静かになり、中日両国の関係も正常な軌道に戻った。しかし、中日友好に不利な出来事を繰り返さないように、方正県石碑事件をもう一度冷静に考える必要があると思われる。

そこで本稿では、この事件が発生した当時のメディアの報道や両国国民がネットに投稿した記事を資料として、それらを政府と民衆の対話、中日両国の国境を越える対話と見なし、「開拓団」、「残留孤児」に関する論文を参考にしながら、上記の疑問について考察してみたいと思う。

相互理解は平和友好の大前提である。方正県日本人公墓が中日両国の友好の象徴になれるかどうかについては、相互理解が一番大事だと思われる。もし本文がいささかなりとも中日両国民の相互理解に有益な示唆を与えることができれば幸いである。

一、事件発生の背景と分析の視点

1-1 事件の背景

方正県日本人公墓が1963年に建立されてから、中日友好の象徴として約55年の歳月が経った。しかし、2011年、一基の石碑が立てられて5日も経たないうちに、大衆の怒りを引き起こす大事件が起きた。一基の石碑がなぜそれほどの威力を持っているのか。事件の背後になにか蓄積されてきた「力」はないのか。石碑事件を考察する前に、その背景を振り返っておこう。

まず、インターネットの発達が、我々の生活に大きな変化をもたらした。特に2010年以後、スマートフォンの普及によって、インターネットの利用者数はうなぎのぼりに増え、以前であればなかなか得られなかった情報がパソコンやスマートフォンなどを通じて、すぐ入手できるようになった。当時、方正県石碑事件もミニブログに書き込まれた情報が拡散し、ネット上で物議を醸して一大事件となった。したがって、情報化社会への転換が、方正県石碑事件を引き起こした大きな社会的背景であると言えよう。

また2010年、中国の漁船が釣魚島付近で日本の海上保安庁の巡視船と衝突し、中国人船長が逮捕された。この事件を巡って中国各地で抗議活動が行われ、中日関係は重大な悪影響を受けた。2011年は九・一八事変（1931年9月18日に、関東軍が柳条湖で満鉄線路を爆破してこれを中国軍の行為であるとし、軍事行動を起こした）からちょうど80周年に当たっていたこともあ

り、中国民衆の反日ムードは一層高まった。石碑事件はこういう時代背景とも大いに関係し、言い換えれば、歴史問題の延長線にあったと言っても良かろう。

1-2　分析の視点

　視線を石碑事件に戻すが、政府と民衆の意見がなぜ対立したのか、中国人と日本人の反応がなぜ異なったのか。言うまでもなく立場の違いもあるが、それだけでなく、認識の差異も重要な一因であると考えられる。

　認識の差異が生じる原因について、人的側面から見れば、教育の背景、物事に対する考え方など様々な要因が考えられる。それに対して、事件の側面から見れば、事件に関わる諸要因の多面性と曖昧性によるところが大きいと思われる。人的要因を把握するのは非常に難しいうえに、紙面も限られているため、本稿では石碑事件と関わる諸要因の多面性と曖昧性に焦点を当てて考察したい。

二、石碑事件と関わる諸要因の多面性

　方正県石碑事件に関わる諸要因には、方正県日本人公墓を前身とする中日友好園林も、非難の的となった方正県も、「開拓団」そのものも、ダイヤモンドのように多くの側面を持っている。もしその一面しか見ないのであれば、言うまでもなく偏った見方しか得られない。

2-1　中日友好園林の多面性

　方正県日本人公墓は1995年に、方正県政府によって「中日友好園林」と改名された。園内には方正地区日本人公墓のほか、麻山地区日本人公墓、中国養父母公墓なども立てられている。麻山地区日本人公墓は方正地区日本人公墓の東側に位置している。1984年に鶏西の麻山県から移され、530人の「開拓民」の遺骨が埋葬されている。中国養父母公墓は方正地区日本人公墓の西側に位置し、1995年に遠藤勇氏の寄付によって立てられ、中には遠藤勇氏の養父母の遺骨が埋葬されている。

　また、「水稲王」と呼ばれた藤原長作氏は、中国人の度量に深い感銘を受け、1980年代に方正県で寒冷地に強い藤原式栽培法を教え、稲の収穫量を大幅に引き上げた。「方正県栄養市民」の称号を授けられた藤原氏は1998年になくなり、彼の生前の願いに従って、遺骨の一部が方正県の中日友好園林

に納められた。

　以上の経緯からも分かるように、中日友好園林に埋葬されたのは中国人民に災害をもたらした「開拓団」団員の遺骨もあれば、日本人の残留孤児を育て上げた中国養父母の遺骨もある。また、侵略者に代って罪を償うため、方正県に水稲栽培技術を伝授した藤原氏の遺骨もある。「中日友好園林」はまるで中日関係の縮図であり、ここには日本の侵略の歴史が刻まれているほか、国境と民族を超える人間愛も漂っていると言えよう。

2-2　「満蒙開拓団」の多面性

　「満蒙開拓団」とは満州事変以後、満蒙地区に送り出された日本人農業移民団である。「開拓団」という呼称が適切かどうかは後で議論するが、まず「開拓団」の目的、展開、実際の行為及び「開拓団」の終末を見てみたい。

　明治維新後、急発展の軌道に乗った日本は、需給の不均衡、資源の不足などの問題を抱え、遂に対外膨張の道に踏み出した。日露戦争で勝利を収めた日本は中国東北地方を永続的に独占するため、入植という方法を考え出した。最初の入植は「関東都督府」や満鉄によって小規模に試みられたが、いずれも失敗に終わった。九・一八事変の後、中国東北部は日本に占拠され、関東軍と拓務省の主導によって退役軍人を主体とする試験移民が4年間にわたって送り込まれた。

　「開拓団員」は農業を営みながら、武装して軍事訓練を受けているため、武装移民とも呼ばれる。武装移民の試験期を経て、広田弘毅内閣は「20年間100万戸」計画を打ち出し、東北地方への移民を国策として推し進めた。1938年以後、戦局の悪化に伴う兵力動員で成人の入植が困難となり、数え年16〜19歳の少年による「満蒙開拓青少年義勇軍」がその代わりに重要国策の一つとして次々と送り込まれた。「満州開拓史　増補再版」によると、移民団の総数は約32万人に達し、そのうち青少年義勇軍の人数は約10万であった。

　「開拓団」は中国に送り込まれてから、非常に安い値段で中国人の土地を買い上げたり、「武力」を頼りに中国人の土地を奪ったりして、地元の住民を辺鄙な山や不毛の地に追い払った。また、中国人を炭鉱、ダムなどに強制連行し、意のままに酷使して、多くの死傷者を出した。

　石碑事件の発生地である方正県についてみると、1939年から1943年にかけて、6つの「開拓団」、計4828人が送り込まれた。彼らは、有力地主の土地を通常地価の四分の一で買い上げ、一般庶民の土地については、地契（土

地権利証）を取り上げ、土地をそのまま奪った。そのほか、トウモロコシ、コウリャンなどの農産物、朝鮮人参、鹿茸などの生薬、木材や鉱物も狂ったように略奪し、次々と日本に送った。このため解放初期の統計によると、方正県において森林の面積は「開拓団」が送り込まれる直前の二分の一に激減した。中には日本の軍国主義者の宣伝に乗せられ、中国の土地を踏んだ一般の庶民もいるが、「開拓団」全体の行為を見れば、その侵略性は否定できない。

　日本政府が「王道楽土」と謳った中国東北地方に送り込まれた「開拓団」は果たして幸せな生活を送ったのか。確かに、「開拓団」には貧しい農村部に生まれて生活できないほど苦しんでいた人も少なくはなかった。彼らは中国に送り込まれて、大量の土地を有する地主に一変し、一時的に悪くない生活を送った。しかし、天気や風土に馴染めないことから故郷への思いに悩まされ、特に心も体も未熟な青少年は、毎日厳しい軍事訓練を強制され、精神異常になって、自ら命を断つケースも稀ではなかった。また1945年、日本の敗色が濃厚になり関東軍がこっそりと撤退すると、置き去りにされた「開拓団員」の多くは逃走の途中、飢えや寒さで非業な死を遂げた。中国人に助けられて一命を取り留めた残留婦人や残留孤児は、戦争後にようやく日本に帰国できたものの、言葉や文化の壁に直面した上に、周囲の人からも孤立し、数々の苦難を舐め尽くした。

　以上の記述からも分かるように、移民政策の目的と「開拓団」の実際の行為を見ると、「開拓団」の侵略性は否定できない。しかし、多くの「団員」は政府に翻弄された道具でもあったこと、また彼らの終末をみると、中国民衆への加害者であるとともに、帝国主義の被害者でもある。周恩来総理の「開拓団員も軍国主義の犠牲者である」という発言も、きっとこの点を考慮したものと思われる。

2-3　方正県の多面性

　歴史的要因から、方正県は中国で最も独特な華僑の故郷（僑郷）となった。方正県政府の公式ホームページによると、人口23万人の方正県には、帰国華僑及びその親族が11.3万人おり、留学、結婚などの形で日本に渡航した華僑も約6万人に達している。また、方正県に戻って投資した元残留孤児も数多くおり、方正県の経済に大いに貢献している。したがって方正県を語るには、日本との関わりは避けられない。特に石碑事件が起こった後、方正県政府は日本に媚びているという非難を浴び、「親日」のラベルを貼られるようになった。

　しかし、忘れてはいけないのは、方正県が「開拓団」によって大きな被害を受けた地区であり、また重要な抗日の戦場でもあったという点である。「開拓団」による被害については前述したので、重複を避けてここでは抗日の戦場としての方正県について少し述べてみたい。

　九・一八事変後、中国東北地方は相次いで日本に占領された。1932年、李杜を指導者とする吉林自衛軍は方正県を拠点に抗日運動を展開した。また、趙尚志などの愛国名将も方正県で日本軍との戦いを繰り広げた[8]。当時の方正県の民衆は自分が飢えても僅かな食物を抗日軍人に捧げ、自分の安否を顧みず、受傷した戦闘員を看病したり、情報を伝達したりして、反侵略の正義運動に絶大な支援を与えた。

　したがって今日の方正県には確かに日本とは切っても切れない縁があるが、当時の方正県を見ると、侵略によって苦難に満ちた地区であり、また優秀な革命伝統を持つ地区でもある。当時、方正県の庶民が「開拓団」の人々に援助の手を差し伸べたのは、完全に人間愛による行為である。

三、石碑事件に関わる諸要因の曖昧性

　石碑事件に関わる諸要因は複雑な多面性を持っているほか、曖昧で実情に合わない概念（例えば、「開拓団」という呼称）や、中日両国の理解が必ずしも一致しないものもある（例えば、石碑の意義）。また、方正県が石碑を立てた目的や石碑に刻まれた碑文も曖昧で、民衆の誤読を招きやすいものだったと考えられる。

3-1　「石碑」の曖昧性

　石碑とは何か。中国の現代漢語詞典によれば、「文字或いは図案が刻まれた記念物である」。また、日本の三省堂大辞典によれば、「後世に伝えるため、人の事跡や事件などを記念する文章を刻みつけた石造りの碑」である。字面から見ると、石碑は中日両国において、同じ意味を持っているかのようである。しかし、実際はどうであろう。

　まず、当時の幾つかの投稿を見ておこう。「中国の土地で侵略者に石碑を立てて記念するのは、どういう目的なの？[9]」「豪華な石碑を立てるのは、功績や人徳をほめたたえることよ！[10]」「開拓団に石碑を立てるなんて、後世の人に見られたら、中国を侵略しに来たのか助けに来たのかも分からなくなる！[11]」。紙面の関係で、ここでいちいち羅列することはできないが、以上の

投稿からも分かるように、方正県政府が立てた石碑は、多くの中国人に「記念碑」と理解された。記念碑と言えば、中国人の頭に浮ぶのは人民英雄記念碑、周恩来記念碑、革命烈士記念碑など、人の功績をたたえたり出来事や行事などを謳歌したりするために立てられた石碑である。言い換えれば、中国人の認識では、石碑は賞揚か感謝の意と切り離せない物なのである。

一方、日本人にとって石碑はどんなイメージであろうか。筆者が「碑」をキーワードにして日本の検索エンジンで検索したところ、慰霊碑、特に戦没者の慰霊碑が一番多かった。慰霊碑とは事故や戦争、災害などで亡くなった人や動物の霊を慰めるために建立された石碑であり、鎮魂碑ともいう[12]。日本では、人ではなく、死んだ動物に石碑を立てる風習もよく見られ、各地にある鯨塚もその一例である。したがって同じように石碑と呼ばれ、記念するという機能を持っているが、中国の石碑には感謝と賞揚の意味が多く含まれるのに対して、日本の石碑には鎮魂の意味が多く含まれる。

また、中国では記念碑と言えば、殆どがプラスの意味を持っていて、その正義性の有無で記念すべきかどうかを判断する。しかし、日本では、必ずしもそうではない。たとえば、日本の横須賀市や下田市には「侵入者」であるペリーの記念館や記念碑が立てられている。日本人にとってはごく普通のことであるが、中国人から見れば、どうも不自然である。すなわち、同じ石碑であっても、中日両国の認識は必ずしも一致しているとは言えない。

3-2 「呼称」の曖昧性

また、「日本開拓団民亡者名録」、特に「開拓団」という呼称も多くの中国人に受け入れられなかった。事件当時の報道によると、石碑を立てる時、方正県政府も「開拓団」という呼称の適切性に疑問を抱いたが、その前に「侵略者」を付けるのもよくないので「開拓団」をそのまま使用した。

「開拓団」の呼称が適切かどうかを議論する前に、まず「開拓」の意味を確認しよう。日本の広辞苑によれば、①山野・荒地を切り開いて耕地や敷地にすること ②新しい分野・進路などを開くこと、である。この定義によれば、「開拓」には「荒野から耕地へ、無から有へ」という積極的な意味が含まれている。中国でも「開拓」と言えば、「開拓進取」、「開拓創新」などの四字熟語がすぐ頭に思い浮かんでくる。

当時の中国東北地方には3000万を超える人が定住し[13]、貧しいが幸せな生活を過ごしていた。ところが、中国に送り込まれた日本の「開拓団」は山野や荒地を切り開くどころか、中国住民の土地を奪って、彼らを山野や荒地に

追い払った。「開拓」という言葉は、日本の唱える「大東亜共栄圏」と同じように、侵略の本質を隠し、戦争を美化する言葉である。日本の軍歌に「開拓」と「東亜共栄」がよく同時に現れるのもその一例である。したがって日本人が未だに用い続けている「開拓団」という表現は、中国人の神経を逆なでする呼称であると考えられる。

3-3 「碑文」の曖昧性

碑文には、以下のように書かれている。

「葬られた死者の氏名は、各方面の努力により部分的に判明した。ゆえに、ここに、死者の名を刻み記録することにした。第1の目的は、後の世代の日本人に、ここに先人が永眠している、忘れないでほしいと伝えるためである。第2の目的は、人類の善なる愛と人間性の根本を示すためである。第3の目的は、前事を忘れず後事の師とし、戦争の危害を反省し、平和の尊さを明示するためである。故に碑を立て、世人に警告することにした」[14]

石碑の意味や「開拓団」という呼称の他、曖昧な碑文も中国民衆の怒りを引き起こした一因だと考えられる。当時、民衆の疑問や怒声に対して、方正県政府は石碑を立てることは、人道主義を高揚し、中国の度胸を示し、軍国主義の罪悪を暴き出すためだと説明した。しかし、この碑文では「侵略者」や「満州」、「軍国」などの文字が一切なかったほか、「開拓団」の性質、軍国主義の罪悪、中国人にもたらした災害などにも全く言及していない。時間が経つにつれて、警告する効果が何もないどころか、後世の人に誤読・誤用される恐れがないとも言えない。

「方正県政府は日本人へつらい、日本企業を誘致するため、70万元を投資し、開拓員の慰霊碑を立てた」[15]「方正県政府が石碑を立てるのはやはりGDPと業績のためだ！」[16]「こんな手でGDPが上がっても意味がない、これでは乞食と何の違いがあるの？」[17]。曖昧な石碑、曖昧な呼称、曖昧な碑文によって、中国の民衆は方正県政府が石碑を立てる目的に疑惑を抱き、その矛先を政府に向けた。また、「方正県の主な商店街には日本語併記の看板を掲げないと、政府から営業免許はもらえない」という投稿が火に油を注ぎ、民衆の猜疑と憤怒を一層増大させた。

むすびにかえて

　本稿では、方正県石碑事件をめぐる報道や記事をもとに、石碑事件と関わる諸要因の「多面性」と「曖昧性」に焦点を当てて、中国人の怒りを引き起こした原因、日本人が理解できない理由、政府と民衆が対立した原因などについて簡単に考察してきた。

　以上の考察からも分かるように、物事の「多面性」は全面的な理解に絶大な困難をもたらした。物事の一面しか見据えないなら、お互いに理解することはほぼ不可能である。また、曖昧性も相互理解の一大障害である。曖昧性のある物事を明確にしない限り、誤解や誤読による事件も後を絶たないと思われる。

　方正県石碑事件に関しては、まず、事件と関わる諸要因の「多面性」を十分認識する必要がある。また、曖昧な要素も可能な限り明確化することが望ましい。そこで本稿の結びにかえて、以下のいくつかの提案を行いたい。

(1)呼称の改訂

　前述のように、「開拓」は侵略の本質を隠し、戦争を美化するため用いられた言葉である。この言葉は当時の歴史に一致しないばかりか、戦争に対する反省の面からも無益である。中国では一部の学者が「侵略団」を使用すべきとも主張した。「開拓団」の性質から言えば、確かに問題ないが、「開拓団員」の多くも政府の宣伝に乗せられ、知らないうちに侵略の同調者になったという事実を考慮に入れれば、「入植団」が中日とも受けられやすいのではないかと思われる。

(2)記録の方法の変更

　石碑と言えば、中国では記念のイメージが強い。「開拓団」の人々に援助の手を差し伸べた方正県民衆の寛容と慈愛は銘記すべきであるが、中国の土地で侵略性を有する「開拓団」の人々を記念するのはどうしても中国人に受けられないと思われる。一方、史実として記録する価値は十分ある。したがって、石碑ではなく紙の名簿にして、どこかに保存すればよいものと思われる。

(3)歴史遺跡の同等待遇

　方正県は日本と由縁の深い僑郷だけではなく、革命の伝統を持つ地区でも

ある。しかし、報道によると、革命烈士公墓などは雑草に囲まれて、あまり重視されていないようであり、中日友好園林と明確な対照を示している。これも方正県政府が日本に媚びていると誤解される一因となった。中日友好は表彰するべきであり、革命烈士も記念すべきである。したがって、中日友好園林、革命烈士公墓、抗日戦役遺跡、「開拓団」遺跡を歴史教育の総合基地にしてはいかがであろうか。そうすれば、後の世代がもっと戦争の残虐さと平和の貴重さを理解できるのではないと思われる。

　拓殖大学の岡田実教授はインタビューで、中日の相互理解が進まない原因の一つとして、記憶の在り方に違いがあると語っている[18]。歴史を忘れず、歴史をしっかり覚えているからこそ、不幸の再演を避けることが出来る。しかし、物事が多面性を持つように、中日両国も2000年にわたる交流の歴史を持ち、その一時期、一側面しか見ないのも正しくない。例えば、中国人が人道主義から日本の「残留孤児」、「残留婦人」を助けた歴史も、鄧小平氏が日本を訪問した後、日本の企業家たちが中国の発展に援助の手を差し伸べた歴史も、両国国民の間で広く知られるべきである。政府と民衆の対話、中日両国の対話を強化し、相互理解の礎を強固に築き上げてこそ、中日両国の平和友好を永遠に続けることができるものと思われる。

参考文献
（日本語文献）
　及川和男「米に生きた男：日中友好水稲王」［M］、筑波書房、1993年
　中村雪子「麻山事件——満州の野に婦女子四百名自決す」［M］、草思社、1983年
　満洲事情案内所「近世満洲開拓史」［M］、1941年

（中国語文献）
　智利疆「偽満洲国の「国家祭祀」及其日本化」［J］、抗日戦争研究、2010年
　トウ鵬「日本「満蒙開拓青少年義勇隊」始末」［J］、学習と探索、1985年
　馮敏「試論日本対中国東北の移民侵略」［J］、求是学刊、1997年
　景小挺「日本侵入中国東北的開拓団研究」［D］、遼寧師範大学、2014年
　山下清海「旅日新華僑僑郷方正県の発展」［J］、資料訳叢、2014年
　李淑娟「日本移民開拓団の組織形態及対東北村組織結構的破壊」［J］、民国檔案、2010年
　劉全順「日本開拓団対東北農民侵略研究」［J］、辺疆経済与文化、2018年
　新立「純粋的良知——記一個「残留」在中国的日本女人」［J］、檔案春秋、2018年
　楊興江「方正地区日本人公墓と日本養父母公墓」［J］、黒龍江史志、1996年
　楊興江「一類革命老区東北旅日僑郷」［J］、中国近代史及び資料研究、2010年
　趙寧「方正県向日本移民問題的社会学研究」［D］、東北財経大学、2012年
　趙彦民「戦後日本「満洲移民」的記憶与継承—以20世紀80年代至21世紀初為中心」［D］、華東師範大学学報、2017年

1　開拓団という呼称は適切でないため、本稿では「」をつけることにした。
2　精選版「日本国語大辞典」より。
3　実は13～15歳の青少年も多く含まれる。
4　社会実情データ図録　https://honkawa2.sakura.ne.jp/5224d.html
5　「方正人民革命闘争史」楊興江、P.204
6　「方正人民革命闘争史」楊興江、P.210
7　方正県政府公式ホームページ　http://www.hrbfz.gov.cn/col/col24112/index.html
8　「一類革命老区東北旅日僑郷」楊興江、2010年
9　百度貼吧　http://tieba.baidu.com/p/1159971476
10　鉄血論壇　http://bbs.tianya.cn/post-free-2237016-1.shtml
11　Sinaブログ　http://blog.sina.com.cn/s/blog_884576840100w6v5.html
12　フリー百科事典「ウィキペディア（Wikipedia）」、2019年
13　「近代東北人口増長及其対経済発展的影響」王国臣
14　方正県日本人公墓日本開拓団員の犠牲者名簿序文より。
15　中青在線　http://qnck.cyol.com/html/2011-08/10/nw.D110000qnck_20110810_3-07.htm
16　西陸網　http://junshi.xilu.com/2011/0807/news_44_180321.html
17　網易新聞　http://news.163.com/11/0802/07/7AEES3P000014AED.html
18　CRI online http://japanese.cri.cn/20181009/75dfd45c-d43b-abb7-a942-4543e79ca33f.html

日本マンゴー産業のブランド化を例に
～海南マンゴー産業発展の考察～

海南師範大学外国語学院日本語専攻

2019年6月卒業

向宇

一、はじめに

　中国が2001年にWTO（世界貿易機関）、2010年に中国・ASEAN自由貿易地域などに加入したことにより、海南の熱帯果物産業の発展は新しい歴史的段階に入り、徐々に世界貿易体系に統合されていくだろう。しかし、海南の熱帯果物産業の発足は遅れており、基礎が弱く、国際競争力がほとんどない。国際市場への進出と国内市場の開拓においても、十分な知名度と影響力を得ていない。ブランド価値が低いことが、海南の熱帯果物産業の更なる発展と国際競争力の向上を妨げている。

　一方、近隣の日本は、農産物のブランド構築においてかなり成熟した経験を持っている。本研究では、マンゴー産業を例にとって、日本におけるマンゴーのブランド構築の先進的な経験を参照し、海南マンゴー産業の発展状況を効果的かつ科学的に分析し、海南がレベルの高い熱帯マンゴー産業を発展させる必要性を説明する。また、海南マンゴー産業のブランド構築のアプローチと方法を考えたい。

　農産物のレベルの高いブランド構築戦略は、地方の農業及び他の産業の急速な発展を促進できる。先進国の農産物ブランドの経験を活用することで、海南マンゴーが海南から世界に出て行くことを目指す。中国における熱帯農業産業発展の先駆けとなり、熱帯農業産業クラスター理論を豊かにし、発展させることもできると思う。

　海南マンゴー産業に関する研究では、鐘勇、黄建峰、羅睿雄（2016）[1]は主に海南省のマンゴー産業の発展状況を自然優位性、価格優位性、生産栽培、品種構造から分析し、そして生産を改善・強化する方法の観点から、発展の

提案をした。鄭素芳と張岳恒（2011）[2]は、海南マンゴー産業チェーンの構造、現状とバリューチェーン、組織チェーンと情報チェーンにおける問題点に関する分析と研究を行い、産業チェーンの発展を促進するための提案をした。倪明鑫、潘友仙（2010）[3]の研究では、海南マンゴーの発展における問題点について、供給と需要の両面から分析し、生産改善のため、需要に適応し、ブランド構築を強化する提案をした。

　日本側に関する研究では、胡暁雲、八巻俊雄、張恒（2014）[4]が、日本の「ブランド農業」の概念と形成プロセス、日本の「ブランド農業」の特徴を分析し、日本の「ブランド農業」の経験から、中国の農業発展に関する提案をした。孫一敏（2015）[5]は、主に日本の農産物のブランド構築のアプローチと方法及び中国への示唆を分析し、地方の状況に適応し、ブランドの差異の発展に焦点を当てることを強調した。鄭鉄（2014）[6]の研究は、中国と日本の生鮮農産物の流通パターンと特徴に焦点を当てて比較することで、日本生鮮農産物の流通パターンが中国にとって学ぶところが多いと論じている。

　以上の研究をまとめると、日本や他の国々の経験を海南の現地農業と関連させて行った分析研究がほとんどない。海南のマンゴー産業の発展には、生産改善、政府機能の重視に関する観点は多くあるが、産業発展の考え方、高レベルなブランド構築のための管理強化と生産改善の同時実施に関する視点は十分とは言えない。

　本論文では、日本のマンゴー産業の発展について、ブランド構築のレベルの高い管理や生産改善や市場流通などに焦点を当てる。そして日本の経験を参照に、海南のマンゴー産業の発展における主要な問題点と制約要素を検討したい。最後に海南のマンゴー産業の発展を促進する提案をしたいと思う。

二、ブランドの一般概念と農産物のブランド化

2-1　ブランドの一般概念

　ブランドの起源は、古代ギリシャや古代ローマ、あるいは中国の殷・周王朝にまで遡る。人々は一般に、店舗へのルートを石に刻んだり、店舗のロゴを物に刻んだりしていた。文字が大衆の中で普及していない時代には、標識が店舗と消費者とを結びつける唯一の通路であった。ブランドの製品識別と保護機能は今日まで続けられてきた。

　ブランドとはどのような概念であるか。ブランドは消費者の頭にある概念であり、ブランドの形成過程は人間の知識概念の形成過程であり、ブランド

形成の原則は人間の認知システムの形成原則である。ブランド化とは、製品やサービスに対してブランド名、標識、シンボル、包装などの見える要素、音声、触覚、嗅覚などの感覚的な刺激をデザインし、製品（またはサービス）に市場標準とビジネス価値を持たせる全体的なプロセスと定義できよう。

　ブランドを作成するプロセスでは、消費者の認知メカニズムに従って消費者の消費価値を満たせることができれば、この新ブランドが成功するのは簡単になる。そうでなければ、消費者の「忘却」メカニズムの下で消える可能性がある。

　市場経済の発展に伴い、ブランド理論が重視され始め、ブランドマネージャーが登場し、ブランド管理システム（Neil McElroy、1931）が誕生した。David MacKenzie Ogilvy（1955）は「ブランドは総合的な象徴である。製品の属性、名称、包装、価格、歴史、名声、広告のトータルである。消費者はブランドの使用者への印象や自分自身の経験を持ってブランドを定義する」と述べた。米国の広告代理店である奥美が、1950年に最初にブランド概念を提出したことにより、ブランド理論が20世紀後半に急速に発展し始めた。

　1980年以降、経済のグローバル化と知識経済の継続的な発展に伴い、ブランドに関する研究が新たな段階に入り、ますます多くの学者の注目を集め、ブランド化に関する戦略的研究の理論と成果が続々と現われている。

2-2　農産物のブランド化

　ソルガム、ピーナッツ、トウモロコシ、小麦は、さまざまな地域で生産される農産物である。また、未加工農産物、一次加工品および深部加工農産物に分けられる。中国農産物ブランド構築の理論と実践は、農産物ブランドと農業ブランドを区別し、農産物ブランドを「農産物に付けられたいくつかの独特な標識やシンボルであり、所有者と消費者の間の関係的契約を表し、農産物の情報と承諾を消費者に伝える」と位置付けている。

　包括的な先行研究では、農産物のブランド化の実施は基本的に次の意味を有している。①農産物市場の競争力を高め、農業の発展とアップグレードを促進する。②消費者の選択コストを削減し、消費の質を向上させ、企業宣伝のコストを削減し、企業や農家の利益を増加させる。③優れた資源を統合して、専門化生産と規模化配置の地域農業・産業連鎖を形成する。④農産物の抗リスク型と国際市場への参入能力を強化する。

　1980年代末になって、中国は経済体制を改革し、市場を開放し始めた。農産物のブランド化運営は急速に発展し、市場シェアは増加を続けた。しか

し、それに伴う問題は無視できない。中国の農業は世界の他の先進国と比較して遅れて始まり、農業構造は不合理で、農業技術は成熟せず、品質問題も顕著であった。WTO加盟後、国際競争力を改善する必要性が高まり、ブランド価値の欠如が顕著な問題となっている。同時にWTOへの加盟に伴って、国内の農産物保護が徐々に減少しており、外国ブランドが中国市場に継続的に参入し始めている。

　中国は大きな農業生産国であるが、強い農業生産国ではなく、農産物ブランド大国でもない。中国が国際市場を拡大し、輸出量を増やしていくためには、自国の農産物の品質構築とブランド構築を強化しなければならないと考える。

三、海南省マンゴー産業の発展状況

3-1　産業発展の優位性

(1)自然優位性

　適切な気候条件は、農作物の生産に影響を与える重要な要素である。海南は我が国の熱帯地域に位置しており、一年中ほとんど夏で冬がなく、年間平均気温は22〜27℃となる。日照が十分で、冬は乾燥しており、年間を通して霜が降りず、冬でも最低気温は17℃以上である。マンゴー開花期の日照時間は月200時間以上に達する。また、雨量が豊富で、年間平均降水量は1639ミリになる。マンゴー栽培に必要な最適な気候条件を備えており、我が国のマンゴーの最大の産地である。

(2)価格優位性

　海南は独特な気候条件に恵まれ、年間平均気温や一番寒い月の平均気温、年間日照時間は、国内のその他マンゴー産地より高い。このため、海南産のマンゴーは、春節明けには次々と市販される。広東、広西、雲南、四川などの地域に比べて、市販時期は1〜2カ月も早い。また、海南省内におけるマンゴーの出荷時期をずらすことができ、かつ季節外れの生産もできる。そのため、海南産のマンゴーは、全国において最大の市場占有率と利益を持っており、且つ品質が高いわりに安価である。

(3)政策優位性

　2018年に国の支援によって、海南全島に国際自由貿易試験区が設立され

た。国家南繁科研育種基地の建設の強化、国家熱帯農業科学センターや全世界動植物種資源導入の中継基地の構築に取り組んでいる。海南の農業、種業、物流と国際貿易はいずれも新たな発展段階を迎えている。

3-2 産業発展の現状

(1)栽培面積と生産量

1984年に海南省が設立される以前に、マンゴーの栽培はすでに海南地域の重要な栽培の一つであった。しかし、発展が非常に遅く、農業部門や個人事業者の経営がほとんどだった。1985年に、栽培面積はわずかに760ヘクタールで、生産量も1184トンしかなかった。

海南省が設立された後、マンゴー栽培は重要な経済産業として発展を遂げており、1995年の初めに省政府は一連の有効な措置を講じ、海南のマンゴー産業を新しいレベルに発展させた。省内におけるマンゴーの栽培面積は1994年末の1万8673ヘクタールから1998年末には3万6344ヘクタールまで増加した。年平均では4000ヘクタールの増加となる。現在、マンゴーは海南省果物栽培における第二の産業となり、海南省は中国マンゴーの主要産地となった。

2016年、海南省マンゴーの栽培面積は1985年の62倍となり、4万8256ヘクタールに達している。2000年から2016年にかけて海南マンゴーの産量は増加する一方で、2016には53万トンに達し、2000年より43万トン増えて全国1位となった。2000～2016年の海南省内におけるマンゴーの生産状況は**表1**に示す通りである。

表1 海南省マンゴー生産の状況（2000-2016年）

年度	年末面積 /hm²	新栽培面積 /hm²	収穫面積 /hm²	収穫量 /t
2000	36076	2406	19455	101220
2005	47105	785	32682	222685
2010	44278	565	39442	370172
2011	43661	245	36597	403482
2012	46017	964	39230	411243
2013	45203	351	40399	446596
2014	46862	1619	40129	452518
2015	47570	1033	40715	508943
2016	48256	1737	41833	537810

出典：『海南省2017年度統計年鑑』（各年次）より作成。

⑵生産拠点の配置

　2016年、海南省マンゴーの総生産量は、果物総生産量の13.6%を占めた。海南省全域の各市県でマンゴーの栽培が行われ、主要産地は三亜、楽東、東方、昌江等の市県に集中している。その中で、マンゴー産量が一番高いのは三亜市と楽東市である。2016年に三亜マンゴーの総産量は25.9万トンで、楽東市マンゴーの総産量は12.6万トンである。両地域合わせて全省総産量の71.7%を占めている。

⑶品種構成

　海南省は以前から栽培品種が豊富で、設立前に生産はすでに規模化されていた。1980年代以降、政府の重視と生産技術の発展に伴い、海南は数多くの品種を導入・改善した。現在は、主に台農1号、金煌芒、貴妃芒、台芽芒、白象牙芒、青皮芒などの品種を栽培している。海南マンゴーの成熟期間は3月から6月中旬までで、発売時間は4月下旬からである。とりわけ三亜マンゴーは発売時期が5月から6月までの間だが、季節外れの生産技術を通じて、3カ月繰り上げて発売することが可能になっており、国内のその他産地よりかなり早い。

⑷市場タイプ

　現在、海南省マンゴーの販売は、まだ新鮮な果物の国内販売を中心とする初級段階にある。これは、果物の品質、収穫後の商品化の程度、マンゴー及びその加工品のマーケティング方法、加工と生もの輸送などの方面に多くの問題があるからだ。またWTOに入ってからは、他の国による輸入制限にも原因があると思われる。

　生鮮果物以外、マンゴーの加工製品もある。海南マンゴーの加工には、マンゴー濃縮ジュース、マンゴー干し、マンゴー菓子、及びマンゴーの漬物などの種類がある。海口、昌江、儋州等の地区にマンゴー加工工場があるが、ブランド認識度が低く、市場影響力も強くないため、マンゴーの付加価値の増加やマンゴーの余剰問題の解決にはなっていない。

3-3　ブランド化の発展具合

　ここ数年、海南省内におけるマンゴー栽培の面積は増加しつつある。また農場及び農業企業の参入によって、マンゴー経営の集約化、規模化が進んでいる。マンゴーの初級加工品は、現代化、標準化、優良化に向かって発展し、

加工タイプが次第に豊かになり、生産規模も拡大する一方である。「神泉」、「毛公山」、「新鹿」などの大手マンゴー製品の会社や有名ブランドが現れ、椰樹グループ、南国グループ、春光グループ、海航ドリンクなどの大手加工企業もマンゴーの加工分野に進出している。

　海南島は様々な優位性があり、果物総生産量は年々増し、ブランド化は着実に進んでいる。直面している問題を適切に解決していけば、産業の持続的な発展を果すことができると思う。

四、海南マンゴー産業における問題点

　海南のマンゴー産業は急成長しているが、ブランド化するには解決しなければならない問題がまだ多く存在する。

(1)品種構成の単一と古品種の劣化

　海南省が設立された後、マンゴー産業は急成長し、前述のように多くの優良品種が導入された。ところが90年代以降、新規導入品種や改善の品種がほとんどなく、品種が単一で、加工型品種が不足している。

　現在、マンゴーの加工製品は主に生漿と濃縮果汁が中心となっている。しかし、生産されたマンゴージュース製品は、技術などの原因で国民の口に合わないため、出荷期が集中すると、生産の過剰問題を引き起こしてしまい、海南マンゴーの評判に影響を及ぼしている。

(2)産業パターンの柔軟性とリスクマネジメント能力の不足

　現在、海南マンゴーの生産販売は、依然として農家の個人事業者や小規模の生産経営を中心に行われている。産業化やブランド化経営を実現する大手企業が少なく、規模は小さい。また、農民の教育水準が低く、先進技術の普及が難しいため、生産プロセスにおける現代化率や標準化率が高くなく、優良品の出荷率も低い。

　輸送・販売ルートについて、有効な情報交流方法を構築できておらず、生産と市場情報がタイムリーに交換できていない。このような生産方法では、市場の需要を満たすことができないだけでなく、生産レベルの向上にも制約を与えてしまう。また、影響力のあるブランドがないため、国内の高級市場や国際市場への進出が難しい。よって、ブランド化戦略の実施は、海南マンゴー発展の重要な方針となる。

⑶標準化体系の遅れと収穫後の鮮度保持に対する認識不足

　マンゴーの標準化体系が遅れており、修正や更新が遅いため、国内外のマンゴー生産と貿易需要に適応できなくなっている。また、果物農家の標準化意識が低く、実際に実施するのは難しいため、生産したマンゴーの品質が不揃いで、基準によって選別するのは困難である。さらに、マンゴーを摘む基準が統一されておらず、熟する前に摘まれてしまうケースが多い。また、摘まれた後の処理技術が遅れているため、マンゴーの品質と市場競争力に影響を与えている。

　基本的に、ブランド包装や鮮度保持処理をせず、手作業による簡単な分類だけでそのまま市場に流通させるため、販売周期が短くなり、腐敗や虫害などの問題も出ている。これは、海南マンゴーのイメージを損なうだけでなく、果物農家の生産意欲をも低下させている。

⑷サービス保障体系構築の遅れ

　マンゴー生産の組織化はあまり進んでおらず、マンゴー栽培者と企業及び市場との交流が少ない。海南省には、マンゴー栽培に関する科学研究者が不足しており、生産栽培に対する政府からのコントロールと投資が少なく、生産基準も統一されていない。このため、マンゴーの品質が不揃いで、出荷期が集中して市場価格が激しく変動しがちとなる。

　現在の主要な問題は、モデル構築であると考えられる。この問題を解決する道は、ブランド化戦略の強化であることを認識し、海外の先進的な経験を参考にした上で、産業モデルを変えることだと考える。

五、日本マンゴー産業の状況とブランド化の道

5-1　マンゴー産業の発展状況

⑴マンゴー栽培範囲の拡大

　マンゴーは、4000年前にインドの東部及びミャンマーの付近で初めて発見された。明治時代に日本に上陸し、1970年頃から日本で栽培され始めた。しかし、開花時期が梅雨時期と重なっていたため、最初の頃は栽培がうまくいかなかった。昭和初期、台湾原産のマンゴー樹が、台湾からの移住者と一緒に沖縄地区に入り、栽培技術の改善と室内栽培の発展につれて、美味しいマンゴーを安定的に生産できるようになった。マンゴーは、九州を中心とする鹿児島や宮城県などの地区に広く栽培され、現在、和歌山県や静岡県、北

海道まで、マンゴーの栽培が行われるようになった。

(2)栽培面積と生産量の拡大

　日本農林水産省の統計情報によると、1974年に沖縄のマンゴー栽培面積は1ヘクタール以下であったが、1976年には4ヘクタールに拡大された。栽培範囲も鹿児島にまで広がった。1986年、マンゴーの栽培範囲はさらに宮城県に拡大された。2015年末に日本全国におけるマンゴーの総産量は3805.3トンに達し、栽培面積は429.6ヘクタールとなった。

図1　日本国内のマンゴー生産量（2005-2015年）
単位：左側トン、右側ヘクタール

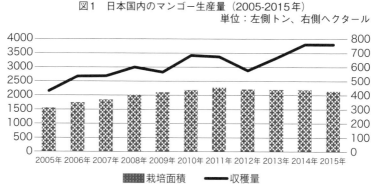

出典：『農林水産省特産果樹生産動態等調査統計情報』（各年次）より作成

(3)栽培技術の改善

　2005年から2015年にかけての日本全国のマンゴー生産量と栽培面積を見てみると、生産量は年によって増減はあるものの、傾向的には増え続けている。この10年間で、生産量は1653.3トン増加した。2013年以降の栽培面積はやや減少しているものの、単位当たり生産量は1ヘクタール当たり6.91トンから8.85トンに増加した。

(4)マンゴー栽培の優位性地域の集中

　マンゴーの主要産地は、沖縄県、宮崎県、鹿児島県である。2015年を例にとると、それぞれの年間マンゴー生産量は2035トン、1188トン、421トンで、同年の全国マンゴー総生産量の53.5%、31.2%、11%をそれぞれ占めており、合計では約95.7%に達している。

5-2　ブランド化の発展ルート及び方法

　沖縄県と宮崎県はいずれも日本の九州地方にあり、年間を通して気候が暖かく、物産が豊富である。また九州の農産物と漁業の主要産地であり、日本マンゴーの重要産地でもある。地域経済の発展を推進し、国産品の競争力を高めるために、両地域は関連発展計画を立てた。例えば、平成22年に沖縄県はマンゴーを含む農林水産業の振興計画を確立した。これには生産供給体制の強化、販売、加工などの7つの政策目標が含まれている（図2参照）。

　日本は、管理の細分化と生産の専門化でよく知られている。生産供給の面では、マンゴーの品質と栽培技術の基準を制定し、現代化施設と技術を採用して苗の育成、優良な果樹の選別、及び果樹育成支援体制の確立を行なった。厳格な農薬や肥料の使用制度を確立し、使用量、使用時間と使用回数を厳格に制御して、できるだけ天然有機肥料を採用している。収穫する際に、所定の標準に従って、その場でレベル分けを行い、市場への不良品の流入を防いでいる。

　流通販売に関して、農協を中心としたマンゴー産地の供給体制を強化し、物流システムの柔

図2　沖縄21世紀農林水産業振興計画

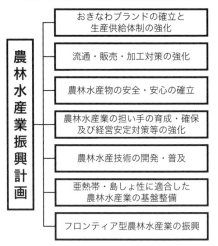

農林水産業振興計画

- おきなわブランドの確立と生産供給体制の強化
- 流通・販売・加工対策の強化
- 農林水産物の安全・安心の確立
- 農林水産業の担い手の育成・確保及び経営安定対策等の強化
- 農林水産技術の開発・普及
- 亜熱帯・島しょ性に適合した農林水産業の基盤整備
- フロンティア型農林水産業の振興

出典：沖縄県農林水産部農林水産総務課より作成

表2　沖縄県におけるマンゴーの品目別等級基準

秀品	①鮮紅色が7分着色以上のもの ②病害虫被害のないもの ③刺傷、切傷、圧傷、すれ傷の目立たないもの ④日焼けのないもの ⑤形状は品種の特性を備えたもの
優品	①鮮紅色が3～7分着色以上のもの ②病害虫被害の目立たないもの ③刺傷、切傷、圧傷、すれ傷の目立たないもの ④日焼けの目立たないもの ⑤形状は品種の特性を備えたもの
良品	①鮮紅色が3分着色以下のもの ②病害虫被害が優品につぐもの ③刺傷、切傷、圧傷、すれ傷が優品につぐもの ④日焼けが優品につぐもの ⑤形状は品種の特性を備えたもの
荷造主な方法調整	①糖度は14度以上のもの ②病害虫被害果、傷果、日焼果、奇形果等は除去する ③果実にはシールを貼る ④玉揃えを厳重にする

出典：沖縄県農林水産部編（1999年）を参考に作成

軟性を向上させるための改善を行った。販売対象を数多く開発し、地元で生産して地元で販売することを実現できた。また、卸売市場と量販店の状況に基づき、柔軟に輸送路線を開拓し、マンゴー及びその抽出物の関連製品を開発している。

　宣伝方面においては、消費者がマンゴーの出所情報をチェックできるように、生産履歴の追跡システムを構築した。また、果樹園観光業も発展し、関連産業の発展を促進した。

　ここ数年、マンゴーの育種、生産栽培技術の向上、ブランド化の推進に伴い、九州地方のマンゴー単位生産量と栽培面積は増え続けている。日本は農産物ブランド化の構築、特にレベルの高い管理方法の面でかなりの経験を持っている。海南島のマンゴー産業の発展に対する啓示価値があると考える。

六、海南マンゴーブランド化発展の対策

(1)品種構成の調整と新品種の育成

　海南マンゴーは成熟期が早いという優位性を利用し、古品種に対する改善を行わねばならない。品種が悪く、見通しが良くない品種を財政支援や手当を通じて、見通しがよく、成熟期が早く、保存や輸送しやすい品種に変える。様々な科学技術手段を利用し、高品質かつ生産量が高く、海南の各地域で栽培できる特色のある優良な品種を選択して、省内で豊富な地域特色を形成する。成熟期の異なる品種と生もの及び加工品種とをうまく組み合わせることで、市販の時期を伸ばし、海南マンゴーの市場競争力を向上させる。

(2)生産基準の改善と収穫後の商品化処理の強化

　海南省は中国最大のマンゴー生産地であり、中国は世界最大のマンゴー消費国である。国内外における海南マンゴーの競争力を高めるためには、マンゴー生産前、生産中、生産後のレベル分け基準を確立し、科学技術の投入を高めて、収穫後のマンゴーの商品化技術をさらに研究しなければならない。また、収穫後の標準化プロセスを確立し、包装を統一して、鮮度保持の処理技術を向上させる必要がある。さらに、先進的な設備工藝を導入し、生産ラインを構築して、加工の現代化に向けて発展させなければならない。

(3)優位性資源の整合と経営パターンの変更によるブランド化

　各級マンゴー栽培協会と専門の協同組合の構築を推進し、標準化生産を採

用してバラバラの個人栽培経営パターンを組織化された業務提携経営パターンに変更する

　国際貿易自由島の優位性を十分に生かし、資金や技術を導入する。各種の資源を整合することによって、5年以内に異なる地域特色を持つ有名なマンゴーブランドを築き上げ、国内の市場占有率を維持すると同時に、国際市場にも進出し、国際市場での競争力を向上させる。

おわりに

　本論文は、日本におけるマンゴーのプラント化及び海南マンゴー産業に存在する問題点、発展の対策について分析を行った。まとめると以下のようになる。

　第一に、農産物ブランド化は農産物の競争力を高め、農業のグレードアップにつながる。

　第二に、高レベルな管理を基に、農協を中心とするブランド化戦略を推進することで、マンゴー産業の持続的な発展を果たすことができる。

　第三に、海南の自然条件は恵まれているので、マンゴーの品質の良さ、コストの低さなどを活かせば、国際自由貿易島の建設に大きな役割を果たせると思われる。

　第四に、海南マンゴー産業は1990年代に入り、迅速に発展したが、同時に品種が衰退し、発展モデルが遅れているなどの問題も発生しており、直ちにグレードアップ化を図る必要がある。

　第五に、日本の経験を参考に、海南マンゴー産業の品種を育て、経営方針を兼ねて、統一した基準を設けるべきだと考える。

　本論文では、日本の経験を参考に、海南マンゴー産業に対するブランド化への方法を考えたが、日本側のデータが欠如するため、実証研究をしていない。その点は今後の研究課題に譲りたいと思う。

参考文献
　胡暁雲・八巻俊雄・張恒「日本"品牌农业"的发展战略与启示」[J]、農村工作通訊、2014年、pp.62〜64
　倪明鑫・潘友仙「浅析海南芒果产业发展的现状与对策」[J]、熱帯農業科学、2010年、30（6）、pp.99〜102
　孫一敏「小议日本农产品品牌建设的研究与对中国的启示」[J]、人資社科、2015年（12）、p.301
　鐘勇・黄建峰・羅睿雄「海南省芒果产业化发展现状、存在问题及对策」[J]、中国熱帯農業、2016年（70）、pp.19〜22

鄭素芳・張岳恒「海南芒果产业链现状研究」[J]、中国農業資源与区画、2011年32（2）、pp.75
〜 80

鄭鉄「中国和日本生鮮农产品流通模式比较研究」[J]、世界農業、2014年（424）、pp.88〜90

「沖縄マンゴー生産研究会」 https://www.fsec.jp/products/list.php?category_id=288（2018年7
月29日閲覧）

「2018年度沖縄県産マンゴー販売」 https://okinawa-itadakimasu.com/mango/（2018年7月29日
閲覧）

「農園はこすけ」 http://www.hakosuke.com/mango/mangosetumei.html（2018年7月29日閲覧）

「農産物のブランド化戦略」 http://www.ryutsu-kenkyusho.co.jp/columns_new/農産物のブラン
ド化戦略①/（2018年10月16日閲覧）

「品牌理论」 http://www.baike.baidu.com/item/品牌理论/1343304?fr=aladdin（2018年10月16
日閲覧）

「マンゴーの歴史（世界史）」 https://www.lastday.jp/2016/08/31/where-mango-originally-come-
from（2018年10月21日閲覧）

---

1 鐘勇・黄建峰・羅睿雄「海南省芒果产业化发展现状、存在问题及对策」[J]、中国熱帯農業、
2016年（70）、pp.19〜22

2 鄭素芳・張岳恒「海南芒果产业链现状研究」[J]、中国農業資源与区画、2011年32（2）、pp.75
〜 80

3 倪明鑫・潘友仙「浅析海南芒果产业发展的现状和对策」[J]、熱帯農業科学、2010年30（6）、
pp.99〜102

4 胡晓雲・八巻俊雄・張恒「日本"品牌农业"的发展战略与启示」[J]、農村工作通訊、2014年、
pp.62〜64

5 孫一敏「小议日本农产品品牌建设的研究与对中国的启示」[J]、人資社科、2015年（12）、p.301

6 鄭鉄「中国和日本生鮮农产品流通模式比较研究」[J]、世界農業、2014年（424）、pp.88〜90

中国における日本映像ファンサブの現状調査

湖南師範大学外国語学部
日本語学科3年
王潤紅、高慧、田原

はじめに

　2018年10月、安倍晋三首相は正式に中国を訪問し、2019年を「日中青少年交流推進年」とし、今後5年間で3万人規模の青少年交流を進める覚書に署名した。また、中国社会科学院などによる『日本藍皮書（2019）』によると、日中関係は2018年に全般的に回復が加速し、持続的な改善の勢いを示している。日中友好関係が次第に深まる時代背景の下で、両国間の文化交流は活発化する様相を示している。そうした文化交流の中で、特に受容力が高いのは若者であり、日本文化の薫陶を受けやすく、若者の注目を集める日本のエンターテイメントが、中国で流行している。

　だが、日本から映像コンテンツを導入する際は、翻訳を行うチームが必要となる。現在の中国では公式・非公式の字幕チームが存在しているが、本論文では、非公式な字幕チームであるファンサブについて、その実態を考察したい。

　なぜなら、ファンサブは公式字幕チームと比べ政治などの影響を正面から受けず、結果的に日中間の文化交流を安定的に推進する形となっているからである。日中は国交樹立以降の数十年間、国家関係が常に順調に進んでいるわけではなく、大きな摩擦も起きた。

　2012年には、釣魚島（尖閣諸島）事件で日中関係が急速に悪化した。中国国内では反日感情が高まり、その後数年間、日本映画・アニメなどが正規に上映、放送されることはなかった。だが、こうした状況の中でも、日本映画作品を翻訳し続けるファンサブが数多く存在した。こうして、個人的な興味から自発的に結成されたファンサブは、日中両国の映像コンテンツの伝播における最も重要な架け橋となったのである。ファンサブは著作権侵害の問

　題があるため、法的にはグレーゾーンにあるが、中国政府は反対する態度を取りつつも、厳しい規制をしなかった。このため、個人の趣味本位で字幕を作るファンサバーを通じて、日本のエンターテイメントを中心とする映像コンテンツを導入することが可能となった。

　ファンサブには法的な問題が存在する一方で、既に日中の文化交流において重要な役割を果たしている実態がある。現状を分析する価値は高いと思われる。

一、ファンサブとは

　ファンサブとは、映像コンテンツにファンが字幕を付けたものである。または、それをめぐる活動を指す。対義語は「オフィシャルサブ」（公式字幕）や「プロサブ」（専門家による字幕）である。ファンサブ製作者、いわゆるファンサバー（fansubber）により結成された団体は、ファンサブグループという。[3] ファンサバーは「自分の好きな外国映像や作品の影響を広げたい」「言葉が通じない人たちにも見てもらいたい」という気持から、ファンサブの活動を手掛けるようになったという。

　現在の中国では、さまざまな分野にファンサブが存在する。例えば、ドラマ愛好者により結成されたファンサブや、アニメ好きが結成したファンサブ、日本の芸能人のファンとして、その動きを伝えるファンサブなどだ。本論文は上記のようなファンサブを対象に現状調査を行う。

二、ファンサバーと視聴者状況分析

2-1　ファンサバー状況分析
2.1.1　年齢層
　ファンサブのメンバーの年齢層はどうなっているだろうか。インターネットサービス「QQ公式グループ」のデータを通じ、「FIX」「打个平手」「東京不够熱」「大河」「DMG」という5つの代表的ファンサブのメンバーの年齢層について調べた。結果は**表1**の通りである。

表1　ファンサバーの年齢層　　単位：％

年齢層 ファンサブ名	00年代生まれ	90年代生まれ	80年代生まれ	80年代前生まれ
FIX	24	66	5	5
打个平手	23	63	12	2
東京不够熱	19	70	8	3
大河	20	58	15	7
DMG	17	57	20	6

出所：「QQ公式グループ」のデータ（2019.10.15）から作成

　上記の表を分析すると、ファンサバーの中で最も多いのは、「90年代生まれ」である。次いで「00年代生まれ」、「80年代生まれ」が続き、「80年代前生まれ」が最も少ない。現在の各ファンサブの主力メンバーは「90年代生まれ」であり、大多数のメンバーが30歳以下という年齢構成で基本的に安定していることが読み取れる。さらに、著名なファンサブ「SUBPIG」のメンバー募集要項によると、応募者の中で在校生が優先されるという。それゆえ、ファンサバーは主に、「90年代生まれ」または「00年代生まれ」の在校生などの青年たちからなると推測できる。

2.1.2　経済状況

　誕生の日から今日に至るまで、ファンサブは「無料、共有、交流、学習」という原則を一貫して掲げてきた。いかなる物質的な報いも求めず、ファンサブ作品を提供し、サーバーの借用や帯域の確保、サイトの保守などの経費は自ら負担して正常なアップデートを維持している（燕、陳、2017）。

　「FRS風軟」に属するファンサバーを名乗る「知乎[4]」ユーザーによると、ファンサバーはビジネス提携をせず、入手した広告費は、大半を帯域の確保に充て、残った部分もファン向け抽選用の特典のため使い切ったという[5]。また、「SUBPIG」の某ファンサバーは、取材に対し、「通常ファンサバーは、本職を持っている[6]」と語っている。ファンサブはアマチュア、ボランティア的な性格を備え、趣味を主要な推進力とする組織だということが分かる。

2.1.3　能力水準

　学歴のレベルについて見ると、規模の大きなファンサブでは、学生やオフィスワーカーのような学歴が比較易高いメンバーを主とする。海外留学経験のあるメンバーも少なくない[7]。

翻訳者については、「最高難度であるN1レベルの日本語能力を持ち、特にリスニングがうまい者」とする「SUBPIG」、「日本語能力も中国語能力も良好な者」とする「幻桜」のように、応募者にそれぞれ条件を提示している。制作スタッフの場合、「幻桜」は「『ass』コードに慣れ、字幕の作成に習熟する者」を募集している。

つまり、ファンサブはグレーゾーンにある非営利団体とは言え、応募者への要求は決して低くない。それゆえ、現在の中国で活躍する主流ファンサブのメンバーは概して学習能力が高く、新しい事物を受け入れるのが早く、基本的な異文化コミュニケーション能力を持っている人たちだといえる。

2.1.4　参加動機

まず、ファンサバーは自主性と能力、帰属への欲求という3つの必要性を満たすため、ファンサブに参加する。目標が明確で、相性が良く、知的レベルが対等であるチームとの協力を通じて、興味を満たす喜びを分かち合い、個人の能力を練磨し、仲間として認められることを目指している。[8]

米国の心理学者、マズローの欲求5段階説によると、人間の欲求は一般的に、生理の欲求から安全の欲求、社交の欲求、尊敬の欲求、さらには自己実現の欲求へと、次第に高次なものに移行していく。[9]同様に日本語または技術面の能力を持つファンサバーは、ファンサブの仕事を通じて、社交の欲求と尊敬の欲求、自己実現の欲求など高レベルの欲求充足を求めている。「SUBPIG」のメンバーは取材に対し、「ファンサブには、日本語専攻の大学学部生だけでなく、高校生から三、四十代の主婦まで日本文化の愛好家や独学で日本語を学ぶ人が多数いる」と語った。[10]

以上から、メンバーたちは、ファンサブのチームワークを通じ、日常生活ではあまり機会がない自己価値を実現するために、ファンサバーになることが見て取れる。筆者はウェイボー、ビリビリ、第一弾などのアプリで得た、幾つかのファンサバーのコメントを分析したが、「よかったらファンサブの仕事をやり続けたいと思う」「ファンにフレッシュな日本芸能情報を伝えることができてうれしい」など、ファンサブの活動を様々に楽しんでいる様子を多く目にした。

また、ファンサブを続けて行く理由として、日本の芸能情報に対する関心があり、ファンサブのファンに国境を超えて芸能情報を伝える責任を担うべきだという思いも存在していることが挙げられる。

著名なファンサブ「日菁」のリーダー「雪海藍天」は、『日菁ファンサバ

一名簿（2012）』で「自分が最初に『日菁』で字幕翻訳を担当した2004年から今まで、ファンサブのたゆまぬ仕事の中でメンバーたちと深い友情を結んだ。グループのメンバーの入れ替えが少なく、皆が情熱や責任感などを持続させきたからだ」と述べている[11]。

こうして見ると、ファンサバーたちは物質的な報いを問題にせず、純粋な趣味的動機に駆られて働くからこそ、互いに精神的な帰属感を見い出しやすくなっていることが分かる。これは、ファンサブが長く生き残ってきた理由にも通ずるであろう。

2.1.5　組織構造

20年余の発展に伴い、ファンサブは個人プレーから細かく分業化された仕事の組織となってきている。主なコミュニケーションの方式は、オンライン・コミュニケーションである。担当の種類は大きく以下の六つに分けられている[12]。

①「映像提供者」。日本に住み、プロ仕様の録画かダウンロード設備を持っている。

②「翻訳者」。字幕の翻訳・通訳を担当する。一般的に2、3人の翻訳者が協力して、1つの映像コンテンツの翻訳を完成させる。

③「翻訳校正者」。字幕翻訳の責任者。異なる翻訳者が提出した翻訳テキストを管理し、整合させる。一般的にグループで最も翻訳の経験が豊富な者に任せる。

④「タイムライン校正者」。パソコンで字幕ファイルを作成し、字幕とセリフとの対応時間を調整する。

⑤「字幕合成者」。字幕付きの映像を作成する。

⑥「宣伝者」。作り上げた映像コンテンツをインターネットにアップロードし、ファンとのインタラクションを促す。

こうした分業の状況からみると、ファンサブはメンバーによって自発的に形成されたグループであるものの、秩序は整然としていると言える。メンバーたちはQQグループなどを使って仕事を分配し、ルールを厳守し、字幕制作のタスクが終わるまで、精一杯自分の持ち分の仕事をする。

さらに、ファンサブでは賞罰が明確であり、無断欠勤者は、優待措置など特権がキャンセルされる場合があるのに対し、完成度の高い仕事をしたメンバーは、バーチャルな奨励を得ることができる。

例えば、「SUBPIG」のファンサバーが「SUBPIG」の公式掲示板のVIPメ

ンバーとなり、掲示板内で最新アップロードされた日本映像コンテンツを優先的にダウンロードする権利が得られる。翻訳タスクを無事完成させた場合は、より高速なダウンロードスピードが入手できる。

　このように、ファンサバーはメリハリのあるマネジメントの下で、良好な翻訳状態と翻訳効率を維持している。こうして、映像コンテンツが日本で放送・公式リリースされた翌日には、ファンサブはその映像の中国語字幕版をインターネットで公開することが一般化するのである。

2-2　視聴者状況分析
2.2.1　視聴者層

　パソコンの普及と日本語学習者の増加を背景に、2003年以降の中国におけるインターネットを通じた日本ドラマ視聴者の主力は、日本語学習者や高校、大学生を中心としたアイドルファン、そして、オフィスワーカーで占められるようになった[13]。

　1972年の日中交正常化から1990年代にかけて、日本を代表する映画が数多く中国に輸入され、その間、日本映画は中国の観客に大きな影響を与えた。映画に親しむ観客の主観的な評価の基準と感情の基礎を築き、基本的に安定した視聴者層を獲得した。

　しかし、2000年から2012年まで、中国での日本映画の上映本数は年間平均5本以下となり、観客の要望を満たすには程遠い状態となった。その一方で、21世紀に入ると、特定の言語能力とネットワーク技術に関する能力を持つ視聴者が、自発的にファンサブグループを確立し、翻訳した日本映画やアニメをインターネットで広める動きが出現した。

　2012年には、釣魚島事件が日中関係悪化の引き金となり、同年から2015年にかけては、中国の映画館から日本映画が姿を消した[14]。こうした事態を背景に、ファンサブの翻訳した作品は、中国における日本映画、アニメの最も重要な供給源となった。それまでのほぼすべての日本映画の観客層は、この時期にファンサブの翻訳作品に多かれ少なかれ接触しており、これがファンサブの固定的な利用者に変わっていった可能性がある。

2.2.2　視聴者の心理

　ファンサブは、趣味を主な推進力に形成されたネットワーク・コミュニティであり、ウェブ上の愛好家によって強く支持されている。またファンサブそのものは、著作権の問題をはらんだ組織であり、中国政府も法的にはファ

ンサブの行為に反対する態度を取っているとはいえ、厳しい制限をしているわけではない。しかし、ファンサバーが逮捕される事件も時折、発生する。半面、こうしたリスクを冒しても、ファンに最新の映像コンテンツや芸能情報を提供する行為は、視聴者に好ましい印象を残す一面もある。目立とうとしない姿勢や特徴のある翻訳スタイルなども相まって、ファンサブは独特の魅力を放っており、語学力や技術能力がある視聴者の一部を、メンバーに吸収してしまう力もある。

　2019年10月3日、「涅槃」ファンサブの創設者が過労で死去した。ウェイボー上では、多数のファンがそれを嘆き、「藍色三小姐」というユーザーは、次のようにコメントした。

　「ファンサブは不思議な存在だと思う。ファンサバーはスクリーンの後ろに隠れ、リソース探し、翻訳、校正、合成、共有の仕事を繰り返す。公式には認められず、著作権を持たず、リスクを冒して、無私の貢献をする。こうしたグレーゾーンにあるファンサブこそ、私たち世代の文化を受け入れるスタイルを変えた。私たち視聴者は、ファンサバーの氏名を知らないだけでなく、彼らからの影響を受けながら、感謝の気持ちを伝える手段がない。書籍の翻訳者は表紙に名を残し、著作権収入と文化の伝播者としての名誉を享受する。それに対して、同じように文化を伝えるファンサバーには、堂々と名前を表に出す資格さえない」[15]

　この8万2000人に達する「いいね」を集めたコメントは、おそらくほとんどのファンサブファン共通の声であろう。

　また、ファンサブによって作成された字幕テキストは、公式の審査を経たものではない。そのため、コンテンツには、より多くのホットな話題や流行語がそのまま残される一方、政治、イデオロギーなどの面から、元の内容が改ざんされることも、ほとんど起こらない。

　こうした特性を基にしたファンサブによるサブカルチャーは、視聴者に容易に受け入れられると言える。

三、ファンサブ・サブカルチャー

3-1　ファンサブ・サブカルチャーの形成

　サブカルチャーは、集団文化・副文化とも呼ばれ、主文化に対応する非主流、地域的な文化現象である。また、主文化、統合文化の流れの中で、特定の地域・集団が保持する概念と生活様式とも言う。[16]ファンサブによって形

成されるサブカルチャーとは、ファンサブを中心とし、視聴者を主体とし、ファンサブで加工された映像コンテンツを客体とするネットワーク仮想文化圏となる。ファンサバーは、仮想と現実の間でアイデンティティを構築し、似通ったライフスタイルを持つ他のメンバーに強い心理的帰属感を持つ。彼らがファンサブ・サブカルチャーのパイオニアユーザーとなる。

ファンサブは作成された映像コンテンツを通じ、広範な文化に関するコミュニケーションを進めることができる。パイオニアユーザーを通じてファンサバーに公開された日本の映像コンテンツは、ファンサブの動きに強い関心を持つコアユーザーと一部ミディアムユーザー／ライトユーザーに見いだされ、他のプラットフォームに転載される。そこでサブコミュニケーションが形成され、作品がより多くのライトユーザーに影響をもたらすのである。

さらに、ファンサブにより作成された映像コンテンツには、日本文化の背景知識に関する注釈が付けられている。それが映像コンテンツ自体と調和し、文化的な親和性を高め、文化伝達の効果を深めており、より多くの潜在的視聴者をファンサブ・サブカルチャーサークルに引き付けることを可能にしている。

3-2　ファンサブ・サブカルチャーの背景と累積効果
3.2.1　現在の背景

概して言うと、現在の中国において、日本のドラマや日本映画、アニメ、アイドルなどをめぐるサブカルチャーサークルは、主にファンサブ・サブカルチャーサークルのサポートに依存している。また、政府のあいまいな姿勢の下で、ファンサブ自体の成長も続いている。

日本ドラマのサブカルチャーサークルを例にとると、2017年に「iQiyi」[17]などの正規の動画配信サイトが、理由不明なまま日本ドラマのチャンネルを削除したため、中国のウェブサイトにおける正規の日本ドラマ配信が極めて乏しくなった。その上、残されたほとんどのドラマは旧作である。

なお、「バイドゥテイエバ」[18]のデータによると、韓国ドラマの登録者数は222万人、アメリカドラマは214万人、日本ドラマは114万人[19]に達した。つまり日本ドラマは、外国ドラマの中で3位にランクインしており、中国での人気はかなり高いと言える。

このため、正規の動画サイトに散在する数少ない日本のドラマや映画は、多数の日本映像コンテンツの視聴者のニーズを満たしていない。そうであるからこそ、視聴者の言語能力の問題、趣味に関する欲求という二重のニーズ

に応えるファンサブ文化が盛んになるのである。

　2012年7月4日設立された「SUBPIG」ファンサブの公式ウェイボーアカウントの登録者数を例にとると、2016年3月に「SUBPIG」は10万人に満たないファンを持っていたが、2019年10月20日には488万人に達した。このデータにより、近年、ファンサブの影響が急速に拡大していることがわかる。

　近年、日中関係の回復により、中国で正規に上映される日本映画が大幅に増加している。2014年は11本、2015年は17本にとどまったが、2018年、2019年はそれぞれ23本程度の日本映画が正規に上映された。それでも、視聴者のニーズにとって不十分である。そうした中、ファンサブによる無料で視聴できる日本映画は、視聴者により多くの選択肢を与え、さらに一部の視聴者は、無料だという理由でファンサブの映像コンテンツを優先的に選択している。したがって、正規の映像コンテンツとの競争でも、ファンサブの翻訳作品は強い力を持っているのである。

　現在の中国社会では、ファンサブが既に流行を示す記号となり、そのため、ファンサブのアップデートに関心を持つ視聴者もフレッシュな満足感を得ることができる。例えば、2019年に流行したドラマの「あなたの番です」は、「人人」ファンサブに導入されると急速に人気を集め、最終回の更新でウェイボートレントのトップを独占した。

　ドラマをめぐる議論も中国の各ソーシャルメディアに溢れ、それまで日本ドラマを見たことがない人々も、日本ドラマに触れ、「人人」ファンサブに接触した。「人人」ファンサブに導入された「凪のお暇」も大好評を博し、視聴者は更新された最新のエピソードを追いかけ、それをファッションとし、さらなる新たな日本ドラマのブームを引き起こした。

3.2.2　累積効果

　まず、ファンサブで導入された日本の映像コンテンツが核となって、周辺産業の発展を促進した。ファンサブ視聴者は、作品の視聴自体に金銭を支出していないが、関連書籍やグッズなどの消費能力は無視できない。また、日本ドラマや映画に現れた本格的な和菓子、日本風のプレゼントなども、ファンサブ・サブカルチャーサークルにおける異文化消費の方法になっている。

　次に、ファンサブは日中映画・テレビ文化コミュニケーションの架け橋として、視聴者の日本文化に対する理解を促進する一方、中国のイデオロギー、メディア政策、国家文化の自主性に課題をもたらした。中国の数多くのファンサブにより翻訳された様々な日本の映像コンテンツは、日本の風土と社会

文化を全方位的に示しており、客観的に視聴者に日本文化を心理的に認知さ
せる役割を果たしている。筆者は、ファンサブの視聴者を対象に、日本映
画・ドラマを通じた視聴者の心理的変化を調べるため、アンケート調査（複
数回答）を実施した。結果は次表のとおりである。

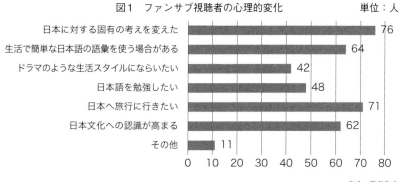

図1　ファンサブ視聴者の心理的変化　　　　　　単位：人

出典：筆者作成

　89人の有効回答のうち、76人（85.4％）は日本映像コンテンツが、自分の
日本に対する固有の考えを変えたと答えている。71人（79.8％）は日本へ旅
行に行きたいと答え、64人（71.9％）は日常生活で簡単な日本語の語彙を使
う場合があると回答している。日本の映像コンテンツは、中国の視聴者へ文
化的な影響を与えるとともに、オンラインオーディエンスをオフラインの消
費者グループに転換することもできる。
　ファンサブは、ネット上における強い発信力と広大な開発スペースを獲得
したが、その無許可の活動は、ネットワーク主権と異文化とのコミュニケー
ションに関する国家当局の制御に挑戦し、情報に対する国内主要なメディア
機関による支配を解体するものとなった。
　日本の映像コンテンツは、日本文化を具現化した文化的製品である。中国
の異文化コミュニケーションにおいて、ミクロ的には、視聴者の考え方や態
度に影響を与え、そのコミュニケーション効果が蓄積されると、マクロレベ
ルで国家のイデオロギーと文化主権への圧力を引き起こし、自生の文化の生
存空間を徐々に圧迫する恐れがある。[23]
　しかし、ファンサブをより良く利用することで、日中友好関係の発展を促
進し、日中関係における相互理解とつながりの強化に資することができる。

3-3　ファンサブ・サブカルチャーをめぐる論争

　ファンサブのサブカルチャーに関する論争は、主にファンサブ自体の存在をめぐる論争に主眼が置かれている。ファンサブは日本文化の輸出や日中の文化交流に重要な役割を果たしていることは否めない。しかし、元来は放送、放映されていない地域へ向けた愛好家同士のビデオ交換というささやかなスタイルから広がったファンサブは、インターネットの普及でさらに大きく広がり、それに伴い、問題視する声も強くなった。

　まず、翻訳の質の問題である。ファンサバーとなるのは、日本語学科の学生や、日本に居住する人とは限らない。独学で日本語を学ぶ人もおり、字幕の品質はまちまちである。現在は個人がインターネット上に動画をアップロードする機会も増えており、自作の字幕や自動作成の字幕を利用する人も増えてきている。視聴者層の趣味に合うよう翻訳された映像コンテンツが一層豊富になる一方で、一部の良質とは言えない字幕により、本来の内容が歪められる恐れもある。

　この問題に対処するには、ファンサブの翻訳規範を作成し、ファンサバーの能力に対する要求を高めることが急務である。しかし、インターネットの発展に伴い、ネット産業の動きを監視することはますます困難になっている。ファンサブ業界自体が自由で柔軟性があることも加わり、業界による統一的な管理は一層難しい問題となる。

　このため、悪しき字幕が視聴者に与える影響を低減させるため、大規模なファンサブグループを業界の手本とし、ファンサブ自体を異文化コミュニケーションにおける「見張り番」のようにし、品質比較を通じて視聴者の字幕の識別能力を高めることを提案したい。また、ファンサバーたちは、「ファンサブの仕事においては、語学力を鍛えることより、身に付けた語学力をより良く出力するほうが重要だ」とする覚悟を持つべきである。

　次は著作権侵害の問題だ。日本の映像コンテンツが人気を集めるとともに、ファンサブの活動も活発化するようになっている。海外にいる日本映像コンテンツ愛好家でも、日本での放送後すぐに、字幕の付いた作品を容易に見ることができる。

　しかし当然ながら、それは違法にアップロードされた作品であり、権利者は頭を悩ませている。[24]日本では、5人のファンサバーが著作権法違反の疑いで逮捕された。また2014年と2017年には、中国のファンサブにより翻訳された作品を転載する動画サイトも全面閉鎖された。

　それでも、中国国内のファンサブ翻訳作品のほぼすべての視聴者は、ファ

ンサバーにかなり高い好感度を抱いており、デモの中でファンサバーへのサポートが示されたこともある。グレーゾーンにあるファンサブが、様々な形で存在していくことができるのには、こうした背景がある。だがその結果、視聴者層は著作権問題への意識が低下し、学生中心のファンサバーは、著作権法の権威に絶えず挑戦する現象が出てくる。

　ファンサブの今後については、正規の動画サイトとの連携など、マルチビジネスモデルを試みるべきである。実は以前、「日菁」ファンサブは「iQiyi」と提携していたが、「iQiyi」の日本ドラマチャンネルが止められたことで、提携は打ち切られた。だが、ファンサブの合法化は、その商業化と切り離せない。今後名だたるファンサブは、より多くのサポートを得るために、商業化の道を進む可能性がある。

　だが現在、ファンサブと著作権の関りについては、やっかいな状況が続いている。サブカルチャーの発展のためには、ファンサブのサポートが必要であり、著作権法がなお存在する限り、ファンサブはグレーゾーンで生き続けるしかないだろうとする指摘もある[25]。

おわりに

　ファンサブは草創期、発展期を経て、今や繁栄期に達した。その翻訳作品の種類も次第に豊かで多様となる。ファンサブ・サブカルチャーの形成と発展は、間接的に中国における日本文化の影響力拡大を促し、安定的な視聴者の基盤を形成した上に、さらに多くを引き付けている。ファンサバーが参加する動機もさまざまで、主として個人の興味を動機にファンサブの仕事をするようになることがうかがえる。現在中国のインターネットで配信されている日本ドラマ・映画・バラエティーなど、大部分は各ファンサブから出たものだと言うことができる。

　しかし、現在のファンサブは権利侵害のリスクに直面しており、ファンサブは互いに支え合いながら、法律のグレーゾーンで生存している。同時に、ファンサブグループも自らの知的財産権を守ることは困難で、海賊版DVDの被害者になってしまう状況にある[26]。

　だが、中国では日本の映像コンテンツに対するニーズは高い。しかもファンサブのプラットフォームは自由度の高いネットワーク上の仮想空間であり、政府が法律、行政などの強制手段を採用しても、ファンサブの活動を根絶することができない。そればかりか、かえってマイナスの反応を誘発し、事態

の掌握が一層困難な局面を招く恐れがある。そのため、日中両国の政府部門は穏健な登録制度を採用すべきであり、同時に積極的に日中両国間の民間エンターテイメント産業の交流を進め、ファンサブのビジネス化・合法化に導くべきだ。ファンサバーと視聴者の著作権意識を高める必要があると考えられる[27]。

　ファンサブの発展を正しく導くことは、日中両国の民間文化交流を推進する手法のひとつとなる。ファンサブの創立目的は純粋で、視聴者も個人の興味でその受け手となり、さらに翻訳作品から文化的影響を受け、相手の国に良い印象を持つようになる。また、オンライン上の活動も、オフラインでの異文化消費をある程度促進するほか、ファンサブイベントも文化の力による経済の良質な繁栄につながり、両国間の経済交流を促進することができるであろう。

参考資料

百度百科「日本藍皮書（2019）」http://mr.baidu.com/td690ub?f=cp&u=0dce31a8b52b2b2a

蔣詩楊「日語電影中文『字幕組』用戸参与動機研究」『影視伝播』、2018年

Wikipedia「ファンサブ」https://ja.m.wikipedia.org/wiki/%E3%83%95%E3%82%A1%E3%83%B3%E3%82%B5%E3%83%96（年10月22日最終閲覧）

燕道成・陳曦「『知沟』視域下我国网絡字幕組与受众間的差异分析」『伝媒観察』、2017年4月

知乎　http://www.zhihu.com/question/21421000/answer/18191609（年10月24日最終閲覧）

搜狐网「専訪知名日語字幕組 SUBPIG 猪猪：将翻訳花式把玩」https://m.baidu.com/sf?pd=realtime_article&openapi=1&dispName=iphone&from_sf=1&resource_id=4584&word=%E5%AD%97%E5%B9%95%E7%BB%84%E4%B8%93%E8%AE%BF&keysign=http%3A%2F%2Fwww.sohu.com%2Fa%2F216113485_657486&source=www_normal_a&fks=46ba0e&top=%7B%22sfhs%22%3A1%7D&title=%E5%AD%97%E5%B9%95%E7%BB%84%E4%B8%93%E8%AE%BF&lid=11171345950828526959&referlid=11171345950828526959&ms=1&frsrcid=1599&frorder=7（2019年10月24日最終閲覧）

鄧鍇利『伝播学視角下的国内日劇字幕組研究』西南政法大学ジャーナリズム専攻修士論文、2016年3月29日

【米】デブィッド・ホザサール『心理学史（第四版）』、人民郵電出版社、2011年

ウェイボー　http://m.weibo.cn/1305279553/3468860609306203（2019年10月24日最終閲覧）

周冲・郝起「日本電視劇通過互連网在中国大陸伝播現状」『日本問題研究』、2010年4月

ウェイボー　http://m.weibo.cn/7241601616/4424159038233263（2019年10月25日最終閲覧）

百度百科「亜文化」　http://mr.baidu.com/cyidmvp?f=cp&u=5563a106ebaa118c（2019年10月25日最終閲覧）

グーグル「ファンサブの是非―ワカテミートアップ」　https://wakate-honyaku.net/fansub/（2019年10月25日最終閲覧）

何剣青「我国日語字幕組的発展現状反思」『芸術科技』、2017年4月

1　百度百科「日本藍皮書（2019）」http://mr.baidu.com/td690ub?f=cp&u=0dce31a8b52b2b2a

2　蔣詩楊「日語電影中文『字幕組』用戸参与動機研究」『影視伝播』、2018年

3　Wikipedia「ファンサブ」　https://ja.m.wikipedia.org/wiki/%E3%83%95%E3%82%A1%E3%83%B3%E3%82%B5%E3%83%96（2019.10.22最終閲覧）

4 「知乎」とは、中国の有名なQ&Aサイトである。

5 知乎　http://www.zhihu.com/question/21421000/answer/18191609（2019年10月24日最終閲覧）

6 搜狐网「専訪知名日語字幕組SUBPIG猪猪：将翻訳花式把玩」　https://m.baidu.com/sf?pd=realtime_article&openapi=1&dispName=iphone&from_sf=1&resource_id=4584&word=%E5%AD%97%E5%B9%95%E7%BB%84%E4%B8%93%E8%AE%BF&keysign=http%3A%2F%2Fwww.sohu.com%2Fa%2F216113485_657486&source=www_normal_a&fks=46ba0e&top=%7B%22sfhs%22%3A1%7D&title=%E5%AD%97%E5%B9%95%E7%BB%84%E4%B8%93%E8%AE%BF&lid=11171345950828526959&referlid=11171345950828526959&ms=1&frsrcid=1599&frorder=7（2019年10月24日最終閲覧）

7 燕道成・陳曦「『知沟』視域下我国网絡字幕組与受衆間的差異分析」『伝媒観察』、2017年4月

8 鄧鍇利『伝播学視角下的国内日劇字幕組研究』西南政法大学ジャーナリズム専攻修士論文、2016年3月29日

9 【米】デブィッド・ホザサール『心理学史（第四版）』、人民郵電出版社、2011年

10 専訪知名日語字幕組SUBPIG猪猪：将翻訳花式把玩-搜狐网　https://m.baidu.com/sf?pd=realtime_article&openapi=1&dispName=iphone&from_sf=1&resource_id=4584&word=%E5%AD%97%E5%B9%95%E7%BB%84%E4%B8%93%E8%AE%BF&keysign=http%3A%2F%2Fwww.sohu.com%2Fa%2F216113485_657486&source=www_normal_a&fks=46ba0e&top=%7B%22sfhs%22%3A1%7D&title=%E5%AD%97%E5%B9%95%E7%BB%84%E4%B8%93%E8%AE%BF&lid=11171345950828526959&referlid=11171345950828526959&ms=1&frsrcid=1599&frorder=7　（2019年10月24日最終閲覧）

11 ウェイボー　http://m.weibo.cn/1305279553/3468860609306203（2019.10.24最終閲覧）

12 鄧鍇利《伝播学視角下的国内日劇字幕組研究》西南政法大学ジャーナリズム専攻修士論文、2016年3月29日

13 周冲・郝起「日本電視劇通過互連网在中国大陸伝播現状」『日本問題研究』、2010年4月

14 蒋詩楊「日語電影中文『字幕組』用戸参与動機研究」『影視伝播』、2018年

15 ウェイボー　http://m.weibo.com/7241601616/4424159038233263（2019年10月25日最終閲覧）

16 百度百科「亜文化」http://mr.baidu.com/cyidmvp?f=cp&u=5563a106ebaa118c（2019年10月25日最終閲覧）

17 「iQiyi」とは、中国の有名な正規の動画配信サイトである。

18 「バイドゥテイエパ」とは、中国の有名な趣味によって同士が集まるテーマ別掲示板サービスである。

19 統計日付：2019年10月20日

20 鄧鍇利《伝播学視角下的国内日劇字幕組研究》西南政法大学ジャーナリズム専攻修士論文、2016年3月29日

21 2019年の上映本数は2019年10月25日まで。

22 リソース：「猫眼」映画検索アプリ

23 鄧鍇利《伝播学視角下的国内日劇字幕組研究》西南政法大学ジャーナリズム専攻修士論文、2016年3月29日

24 グーグル「ファンサブの是非―ワカテミートアップ」　https://wakate-honyaku.net/fansub/（2019年10月25日最終閲覧）

25 何剣青「我国日語字幕組的発展現状反思」『芸術科技』、2017年4月

26 鄧鍇利《伝播学視角下的国内日劇字幕組研究》西南政法大学ジャーナリズム専攻修士論文、2016年3月29日

27 鄧鍇利《伝播学視角下的国内日劇字幕組研究》西南政法大学ジャーナリズム専攻修士論文、2016年3月29日

製造ライン自動化における
多能工人材の存在意義を問う
～中国からはじまる自動化～

明治大学経営学部経営学科3年　代表 末次礼奈
森山凌平、川辺瑠美、小嶋巴幾、王錦濤

一、はじめに

1-1　問題意識

　近年、世界は少子化という社会問題に直面している。未婚化や晩婚化など結婚に対する価値観の変化、進学率の上昇による金銭的負担増、女性の社会進出による育児と仕事の両立の難しさなどが、世界共通の理由として挙げられる。少子化が問題視される最大の理由は、労働力不足を引き起こすことである。現在世界一の人口大国である中国においてこの問題は顕著であり、人口の内訳を見ると老年層の割合が半数を占めている。そして労働力人口は2011年を境に右肩下がりである。これは中国共産党によって実施された、一組の夫婦につき一人の子供に制限されるという一人っ子政策が大きな要因として挙げられる。かつては人口削減を試みた中国であったが、現在は労働力不足に頭を悩ませる時代に入っている。

　ここで中国政府がとった労働力不足に対する施策の一つが、機械による自動化の推奨だ。自動化とは、作業工程を機械にプログラミングすることで、機械が人に代わって作業することである。もちろん機械の導入には慎重な意思決定が必要とされ、費用対効果や初期費用の算出などが必要なうえ、長く使うにはお金がかかる。しかし、一度導入してしまえば、労働力不足を補うだけではなく、均一な品質の担保や生産効率の上昇などのメリットが見込ま

れる。

　一方で近年、「機械によって人の仕事が奪われてしまう」という言葉をよく耳にする。テレビやインターネットのニュース記事でも特集が組まれ、不安を煽る言葉が羅列されている。しかし、そもそも機械の導入、ひいては自動化とは、労働力不足解決のために生み出されたものであるにも関わらず、このような声が上がり、不安感情が煽られるのはなぜなのか。

　本論文は、自動化が進むと人は本当に機械に仕事を奪われ居場所を無くすのか、仕事を奪われないために人はどうあるべきか、実際に中国企業を訪問して得た情報をもとに検証していく。また、検証にあたっては自動化が最も導入されやすい製造業の工場を調査対象とし、これまで工場の現場で重宝されてきた多能工人材の変化を明らかにする。

1-2　研究方法および論文の構成

　本論文の研究対象は、中国に拠点を持つ日系企業と中国の農村部に工場を持つ零細企業であり、文献および中国での企業訪問・インタビューをもとに分析を行う。本論は5つの章からなり、一章では問題意識を提示し、本論の目的を明らかにする。二章では多能工に関する先行研究を通して、多能工の定義とその特徴を明らかにする。三章では中国市場の現状から仮説を導き出し、四章では実証研究の結果とそれらの分析を行う。そして五章で、まとめとして今後の展望について論じる。

二、先行研究

　まずは多能工がこれまでの研究において、どのように論じられてきたのかを明らかにしなければならない。本章では、先行研究における多能工の定義や特徴を述べた上で、自動化における人材のあり方の変化を明らかにする。

2-1　多能工の定義

　多能工とは「ローテーションにより複数の工程を担当できる作業員であり、その工程は低、中位の熟練度である」。また、その目的は「多品種化と需要変動幅の拡大に対してフレキシブルな生産、生産性の向上を可能にすること」と言われている。[3]

2-2　多能工の効果

　多能工はフレキシブルな生産を可能にするが、それだけではない。多能工は他にもいくつかの効果を併せ持つ。そこでこれらの効果を作業員個人の内面や技術に関する「人的側面」と生産や経営に関する「組織的側面」に分けて検討する。

a.人的側面

　多能工がもたらす人的側面については以下の3つが挙げられる。まず多能工は「製品構造・工程編成に対する知識と技術の習得」を可能にする。製造構造・工程編成に加えて、作業間のつながりを理解することで、製品構造・工程編成に対するより高い技術や知識を獲得することさえできる。

　次に、「単純な作業から解放され、よりモチベーションの向上になり、成長しながら働くことができる」という作業員の内面の変化をもたらす。これは製造業などの繰り返しが基本の作業には効果的だと考えられる。そして、部下や後輩に指導する場合、教えることが増えると「自分自身も学ぶ」という効果がある。教育の機会が増加することで、社内全体の技術・知識レベルの向上にも繋がるのである。[4]

b.組織的側面

　多能工がもたらす組織的側面については、第一に「生産性の向上」である。宮野（2001）[5]は多能工が増えれば、倍の生産量を生み出せる業種もあると述べている。これは先に述べた需要の変動への対応と深く関係しているだろう。例えば異なるラインにおいても作業できる多能工が増えれば、ラインごとに異なる需要差に対応することができる。

　またこのように多能工が増えていくことはチームワークを形成し、組織力向上につながる。個人労働から集団労働に変わっていくことで仲間意識が芽生え、より良い人間関係を築くことが出来るのだ。この個人労働から集団労働への変化が、2つ目の組織的側面の効果に挙げられる。

　以上のように多能工を育成することにより、人的、組織的側面から様々な効果が期待できることがわかる。[6]

2-3　現代社会における自動化の発達
a.自動化の発展

　James Manyika（2017）は、ロボットや自動化の波は今後、経済に大規模

な変革をもたらし、それにより2030年までに最大で8億人の雇用が失われる可能性があると指摘している。そしてその影響は特に先進国で大きくなると懸念している。また現存するおよそ半分の仕事が自動化できることが発見されており、今後すべての業種において労働者の職場に大きな変化をもたらすと考えられている。中でも反復作業やデータ関連など比較的スキルを必要としない仕事が最も影響を受ける。

b. 機械化

佐々木（2017）によれば、単純な作業は機械に代わっているが、ソフトウエアを活用した「ロボティック・プロセス・オートメーション（RPA）」を使用している企業も多くある。RPAとは、間接業務を自動化するテクノロジーである。RPAの特徴の1つとして、実際に人が実施した画面操作を記録できることが挙げられる。人の操作を記録・自動化するソフトウエアであるため、既存のIT資産に手を加えることは不要である。

大量で反復性の高い業務で、RPAはより多くの効果を創出できる。一方、自動化対象外と想定されていた中・小規模の定型作業が自動化の対象となることも大きな特徴である。大規模な企業では8割超が導入に着手しており、社員がより創造的な業務に時間を割けるとも期待されている。需要拡大は自動化サービスを提供する企業にとっても商機であり、自治体などへの市場拡大が見込まれている。

三、仮説

一章、二章より私たちは「自動化が進むことで人の作業工程が減り、多能工の存在意義は失われる」という仮説を立てた。先行研究により、多能工は人的側面と組織的側面から歓迎される人材であることが確認できた。しかし以下に挙げる二つの理由から今後の必要性は低下すると予想される。

第一に「一人当たりの作業数が減る」という点である。先行文献で述べたように、2030年までに最大で8億人の雇用が失われる可能性があることから、自動化によって人材が削減されるほど作業数が減る可能性が極めて高い。この環境下での多能工育成の意義は低いと考えられる。

第二に「自動化できずに残る作業は複雑で専門性が高く、技術の会得までに時間がかかる」という点が挙げられる。多能工化のためには必然的にすでに会得した技術から離れ、またゼロから別の技術を習わなければならない。

従業員によっては「長期間かけて練磨した技術から離れてまで多能工になりたくない」といった考えが出る可能性がある。次章ではこれらの視点を中心とし、実証研究を行う。

四、実証研究

　中国における自動化と多能工の現状を調査するため、在中日系企業2社と中国企業2社を訪問した。訪問先は奇瑞控股集団有限会社、オムロン株式会社、帥得宝工貿有限会社、堂胜工貿有限会社である。本章では、この4工場を自動化率の水準から2つに分類し、それぞれにおける多能工の現状を考察していく。本章の内容は各社の社員へのインタビューに基づいている。現状を述べるにあたって(a)、(b)それぞれで、まず工場内の自動化率の現状や数値等の基本情報を記し、次に多能工の現状と人材育成制度、最後に今後の自動化の展望と多能工の関わりを述べていく。

4-1　自動化率高水準における多能工
a.工場の現状
　奇瑞控股集団有限会社とオムロン株式会社では、積極的に自動化が進められており、ここでは自動化率高水準の典型的な工場として多能工の現状を調査した。まず**表1**で、両社における自動化率と多能工の基本的な情報をまとめた。

表1　奇瑞控股集団有限会社とオムロン株式会社の現状

	奇瑞控股集団有限会社	オムロン株式会社
調査日時	2019年9月4日	2019年9月3日
自動化率	約60%	約50%
多能工率	70%	50%
多能工になるまでの期間	2週間	2週間～3カ月

出所：筆者作成

　奇瑞控股集団有限会社、オムロン株式会社ともに全体として高い自動化率であるが、工程毎にその数値は大きく異なる。奇瑞控股集団有限会社において溶接作業では90%以上が自動化されているが、組み立て作業の自動化率は40%以下であった。オムロン株式会社も同様に、ネジ穴にネジを入れる、

ネジを締めるといった単純作業は100%、物流作業は50%自動化されている一方で、組み立て作業における自動化率はわずか1%であった。

　つまり、危険が伴う作業或いは反復的な単純作業において自動化は進められているが、組み立てといった複雑な作業での自動化はあまり進められておらず、従業員による手作業によって行われていることが分かった。

b. 多能工の現状

　表1から自動化率高水準の両社工場では、多能工が多く存在していることが分かる。それぞれの育成方法について論じる。まず、両社は共に現場外のトレーニングを2週間行うことで、従業員に多方面の視点を持たせる。その後奇瑞控股集団有限会社では、熟練作業員による一対一の指導があり、現場で実際に作業をしてテストを行う。そこで作業レベルの4分の3ができるようになると多能工として認定される。一方、オムロン株式会社ではトレーニング後、熟練者による監視と補助のもと現場で作業するようになり、次第に独立していくようになる。両社は共に現場外での教育から現場での直接指導、後に自立というフローが確立されていて、比較的短い時間で多能工になることができている。

　自動化率高水準の工場では、反復的で単調な作業から流通の作業においても自動化が進んでいる。そのため人が行う作業が減り、技術の取得に時間と人材を費やせるため、短期間で高次元な多能工の育成が可能になっていると考えられる。

c. 自動化の展望と多能工の今後

　ここでは、奇瑞控股集団有限会社とオムロン株式会社それぞれの今後の自動化と、それに伴い求められる多能工像の変化について着目する。まず自動化について、両社ともに今後も積極的に自動化を進めていく方針であるということが、社員へのインタビューによって分かった。

　奇瑞控股集団有限会社では、一定して高い品質が求められる作業において優先的に自動化を進めていくとしている。一方オムロン株式会社では、人間と機械が協調してフレキシブルなモノづくり現場を実現し、インタラクティブな作業において自動化を進めていくとしている。最終的には40〜50%の自動化を目指す。しかし、両社とも自動化率100%は目指していない。その理由は全自動化には莫大なコストがかかり、経営のキャッシュフローが回らなくなる可能性が高いためだ。

　全ての仕事を機械が代替するわけではないため、人がこれからも現場で必要とされることが明らかとなった。そこで今後求められる多能工像について話を聞くと、両社に共通する点が見られた。それは「技術の取得を前提に、機械のメンテナンスができる人材」であることだ。具体的に言うと、機械に異常が起きた際、その事態に自分で対処できる能力のことである。

　また奇瑞控股集団有限会社では、この能力に加え、「会社のために何ができるか」「どのようにすれば新しい価値を創造できるか」を考えられる人材を求めている。これにより、従業員自身の成長と会社への貢献に繋がると考えられている。またオムロン株式会社では、「専門的技術が要求される作業を数多くこなすこと」のできる新しい多能工を求めている。

4-2　自動化率低水準における多能工
a.工場の現状
　帥得宝工貿有限会社と堂胜工貿有限会社では、自動化の導入が遅れており、ここでは自動化率低水準の典型的な工場として多能工の現状を調査した。まず表2は、両社における自動化率と多能工の基本的な情報をまとめたものである。

表2　帥得宝工貿有限会社と堂胜工貿有限会社の現状

	帥得宝工貿有限会社	堂胜工貿有限会社
調査日時	2019年9月7日	2019年9月6日
自動化率	10%	15%
多能工率	10%	20%
多能工になるまでの期間	1年	1年

出所：筆者作成

　帥得宝工貿有限会社と堂胜工貿有限会社ともにコスト面の理由からあまり自動化に踏み込んでいない。自動化されている工程は主に溶接作業であり、全体作業の約90%は従業員による手作業で行われていることが分かった。

b.多能工の現状
　自動化率が低い2社では多能工の割合も少ない。具体的な育成方法としては、同じ工程内の多能工1人が複数の単能工に対して指導をするという形をとる。その都度、技能試験を行い、習熟度75%以上の技能を3つ習得すると

多能工となる。技術習得に対するインセンティブがあり、従業員のモチベーションを保っている。また、多能工になるまでの育成期間は約1年で比較的長い。

　依然として自動化率の低い工場において多能工は重宝される。しかし、自動化が進んでいない工場においては、現在でも単調な作業を作業員が行うことも少なくない。よって、従業員教育が進まず、技術取得が難しいというのが現状だ。これにより多能工の割合が少ないのではないかと考える。

c.自動化の展望と多能工の今後

　ここでは帥得宝工貿有限会社と堂胜工貿有限会社それぞれの自動化の展望と、多能工が今後どのようになっていくかに着目する。まず、帥得宝工貿有限会社は2020年完成予定の新しい工場において、2つの生産ラインを全て自動化する予定である。しかし、自動化は初期費用がかなり高いため、全自動化となるとコストパフォーマンスの面からよくないと判断されている。

　次に、堂胜工貿有限会社は今後、溶接と金属加工を自動化していく方針である。また、将来的には自動化への意欲は高く、今後データ分析をIoTの導入で行い、どこを自動化すべきか見極めていこうと考えている。求めている多能工像としては、自動化により機械が行うようになった仕事を、メンテナンス管理する必要があるので、パソコン技術や機械メンテナンス技術のある人材である。

4-3　分析

　仮説でも述べたように、自動化による作業工程の減少と人材の需要低下などから、多能工の存在意義は薄れると考えていた。しかし、自動化が進む在中日系企業において現在も多能工の育成は進んでおり、その割合は自動化率低水準の工場よりも増加していることが判明し、これは文献では得られなかった新たな発見と言える。

　先行研究において、多能工の目的は人材の需要変動に対応するためであった。しかし自動化によってその需要が減り、そのため多能工育成に集中できる環境が整うため、工場における多能工の割合が、自動化が進んでいない工場よりも多いと考えられる。また、後者の工場では同一ラインから異なるラインにかけての技術の取得＝多能工なのに対し、前者の工場では職種を越えた技能の取得＝多能工であると位置付けられていることが明らかになった。

五、おわりに

　先行研究から多能工が求められる理由とは、需要変動に対応するためであり、このことから自動化が進むとこれら需要は低下するという仮説を立てた。しかし、自動化が進むほど多能工の割合が増加していることが現場での調査によって明らかになった。これは自動化が進むと、作業工程における人の負担が軽減し、多能工を育成しやすい環境となるため、多能工が増加したと考えられる。

　しかし、従来の多能工よりも求められる能力が高度になっている。複雑な技術の複数取得だけではなく、新たな付加価値の創出や自己或いは他者を含めた人材マネジメントなどがその一例である。求める能力について、会社自体も明確なものを模索している段階であるが、従来のように与えられたものをこなすだけで得られる能力ではなく、従業員自らが思考することで取得される能力であることは共通している。

　逆に言えば、このような能力が必要とされない仕事は今後積極的に自動化されるため、こういった仕事しか出来ない人は冒頭で触れたように仕事を奪われたと主張するのである。会社が自動化を行う目的とは、人の負担を減らすことだけではなく、負担を減らすことで人にしか出来ない複雑な「考える」という作業を行ってもらうためである。

　このことは、在中企業や、製造業の工場に限った話でもない。今後あらゆる分野で確実に自動化の波は押し寄せてくる。そうなった時、機械に仕事を奪われないためにも人は「考える」多能工である必要があり、それは会社からの教育を受け身で待つのではなく、自らが考え行動することで成り立ち得る姿である。

引用文献

宮野正克「成功する作業者多能工化の進め方マニュアル」アーバンプロデュース、2001年

佐々木康浩「RPAの可能性─ホワイトカラーの生産性向上に向けて」 経営情報学会全国研究大会要旨集（春季）、2017年

中北航陽（2011）学生経営論集38号、pp.46 ～ 50

参考ウェブサイト

James Manyika、McKinsey Global institute、2017年　https://www.mckinsey.com/mgi/overview（2019年10月7日最終アクセス）

中国の次世代産業政策の変化～「中国製造2025」から「産業インターネット」へ～、富士通総研HPより　https://www.fujitsu.com/jp/group/fri/knowledge/newsletter/2019/no19-007.html（2019年10月7日最終アクセス）

進化し続ける「世界の工場」：「中国製造2025」に見る製造強国戦略、日立HPより　https://www.hitachihyoron.com/jp/archive/2010s/2017/06/gir/index.html?WT.mc_id=ksearch（2019年10月7日最終アクセス）

インタビュー（括弧内は実施日）
奇瑞控股集団有限会社　総経理／多能工課　部長／副部長（2019年9月4日）
オムロン株式会社　生産技術統括部KAIZEN推進部自動化技術課課長（2019年9月3日）
帥得宝工貿有限会社　総経理／副経理（2019年9月7日）
堂胜工貿有限会社　総経理／副経理（2019年9月6日）

訪問企業の概要（設立年、所在地、企業形態、主な生産品目）
奇瑞控股集団有限会社（1997年、蕪湖市、国有企業、自動車）
オムロン株式会社（1994年、上海市、日系企業、制御機器・ヘルスケア用品）
帥得宝工貿有限会社（2005年、永康市、民営企業、アルミニウム鍋）
堂胜工貿有限会社（2014年、永康市、民営企業、スクーター）

1　恒川システム株式会社　http://www.kousensys.com/information/（2019/10/31 最終アクセス）
2　Yahoo!ニュース 2019年1月24日　https://news.yahoo.co.jp/byline/dandoyasuharu/20190124-00112152/（2019/10/31 最終アクセス）
3　高橋勝彦（2009）『生産マネジメント概論　技術編』文眞堂、p.125
4　中北航陽（2011）学生経営論集38号、pp.48 ～ 49
5　宮野正克（2001）『成功する作業者多能工化の進め方マニュアル』アーバンプロデュース、p.35
6　中北航陽（2011）学生経営論集38号、p.50

食卓上の精神

広東工業大学外国語学院
日本語学部4年
羅静雯

はじめに

　2018年の9月から2019年の9月までは、私の人生の中でとても有意義な一年間だった。その365日の間に、自分の足で日本という土地を歩き、自分の目で日本社会を観察した。いろいろな体験をもらった私は、この国に対するイメージがすっかり変わってしまった。この国には完璧でないところもあれば、魅力的なところもあるのだ。

　もともと中日戦争の数年後に生まれた私には、悲劇を身をもって体験したことがなかったため、日本に対する特別な印象はなかった。しかし、小さい頃からお爺さんやお婆さんの話に影響され、「日本は悪い国だ」というイメージが幼い時の私には残っていた。

　しかしどんなに印象が悪くても、子供時代に日本のアニメと出会った時には、それにハマってしまった。その嬉しさを今でも忘れることができない。さらに、アニメのファンタジーな世界観に影響され、日本への憧れが少しずつ膨らんでいった。大学入試が終わり、第一志望校の専攻を決める時、繰り返し考えた上に日本語科を選んだ。日本はアニメのような素敵な国だったのか、それとも先生たちの言った通り「悪い国」だったのかを知りたかったからである。

　「中国人として、決して歴史を忘れてはいけない」。これは幼い頃から先生たちに教えられた話だ。中学、高校に入り、歴史の知識を全面的に勉強するようになり、大人たちが日本を嫌いな理由をようやく理解できた。しかし、日本文化を勉強すれば勉強するほど、この国に対する印象がだんだん変わっていき、緊張している中日関係を緩和したいと思うようになった。

　特にこの数年間、政治や経済について双方の意見が合わない時が多く、関係がおかしくなった。若者である私にできることは、文化的な面から双方の

良さを伝えるということだけである。中国で生まれ育った私は、もちろん自分の国の素晴らしさは分かっているが、日本の良さはまだ身をもって体験したことがない。

　困っていた時に、チャンスが訪れた。それは今在籍中の大学が提供してくれる定員一名の交換留学プロジェクトだ。三年生になれば、申し込みが出来て、学費も免除されたので、あまり豊かでない家庭でも受け入れることができる。そのおかげで、人生を変える一年間の生活を過ごせた。

　前述の通り、私は小さい頃からアニメにハマっていたため、日本の生活にとても憧れていた。特に、アルバイトという経験は留学生たちが絶対見過ごせないものだと思っていた。しかし、留学先の学校は安全を保つために、短期留学生のアルバイト活動を禁止した。従順な子ではなかったため、私はこっそりアルバイト生活を始めた。規則を破ったことはとても申し訳ないが、もしその時先生の話に従って働いていなかったら、絶対後悔していたと思う。

　10カ月の間に、焼肉屋、温泉旅館、居酒屋、派遣会社で働いた。ホールスタッフは決して簡単な仕事ではないが、私は忙しいほど、充実感を得られるタイプの人間だ。しかも、違うところで働けば、違う人を観察することができる。私の日本での人間観察の旅は、アルバイトをしながら展開したのだ。その旅の中に、私は面白い現象を見つけ、その現象の中にある日本社会のアピールポイントを発見した。

一、遠慮精神

　宴会場で4カ月も働いた後、私は一つ目のことに気づいた。懇親会みたいな宴会は普通、大皿料理を出す。宴会を始める前に、まずテーブルの上に三皿ぐらいの料理を置いておき、始めてからまた新しい料理を一つずつ出すという流れだった。料理が残らないよう、いつも前もって人数分を調整しても、それでも残されることが多かった。例えば、誰かが欠席した時とか、客が会場の中をぐるぐる回って、お酒だけ飲んで料理を全然食べていない時に、料理は残されてしまう。

　しかも、残されたのが一個だけという場合が多かった。それは一番困る状況だった。新しい料理を出すには、古いお皿を下げなければならない。しかし一個だけと言っても、食べ終わっていない料理を捨てるのはもったいないし、誰かまだ食べていない可能性もある。小さなお皿に移すのも一つの方法だが、移しても食べる人がいなかった。その結果、お皿を持ちながら、テー

ブルのお客様一人ひとりに「いかがですか？」と聞くしかなかった。
　夜、宴会場を片付けた時、「なんでみんな最後一つの料理だけを食べないの」とキャプテンに聞いてみた。「日本人はそういうもんだよ」の一言しか言わなかった。宴会場だけでなく、居酒屋でテーブルを片付けた時も同じ状況に気づいた。チーズタッカルビの鍋に、一個のカルビが残されていた。

図1　残されたのが一個だけ

　最初は食べ物が残されたことをそんなに気にしていなかったが、ある日、中国の高校の歴史の先生と話した時、その現象について話してみたら、先生は「それは客がもう満足していることを表すために、わざと残したのよ」と答えてくれた。確かに、中国人の場合は誰でもそう思っているはずなのだが、日本人も同じようなことを考えているのか、という疑問が生まれてきた。
　考えながらヤフーで調べて、また驚いたのは、日本人がその残された料理のために名付けをしたことだ。しかも地域によって、名前が違っている。例えば、関東地域は「関東の一個残し」と呼ばれ、関西では「遠慮のかたまり」、熊本は「肥後のいっちょ残し」と呼ばれている。中国では、残された一つだけの料理に名付けすることは、生まれて22年になるが、まだ聞いたことがない。その差異が存在する根本的な理由は、日本人自身の「遠慮」が強すぎることだと考えられる。
　また、ある調査を見つけた。これはアンケートサイトinfoQが2018年4月27日から4月30日に、全国20歳から49歳までの2985名の男女を対象に行った調査だ。

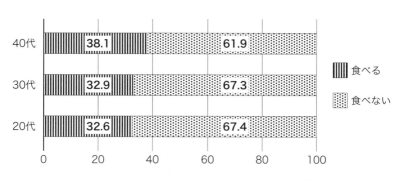

図2　最後の1個をどうするか、年代別の傾向　　　単位：%　n=2,985

40代　38.1　61.9

30代　32.9　67.3

20代　32.6　67.4

食べる

食べない

出所：アンケートサイト infoQ

「遠慮」するのは一部の地域だけの現象だと思っていたが、この図を見て、日本全国にもこういう傾向があることが分かった。私が働いたところだけではなく、日本全国に最後の料理を食べない傾向がある人が、約3分の2も占めているのだ。

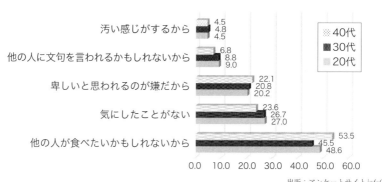

図3　最後の1個を食べない、みんなの考え方　　　単位：%　n=2,985

汚い感じがするから　4.5／4.8／4.5

他の人に文句を言われるかもしれないから　6.8／8.8／9.0

卑しいと思われるのが嫌だから　22.1／20.8／20.2

気にしたことがない　23.6／26.7／27.0

他の人が食べたいかもしれないから　53.5／45.5／48.6

40代／30代／20代

出所：アンケートサイト infoQ

図3から見ると、最も多い理由は、料理を残すのが接待時のビジネスマナーだと言うことである。確かに、取引先や上司、先輩など、自分より目上の人と一緒に外食する時は、つい遠慮がちになる。目上の人が箸を止めてもう食べない時、たとえ自分がまだ足りていないとしても、食事を続けることができない。それは自分にも共感できる。中国にも同じようなことがある。先

生とレストランに行く度に、料理は必ず残される。先生たちが食事を終わった時、もし自分がまだ食べていると何だか恥ずかしい。

　続いて、ランキング第三位の理由を見た時は、少なからず驚いた。最後の一個を食べてしまうと、卑しいと思われるなんて、私にとって考えてもみなかったことだ。「最後の料理を食べたら、全ての料理が自分一人で食べてしまった気がするので、卑しいと思われるかも」という解釈もあった。日本人はみんな遠慮しすぎる傾向があるかもしれない。分からないわけではないが、日本人の遠慮精神の強さを感じてしまう。

　他にも面白い理由がある。例えば、最後の一つを食べてしまうと、恨みを買いそうになる、というのだ。日本人の遠慮精神には、悪い面もあれば良い面もある。その遠慮さがあるからこそ、生活中のトラブルが少なくなるのだ。これは中国人が見習うべきことだと思う。

図4　最後の一つを食べてしまうと……

二、もったいない精神

　私は宴会場の仕事だけでなく、居酒屋のアルバイトもしていた。居酒屋と宴会場とは、雰囲気が全然違うのだ。宴会場の客は正式な服装を着て、高級な料理を食べ、シャンペンが入っている高いグラスを揺らせながら、優雅に一口ずつ飲んでいる。テレビ番組にしか見たことのない場面を、この小さな町で目撃できた。それと比べて、居酒屋は非常に賑やかで、日本社会のどの階層の人でも行けるところだ。みんな大きいなジョッキを持って、生ビールを一気に底まで飲んでしまう。

　居酒屋でアルバイトしていた時、私は二つ目のことに気づいた。それは、日本人のもったいない精神がとても強いことである。

　日本人はみんな食べ放題が大好きなような気がする。私が働いた店では、いつも食べ放題の予約がいっぱい入っていた。特に休日は、30卓の中に食べ放題で予約した客が28卓もあるぐらい多かった。そのせいで、料理の注文と提供はとても大変だった。しかし、全部とは言えないが、一部のテーブルを片付けた時、残されていた料理は少なく、時には全く残されていない場合もあった。

　もともと日本人の食量は少なく、例え食べ放題でも自分が食べられる量だけを頼むことが多い気がする。休日の食べ放題はいつも時間制限があり、ラストオーダーが終わったらお仕舞いだ。それなのに、のんびりビールを飲みながら、枝豆だけ食べている客を見た時、「なんでもっと注文しないの？？」という疑問が浮かんできた。

　ビュッフェ形式の宴会の時、料理を全部食べ終わって、お皿まで片付けてくれる客が多かった。これは多分、もったいない精神というものではないかと私は思う。中国にももったいない精神があると思うが、中国人の場合は、できるだけ多く利用しないと損になるという考えがとても強い。もっと利用しないともったいない、という自己中心的な考えが多いのに対し、日本人の場合は食べ物や食器類を節約して使う場合が多いと思う。

　逆に中国の店では、食べ放題が少なかった。食べ放題がある店で必ず見える光景は、客が会計をした後、テーブルの料理が出された時のままに残されている様子だ。先ほども指摘したように、みんなお金を払った以上、なるべく多くの料理を注文するのが得だと思っているからだ。正直に言うと、私も同じようなことを考えている。

　初めて友たちと一緒に京都に行った時、ある焼き肉屋の食べ放題を予約した。せっかくの食べ放題だからと思った私たちは、思い切っていっぱい注文した。しかし、料理が全部出された後、絶対食べ終わらないことに気づいた。最後は無理して全部食べてしまったが、お腹が死ぬぐらいつらかったので、楽しい食事とは言えなかった。

　もう一つの例としては、数年前、私と家族とツアーでタイに行った時のことだった。最後の日に、ツアガイドが私達をあるパフェレストランに連れて行った。びっくりしたのは、4つぐらいのツアーがレストランの前に並んでいて、私たちが入るのに30分もかかったことだ。そこはレストランというより、体育館ぐらい大きな会場だった。右側は料理を置いてあるテーブル、

左側は食事用のテーブルだった。無数の観光客がアリみたいに料理の方に行って、お皿に載り切れないほどの料理を取っていた。その結果、食べ物がいっぱい残されていた。

　確かに生活水準が低かった時には、何も食べられなかったため、中国人は「食」に対する欲望が強かった。客を招待する時も、自分の親切さと客好きな態度を示すために、いつもより2倍や3倍くらいの量の料理を注文するのだ。しかし、時代が発展してきて、食糧も豊かになったうえ、過度の浪費はやめたほうがいいと思うようになった。今の私たちは、日本人のような「もったいない精神」を勉強し、自分だけの食べられる量を取って、2倍や3倍もの料理を頼まなくても十分に親切なことを意識すれば、浪費も少なくなる。もちろん、食事だけではなく、私たちが普段、買い物をする時も同じような考えを持つことが大切だ。自分の必要なものだけを買っていれば、節約もできるし、片付ける時も楽になれるのではないか。

三、相手の意志を尊重する

　もう一つとても気になっているのは、日本には無理にタバコやお酒を勧める習慣が少ないことである。中国の場合は上司やお客さんと外食する時、お酒をいっぱい飲まないと失礼なこととされる場合がよくある。韓国人の友たちの話を聞くと、韓国にも同じような文化があって、しかも会社の場合だけではなく、大学にいる時でも、先輩たちと食事をする時は必ずお酒を勧められるみたいだ。無理やりお酒を勧める結果として、たくさんの事故が起きて、お酒を飲みすぎて死んでしまった事故も昔はよく耳にした。

　しかし私が知っている限り、日本の場合は少し違う。宴会場に、もし誰かに「ビールはいかがですか」と聞かれ、自分が飲みたくない場合は「いいえ、私は烏龍茶で」とか、「いや、私はノンアルコールでいいです」と素直に返事する人が多かった。これには私も少し驚いた。いつも曖昧な答えを返事する日本人が、勧められた時にはこんなに素直に答えるのだと。タバコの場合も同じだが、しかし宴会場みたいなところは禁煙となっているので、たばこを勧める光景はほとんど見なかった。

　相手の意志を尊重し、嫌なことを勧めないのは日本人のもう一つの良さだと思う。中国や韓国では、まだこういう意識が足りないため、悲劇が止まらないぐらい起きてしまう。私の父も、客と食事をする時、お酒を飲まないと失礼だと思っているので、いつもお酒をいっぱい飲んで、たばこをいっぱい

吸う。そのせいで、父は友達と外食をするのが一番嫌いになった。もしいつか、お酒を飲まなくても失礼でないことになれば、みんなの身体ももっと良くなれると思う。

おわりに

　アルバイトをしていた時に見つけた、自分の目でしか見えない三つの点について述べてきた。中国のあまり良くないところを愚痴ったりしたが、それは今の中国にまだ完璧ではないところだと思う。自分の弱さを知り、他人の良いところを勉強するのが、発展させていくポイントだ。もし日本の三つの点を勉強できれば、中国はきっともっと素敵になれると思う。留学は単に自分のために知識を勉強するだけではなく、母国に他国の優秀なことを伝えるのも大事だと思う。そのために、橋を築かなければならないのだ。

　今のところ、一番有力な架け橋はインターネットだと思われる。インターネットの発展に従って、いつでもどこにいてもいろいろな情報が手に入るようになったため、日本市場の状況を把握した中国企業が大規模に日本に突入した。例えば、中国大手IT会社のテンセントと網易のスマホゲーム「荒野行動」と「Identity V」が日本でも大きな話題になって、大人気を得たうえ、ゲームの日本大会まで行われた。中国も文化浸透ができるようになったのは、何だか不思議な気がする。

　日本人はあまり中国人を好きではないと思った。しかし、随分前に読んだ日本人の短文の中に、以下のような内容があった。

　「日本へ旅行する中国人が年々増えてきたが、観光客の不文明行為のせいで、大部分の日本人に嫌われている」。その下に続けて「だが、その不文明行為をするのはいつも中高年層の人で、若者たちはあまりしなかった。今後は日本だけではなく、他の国に行く中国の若者も増えて行こう。彼らは自分の目で外国の文化と習慣を見つけた時には、必ず自分の家族や友達に伝えるだろう。その過程は長いかもしれないが、もう少し彼らを待ってください」というコメントがあった。正直に言うと、このコメントを読んだ時は本当に感動させられた。不文明行為がまだ多く存在していることは、自分も分かっているが、そう考えてくれる外国人がいるのを初めて知った。だから、外国の精神文化を伝えることをもっと大切にしたいと思う。

　そこで、今全世界で流行しているショートビデオで情報を伝える方法を活用すれば、きっと役に立つと思う。若者たちがいつも使っているインスタグ

ラム、ツイッターでは、10秒から5分間までの短い動画が多い。短すぎるため、見るのに時間もあまりかからない。その需要に応じるために、中国では「TikTok」というアプリが生まれた。みんなが自分の想像性を発揮し、なるべく短い動画の中に多くの素材を入れて、BGMと動画効果を入れれば、動画は完成だ。例えば、自分の一日を記録するビデオを作りたい時は、まず朝から晩までいろいろなビデオを撮って、最後にそれらの素材を編集して、3分から5分間ぐらいの動画にまとめる。

　「TikTok」みたいな全世界に通用するアプリを媒介とし、各国のすばらしさを面白く、短い形式で表す事が出来れば、誰でも受け入れるはずと思う。中日間の若者は、まず相手国のことをもっと理解し、良さを発見し、両国の関係を進めさせるために頑張るべきだ。思想が固定されている年配者と違って、若者はいつも新しいものを吸収し、理解するのが速い。中日間のこれからの友好を深化するためには、若者の方から努力をしていくのがとても大事だと思う。

　もちろん、それは一日、一週間だけでできることではない。中国と日本はまだ成長しつつある。長い目でこれからの中日関係を深化させていくことに期待しよう。

参考資料

小野ほりでい「食べる？ 食べない？ 飲み会でなぜか残る〈一口分の料理〉の扱いは」 http://r.gnavi.co.jp/g-interview/entry/g-mag/001710 （閲覧日2017年1月6日）

ascenouさん「日本人が『一個残し』をする本当の理由！」 https://matome.naver.jp/odai/2136168255980904601（閲覧日2013年02月24日）

forReal編集部「みんな遠慮しすぎ!?『最後の1個』が残ったら、あなたはどうする？」 https://for-real.jp/archives/5065 （閲覧日2018年6月10日）

「遠慮のかたまり 方言の意味！ 他の言い方もあるの？ のこってたら食べる？」 https://be-in-fullbloom.com/3431.html

kis********さん「最後に少しだけ食べ物を残す事を『関東一個残し』って言いますか？」 https://detail.chiebukuro.yahoo.co.jp/qa/question_detail/q1019684195?__ysp=5LiA5YCL5q6L44GX（閲覧日2008年10月6日）

「『関東一つ残し』『遠慮のかたまり』とは？一つ残しの罪とは何？」 https://shimatour.com/%E7%94%9F%E6%B4%BB/post-316（閲覧日2016年11月21日）

武田泰淳の「侠女」世界

～『十三妹』論～

上海外国語大学日本文化経済学院
日本近現代文学研究科
博士課程後期 2018 年 6 月卒業

周晨曦

はじめに

　武田泰淳は、中国文学についての研究や日中文化交流の仕事に携わったほか、中国での従軍や上海での敗戦を体験したため、中国と深い因縁を持つ戦後派作家として知られている。しかも、短編「聖女侠女」(『思潮』1948 年 6 月)、「女地主」(『中央公論』1951 年 9 月)、長編『十三妹』(『朝日新聞』1965 年 7 月)、『秋風秋雨愁を殺す——秋瑾女士伝』(『展望』1967 年 4 − 9 月)など、数多くの作品に強気な女キャラクターが出てくる。武田泰淳は中国の「侠女」にとりわけ強い関心を示しているのだ。中でも『十三妹』は最も興味深い作品である。

　『十三妹』は「中国忍者伝　十三妹」という題で、東京オリンピックの翌年、1965 年 7 月 12 日から同年 12 月 28 日まで、朝日新聞紙上に連載された小説を単行本にまとめたものである。武田泰淳は『十三妹』連載予告(「次の夕刊小説」、『朝日新聞夕刊』1965 年 7 月 6 日)に、「作者の言葉」として次のように書いている。

　　中国式の講談。難しい理屈ぬきで、わかりやすい読み物。それが、ねらいである。日本人に親しまれた「水滸伝」「三国志」のほかに、中国には長編が多い。「児女英雄伝」「三俠五義」「儒林外史」その他、利用できる古典のエキスは何でも好き勝手に使わせてもらって、自由に合成酒を作り出したい。

　この予告からみると、『十三妹』には、武田泰淳が多くの日本人読者に、中国の古典小説に親しんで欲しいとする期待が表れている。さらに、連載予

告の前月に出版された『中国の八大小説——中国近世小説の世界——』（大阪市立中国文学研究室編，平凡社，1965年6月）に収録された、武田による「序」の次の一節にもこんな言葉が書ある。

　　つまるところ、我らは魯迅『中国小説史略』のあの重々しく充実した宝庫へ、心をむなしくて立ち戻らなければなるまいし、魯迅じきじきの愛弟子、増田渉先生がその一歩を踏み出されたにもかかわらず、中国長編の雄大と豊富を世に伝える努力において、はなはだしく停滞してしまった後輩我らの怠慢を反省せざるを得ない。（中略）愛すべき林黛玉や藩金蓮が、いまだにジュリエットやデスデモナの如く、われらに近きものとなりえていない責任はどこにあるのか。難問は一つも解決されていないのである。日暮れて道遠しといえども、中国奇書研究家の苦難と歓喜はこれからはじまると申さねばなるまい。

　上記の引用文から、武田泰淳の中国文学研究家としての責任感、あるいは使命感がしみじみと感じられる。実は、武田は戦後派作家に転身する前に、中国文学の研究家としてよく知られていた。東京帝国大学の時期（1930年代）、先輩の竹内好といっしょに、中国文学の研究と日中文化交流を目的とした「中国文学研究会」を設立した。それ以来ずっと中国文学の研究や日本への紹介に従事し、中国文学研究家と戦後派作家との二重の身分を背負っていた。『十三妹』は、その二重の身分を自覚した上に書かれた作品だと言えるだろう。
　『十三妹』が誕生して以来、その価値は「中国文学に関して発表した恐らく最初の、また彼（武田）自身かなりの意欲的情熱を示したと思われるものであり、今後清末小説を研究するばあい、現在でもお貴重な示唆を含む」（飯田，1964）、「日本人によって書かれた中国武俠小説の先駆」（田中，2002）、「日本人によって書かれた中国三大古典のパスティーシュ的リライト作品」（小嶋，2002）だと、文学研究家に認められている。
　実際、連載小説『十三妹』の掲載紙である『朝日新聞』の紙面を概観するだけでも分かるように、ベトナム戦争はもとより、アジア・アフリカ会議などで、1965年の中国は世界の注目を集めていた時期である。このような時代背景のもとで、武田泰淳の中国への関心は、「従来にも増して傾斜していった」（兵藤，1978）。さらに、1965年とは日中国交回復の7年前にあたる年で、長年中国文学を日本に紹介することに専念し、「中国」と「日本」を繋

げることに取り組んでいた武田泰淳の思いも『十三妹』に書き綴られた。

　したがって、本稿では『十三妹』についての研究を通して、武田泰淳はなぜ長年にわたって作品に「俠女」を書き続けたのか、中国の古典文学を日本に紹介するためにどのような工夫をしたのか、それは今の日中交流にどのような啓発をもたらすのか、などを考察する。

一、中国古典文学に取材した『十三妹』

　『十三妹』における最大の作家の工夫は、三部の中国古典文学に取材したところにある。単行本「あとがき」で、武田泰淳は次のように述べている。

　　日本人が中国の古典をリライトした例は何百何千もあるが、三つ同時にという例は他に見当たらない。その三つとは『三俠五義』、『児女英雄伝』、『儒林外史』である。

　　十三妹は『児女英雄伝』のヒロインであり、白玉堂は『三俠五義』の人気男であって、共に歴史上の実在人物ではない。小説や講談や芝居の中で自由に生きている空想の産物ではあるが、彼女と彼が同じ舞台で結びついたことは、今まで一回もない。私はあえて、この男女を接触させ、組み合わせてやった。（中略）日本の読者にとっては、十三妹も白玉堂もほとんど名を知られていないので、私は今回の冒険も、ごく平凡なストーリーのなりゆきと考えられたのであろうが、私にとってはかなりひやひやする企てであった。

　　まあ気楽に考えれば、シェイクスピアのジュリエット嬢とセルバンテスのドン・キホーテ老騎士を勝手気ままに結び付けたところで、べつだん罪にはならないという下ごころからであった。（下線は筆者による）[1]

　この「あとがき」から、いくつかのポイントが読み取れる。まず、『十三妹』は三つの中国古典を原典としたもので、「今まで一回もない」かなり難度の高いリライト作品である。なぜあえてそんな「冒険」をしたかというと、前も引用したように、武田泰淳には「中国長編の雄大と豊富を世に伝える」使命を自覚しているからである。たぶん一部の原典ではその雄大さと豊富さを伝えきれないと思っていただろう。また、女主人公の「十三妹」と男主人公の「白玉堂」が、日本人によく知られていて愛されてもいる「ジュリエット」と「ドン・キホーテ」のような人物になるようにと、武田泰淳の期待が

見られた。

　しかし、武田泰淳の述べたとおり、「日本の読者にとっては、十三妹も白玉堂もほとんど名を知られていない」、どうやって「ジュリエット」や「ドン・キホーテ」のような日本人読者の心が掴める人物を作り上げるのか、いかに中国古典世界から離れた現代に生きている日本人読者の目を惹きつけるのか、などの問題を解決するためには、工夫や苦心をしなければならなかったのである。

　では、具体的に武田泰淳はどうやって中国古典と日本人読者との距離を縮めさせたかを分析してみよう。

二、『十三妹』を日本人読者に親しませるための工夫

2-1　中国の「侠女」を日本の「忍者」に結びつけること

　『十三妹』連載時のタイトルには、角書きのようにして「中国忍者伝」が掲げられていた。つまり、武田は「侠女」と「忍者」を結び付けた。その理由について、兵藤正之助は、「昭和40年、折からの忍者ブーム（村山知義の「忍びの者」昭和37に端を発した）にことよせ、中国にもかかほどに面白い物語がござりますぞ、といわんばかりに、かの地の『児女英雄伝』の十三妹を忍者に仕立て上げ、文字通り手に汗にぎるストーリーにしたのが、『十三妹』』である」と述べている（兵藤，1978）。

　それを裏付けるかのように、武田泰淳は「ちかごろ我が日本でも、忍者研究がすこぶる発達して、ほとんど世界的レベルに到達し、むしろ輸出して差し支えない段階に入っている。」（「その後の話」）などと作品で記している。いわば、武田泰淳は日本の忍者ブームを利用し、中国の「侠女」に「忍者」という装いを施したのは、もともと中国古典を知らなかった日本読者の目を引き付けるためである。このタイトルに隠れている武田泰淳の用心深さにより、彼の中国古典文学を日本に輸入しようとする努力が垣間見える。

　タイトルだけではなく、『十三妹』の冒頭では「『英雄』、『勇士』、『侠客』など、いろいろ好みの名で呼ばれているが、中国では『忍者』という単語だけは、ほとんど使われていない」と述べながらも、「私のこれから語ろうとするのは、もう少し気楽な三百年ほど昔の中国忍者伝にすぎない」と、中国の「武侠世界」を「忍者伝」に言い換えた。また、作品において女主人公の「十三妹」のことを何度も「女忍者」と呼んだ。したがって、日本人読者に親しみを感じさせるために、武田泰淳は中国の「侠女」を日本の「忍者」に

結び付けたと考えられる。

2-2 「講談」という文体を使うこと

　中国清末に書かれた武侠小説は、「講談」という文体で書かれたものが多い。その特徴は講釈師という語り手を作り上げ、その人の口調（いわゆる「講談調」）で物語を読者に伝えることにある。「講談」の長所について、中国の有名な文学研究家、いわゆる中国の白話小説を提唱した名人——胡適がこう評価した。「生き生きした、垢抜けのしている、軽快で、ユーモラスな言い回しの面白さにある。（中略）その面白さは、居ながらにして一般の読者を楽しませてしまう」（胡，2003）。

　実は『十三妹』を構成した三つの原典は、全て「講談本」である。武田泰淳は三つの原典から人物や背景を借りただけではなく、その「講談」の特徴も継承して『十三妹』を書いた。作中に「私」という語り手がいて、読者に中国の「女忍者」である「十三妹」をめぐる物語を語るという形でストーリーが進んでいく。作中にもそれについての説明がある。

　　さて、ここで読者諸君に御説明申し上げねばならないのは、「三俠五義」という中国の講談本の三十三回では、このあと、安金両名が豪勢な夕食を食べ終わるくだりが、前日の宿での大さわぎと一字一句のちがいなく、繰り返し語られていることである。（中略）講釈師から聞かされるところに妙味があるのは、日本の講談、落語、人情ばなしでも、よく応用されている。

　以上の引用文に示されているように、講談調で書かれた長所は、日本人読者に中国の古典に関する情報をあらためて説明することができるところにある。それが武田泰淳の巧みな工夫であるのは言うまでもない。なぜなら、現代の日本人読者にとって中国の古典小説に馴染みにくい点がある。それは中国の古典文化特有の言葉がわからないことである。

　例えば、「科挙」、「鏢局」などの言葉の意味は、中国の古典文化を全く知らない日本人にとって実に難しい。しかし、それらを省略したら、中国古典の魅力が日本人に伝わらない。武田泰淳は日本人読者と同時代に生きている講釈師——「私」（時には「筆者」と名乗る）に、中国古典に属している独特の言葉の意味を読者に説明する役割を担わせた。例えば、「科挙」を「国家試験」とし、その制度や難しさなどについても読者に紹介した。また、

「鏢局」を「運送業の自衛組織」とし、それを説明するために、日本の交通事情にたとえた。

　　日本交通、日本通運、ことによったら日本航空をもひっくるめたような、輸送の大動脈は、絶えず悪漢どもにねらわれていて、旅客と貨物は常に盗難に脅かされ、長い複雑なルートは陸路も水路も安全を保証してくれる者がいなかった。

このように、講釈師が作中に顔を出し、読者に語り掛けたり、説明を加えたりするやり方で、現代の日本人読者と古代中国の小説の世界との距離を縮め、『十三妹』が日本人にとってもわかりやすい小説になるように工夫した。講釈師の「私」は、異なる国、また異なる時代に生きている中国古典における登場人物と、日本人読者を繋げる「かけ橋」のような存在である。
　それだけではなく、胡適の述べた評価のように、「講談調」には「生き生きした、垢抜けのしている、軽快で、ユーモラスな言い回しの面白さ」がある。例えば、以下のような語り方がよく作中に出てくる。

　　この世界ぜんたいに対して無礼千万な男が、なぜ十三妹に対してだけ、何者かを恐れはばかり、イギリス紳士の如く礼儀正しくしていなければならなかったのか。筆者があえてつまらぬ推測を加えるならば、「彼ハ彼ノ理想ガケガサレルコトヲ恐レタ」のであろう。

この語り方は少し皮肉な口調で、男の「十三妹」に対する心細さを生き生きと表現している。「イギリス紳士」にたとえるとか、「彼ハ彼ノ理想ガケガサレルコトヲ恐レタ」という文を片仮名で書くとか、エンターテイメントの作品として、面白さが染み出ていて、読者を楽しませる効果をあげている。
　また、『十三妹』は最初、新聞に連載されていた長編なので、「講談」という文体は読者との交流という役目も果たしている。一つの例を挙げてみる。

　　河に投げ込まれた安公子と金少年の、運命はどうなったのか。そのほうも気がかりではあるけれども「肝心の十三妹は、どこで何をしているのか」という催促と注文が読者から再三なので、その方へ話を移さなければならない。

　この言葉からみると、当時の新聞の連載小説における作家と読者との交流が見られる。それは、まさに語り手の講釈師が聞き手の読者に物語を伝えるという講談本の特徴に合っている。一方的に伝えるのではなく、読者からの「催促」、「注文」などの声もちゃんと受け入れ、それに応えるような姿勢を取っている。そうすることで、読者の心をしっかりと捕まえることができる。

　以上の分析からすると、「講談」という文体は次のいくつかの機能を果たしている。①中国古典小説の醍醐味を読者に味わせる。②中国の古典に属する専門用語や、独特な文化などを日本人講釈師の口調でわかりやすく説明し、中国の古典小説と現代に生きている日本人読者との距離を縮める。③作品に面白さを与え、読者を楽しませる。④連載小説の特徴と相まって、読者と交流し、親近感を抱かせる。これらの機能は全て、武田泰淳が日本人読者を中国の古典小説の世界に導く工夫だと考えられる。

2-3「十三妹」についてのリライト

　「十三妹」は中国の清の時代の小説家——文康の作品『児女英雄伝』から借りてきた人物である。文康という著者は「満州旗人」で、いわゆる清王朝の支配側に属する人間なので、儒家道徳・倫理を重視している。その価値観にしたがう「十三妹」の人物像は、儒家の道徳に縛られた「侠女」である。例えば、『児女英雄伝』における十三妹は、小説の前半と後半との性格が急変したように書かれた。前半の十三妹は父親を殺した敵に復讐するため、「侠女」として武侠の世界の輝く人物であるが、復讐を遂げた後、安公子という御曹司の嫁になり、安公子が中国古代の「科挙」（官僚になるための国家試験）に合格するように、夫を支える一心で家に戻り、良妻賢母に転身した。

　この点は、よく『児女英雄伝』研究家に指摘されている。中国の有名な文学評論家である胡適も、魯迅も、「侠女」としての十三妹が、結婚を経て「堕落」してしまったことについて不満を表明している。また、清の時代においては、女性が「纏足」（足の長さを10cm以内に抑えるよう女性の足を布で縛ることを指す）され、「三寸金蓮」（10cm足らずの小さな足を蓮の花にたとえ賞賛した）と呼ばれる足が当時の男性に愛でられた。したがって、その時代に生きていた中国人女性はみな、「三寸金蓮」であった。よって、『児女英雄伝』の侠女である十三妹までも、そのような怪奇的な審美観に従わなければならない。文康は『児女英雄伝』において十三妹の美しさをアピールしようとするとき、わざと十三妹の「三寸金蓮」を賞賛して描写することがある。

　実際、「三寸金蓮」を持つ女性は、行動するにも不便であり、家を出ることすら難しく、「侠女」になれるわけがない。原典の心身とも縛られた十三妹は、武田泰淳の理想的な「侠女」と少し距離がある。武田自身も『十三妹』の「あとがき」にこの二点に対する不満を書いた。

　　安公子のような青年が、十三妹のごとき女傑と結婚して、これで「めでたし、めでたし」で終わるという「児女英雄伝」の作者の予想が、私にはすこぶる不満であった。彼女はたしかに、弱き夫にとって、絶対安全を保証してくれるかけがえのない良妻ではあるけれども、同時に、だからこそ容易に底を見せない不可解な危険人物なのである。
　　（中略）
　　「児女英雄伝」の十三妹の足は、纏足となっているが、私のイメージの中の彼女はどうしても天足（つまり自然のままの形の足）でなければならなかった。

　したがって、武田泰淳は自己流の十三妹を書いた。まず、武田泰淳は安公子と結婚した後の話から『十三妹』を書き始めた。原典では結婚後、完全に夫を支える役を務めた良妻になる十三妹は、武田泰淳の描写によって、良妻のイメージを保ちながら、裏で侠女として、弱い者を助け、悪人を裁くことに専念している。いわば、武田泰淳の十三妹は、結婚後も「侠女」の侠義精神を貫いた。そのような侠女は武田泰淳の求めている人物像に一致した。
　また、作中では十三妹の天足を強調し、自由自在の侠女というイメージを作り上げた。従来の原典『児女英雄伝』を研究した中国の文学研究者たちは、「十三妹」の「纏足」についての批判は少なかった。なぜなら、中国古典文学において「纏足」は美人の象徴として描かれることが多く、中国研究者にとっては見慣れた表現だからである。それがゆえに、侠女の十三妹までも「纏足」に縛られるのは理不尽なことだと気づかなかった。「纏足」文化のない日本人からみると、「纏足」の侠女は確かに不自然だとしか思えないのだろう。十三妹を「纏足」から解放させたのは、日本人作者である武田泰淳の独特な視点からのリライトだと考えられ、日本人読者にとっての違和感も解消できる。
　ほかに、十三妹を作品の絶対的な中心に置くのも、武田泰淳の重要な再創作である。先にも論じたように、『児女英雄伝』の後半、十三妹は安公子と結婚し、平凡な良妻賢母になった。その十三妹は男尊女卑という古代中国の

社会ルールに従い、夫や義父より下の地位に位置付けられた。そのような書き方も十三妹の侠女としての一面を損なった。それもまた武田泰淳の求めている侠女像と違ったので、『十三妹』における十三妹は、夫や義父と平等の立場に立つ女性として描かれるだけでなく、作品全体の中心となった。

　作中、何度も十三妹の特別さ、重要さが強調されている。例えば、十三妹は政府役員の「包公」と対立しているとき、「包公」はこんなことを言った。「あなたは決してそのような単純な烈婦、貞女であるはずがないのじゃ。そのような平凡な『女』や『妻』や『母』であり得ない」。安公子は独りで都へ国家試験に赴くときも、よく周りの人から「女どもの十三妹崇拝がますます盛んになる」とか、「このあたりの住民のあいだでは、（十三妹は）まるで魔女か仙人か、鬼か精霊、願い事をかなえてくれる象徴的、神秘的存在」とかの十三妹に関する伝説を聞いた。安公子と十三妹の家が盗人に侵入されたときも、十三妹は三人の盗人を捕まえ、一人の首を切り落とした。安公子は十三妹の行動に身の危険を感じ、毎夜、自分が殺されるかもしれないと心配で眠れないという描写もある。それらの描写は、十三妹の侠女としての絶対的な地位を固めた。

　要するに、結婚後も侠女としての一面を保ち続けること、十三妹の「纏足」を「天足」に書き換えること、十三妹を作品の中心に置くこと、などのリライトによって、武田泰淳は理想的な侠女像を作り、日本人読者に完璧で偽りのない侠女を見せようとしている。

　最後に、十三妹を日本人読者に親しみを感じさせるために、武田泰淳はある道具を巧みに使った。原典に十三妹は常に「雁翎倭刀」という刀を身に着けている。十三妹は仲間を救い、敵を倒すときには、よくその「雁翎倭刀」を使った。「雁翎倭刀」とは、従来の中国の「雁翎刀」と、明の時代に日本から伝わってきた「倭刀」が融合したものであり、その特徴は小さくて持ちやすいところにある。まさに、「侠女」の十三妹と相性のいい武器である。

　しかし、原典の「雁翎倭刀」についての描写は、日本との関係をひとつも提示していない。名前だけは「倭刀」を使ったが、実は中国製の刀と認められており、日本とは縁遠いものであろう。しかし、日本人作家の武田泰淳は「倭刀」に注意を払った。武田は「雁翎」を抜いて「倭刀」を「日本刀」に変えた。『十三妹』には、十三妹の愛用している刀は「日本刀」という名で書かれ、以下のような描写もある。

　彼女の愛用しているのは、長刀も短刀も日本製で、切れ味が中国農村の鍛治屋のいい加減なシロモノとは、くらべものにならない逸品であった。

　この描写から、十三妹の愛刀は日本製の日本刀だと強調する目的が明らかであり、一気に十三妹と日本人読者との距離を縮めた。以上の分析をまとめてみると、作品全体の文体や構造から十三妹の天足、愛刀などの細かい所まで、武田泰淳は中国の古典文学に生きている俠女を日本現代社会に移植し、日本人に好ませるようにと、いろいろな工夫を凝らした。前節に述べた中国文学研究家としての使命感や責任感以外にも、武田泰淳が一生をかけて理想的な「俠女」を書きまくった理由は、まだいくつかある。

三、武田泰淳が理想的な「俠女」を作りあげた理由

3-1　中国への愛を表す

　1960年代に書かれた『十三妹』は、武田泰淳の個人的体験と大きな関係がある。武田泰淳は、1960年代に日本人作家の代表として三度も中国を訪問したことがある。長年中国のことを気にかけ、中国文学を研究していたほか、1937〜39年の中国の戦場における従軍体験、1945年に上海で日本の敗戦に直面した体験に加え、1960年代に再度中国を訪問したことは、晩年の武田にとって重要なことであった。つまり、武田は「中国」を大きな存在として認識している。

　60年代のベトナム戦争でアメリカに反感を抱いたため、日本人は再び目を中国に向けた。武田泰淳はその世相に乗り、日本に中国ブームを引き起こそうとしたかのように、中国関係のエッセイ集『我が中国抄』（普通社，1963年）、竹内実との共著『毛沢東――その詩と人生』（文芸春秋新社，1965年）、評論集『揚子江のほとり――中国とその人間学――』（芳賀書店，1967年）など、数多くの中国に関する本を書いた。『揚子江のほとり――中国とその人間学――』の「あとがき」に次の言葉がある。

　思えば私は、戦争中の二回の体験を加えれば、これで五たび揚子江のほとりにただずんだわけである。わたしにとっては「揚子江のほとり」とは「中国のほとり」にほかならない。私は、絶えず中国のほとりにたたずんでいただけで決してそのなかに溶け込みも沈み込みもしなかった。そのようなことができるはずはなかった。日本国内にあっても、長江の流れは、

絶えず音たてて、私の耳を騒がせた。そのような息苦しい、しかし、なつかしい水音のささやきから、私は逃れることができなかった。

この言葉から、武田泰淳はどれほど中国のことを愛していたかが感じられる。そのような愛があるからこそ、武田泰淳は晩年中国に関する長編小説を三部連続で書いた。『十三妹』はその始まりなのである。おもしろいことに、それらは全て中国の「侠女」を中心人物とした作品である。武田泰淳は「侠女」を書き続けることにより、中国への愛を表したともいえる。言い換えれば、「侠女」は「中国」を象徴している。

武田泰淳は「侠女」にこだわる理由の一つは、「侠女」が中国文化に生まれた独特な女性像だからである。もう一つの理由は、「侠女」が中国において力強い典型的な女性像として定着していたので、このような女性像を借りて、武田泰淳なりの理想的な女性像を作ろうとした。

3-2　理想的な女性像を求める

武田泰淳がどのような女性像を求めているかという問題について1964年2月に発表した「私の書きたい女」から答えが見つけられる。

とにかく、「書きたい女は？」とたずねられて、<u>シェークスピア劇の女性群に想いをはせるのは、よろしいことであろう。根源的なるものは、永久に新鮮である。</u>テレビの画面や新聞記事などで消えてはあらわれ、出てはひっこむ、あいまいな女性像を相手にするよりは、世界各国で何百回となく上演され、解釈されつくしているシェークスピア的女性タイプを手がかりにした方が、まちがいあるまい。<u>第一、後世に残すとなれば、どうしたって象徴の重みがなければぐあいがわるい。</u>消えない女性像をはかなく消え行く身で捕えとどめるとなれば、そうとうの覚悟と戦術が必要になる。[4]

この説から、武田泰淳の理想的な女性像は「根源的なもので、永久に新鮮」であり、且つ「世界各国で何百回となく上演され」ても消えることなく、「象徴の重み」を持っているタイプなのである。「十三妹」は『児女英雄伝』によって登場して以来、何度も映画やドラマなどによって、繰り返し解釈されている人物である。中国古典世界の「侠女」といえば、必ずその名が挙げられるくらい、「十三妹」という代表的な女性像としての重みはいうまでもない。前に引用された『十三妹』の「あとがき」に、武田泰淳は直接「十三

妹」を「ジュリエット」にたとえたことから、「十三妹」をシェークスピア劇における女性群と匹敵できる女性として作ろうという目的が見られる。それに、「十三妹」が「ジュリエット」と同じように日本人に愛されることを期待している。

　最終目的として、「中国」の象徴である「侠女」を日本人に紹介することによって、中国を再び日本人に認識させようとしている。「侠女」とは、「中国」と「理想的な女性像」という二つの面を兼ね備えている結合体なのである。武田泰淳が繰り返して「侠女」を書いたのは、「中国」というイメージを何度も作品で強調することにより、現代の日本人の中国への関心を呼び起こすためであったろう。

終わりに

　本稿では武田泰淳の『十三妹』という中国古典文学を原典とした長編小説を分析してみた。原典『児女英雄伝』における十三妹像との比較を通して、武田泰淳の作った「十三妹」像は、纏足や良妻賢母というイメージから解放され、徹底的な「侠女」になった。それは武田泰淳自身が、自由自在に生きる「侠女」という理想的な女性像を求めるがゆえである。

　また、中国古典文学を日本人読者に紹介し、ひいては愛させるため、武田泰淳はいろいろな工夫を凝らした。タイトルの角書きから、作中で「十三妹」を「女忍者」とするなど、当時の忍者ブームに乗って、十三妹を日本人に受け入れやすいように加工した。また、「講談」という文体で『十三妹』を書いたことも、日本人読者に中国古典の様々な事情を分かりやすく説明するためである。それに加え、「十三妹」の愛刀をわざわざ「日本刀」と改名し、日本人読者に親しみを感じさせるように工夫した。それらのリライトにより、「十三妹」は原典の女性像は、より現代社会に適す「侠女」に変わった。

　なぜ武田泰淳は力を惜しまずに「侠女」を書き続けたのだろうか。まず中国文学研究家として、中国古典文学を日本に紹介するという責任や使命を背負っていたからである。そして、60年代の国際情勢からみると、ちょうど当時の中国が世界の注目を集めていたので、中国のことを日本に紹介するいい時期でもあった。また、もとより中国のことを愛していた武田泰淳は、60年代に3度も中国を訪問したことがあり、年を重ねた武田泰淳は「侠女」に関する長編小説を書くことによって、中国への愛を表現した。

　最後に、繰り返して「侠女」を書くということは、絶えず象徴の重みを持つ女性像を作ることを意味している。いうまでもなく、「侠女」は「中国」を象徴している。武田泰淳が「ジュリエット」のように「十三妹」を書いたのは、中国の「侠女」もシェークスピア劇の女性群のように日本人に好かれると期待したわけである。それは、もう一度中国に目を向けようという武田泰淳の叫びでもある。

　日中交流の歴史において、武田泰淳のような中国文学を研究しながら、中国のことを日本に紹介しようとする作家の努力を見逃せない。いかに中国のことを日本人に理解させるか、武田泰淳は様々な面で力を尽くした。

　中国古典に属する「侠女」をめぐるリライトは、現在の日中交流に携わっている人々にいくつかのヒントを与えてくれただろう。ある独特な物事を自国に輸入しようとするときは、その国を代表する、象徴性のあるものを選び、それを丸ごと紹介するのではなく、時代の特徴、現代人の好みに合わす必要があるだろう。日中は異なる文化を持っているので、分かりやすく説明すること、相手に親しみを感じさせることなども考えに入れなければならない。そして、それらは簡単な作業ではない。武田泰淳も生涯、日中交流の事業に身をささげていた。「侠女」シリーズに表現されている侠女像は、その成果にほかならない。武田泰淳のような責任感、使命感を自覚した作家、あるいは学者がいるからこそ、両国はお互いをより分かるようになったと言える。

　今後の課題として、武田泰淳が書いた「侠女」シリーズの各作品における侠女像を分析し、それらの侠女像はどのような特徴を持つのか、それぞれの作品において何を意味したのか、また、作家のどのような狙いを反映したものなのかを研究したい。それにより、武田泰淳の作り上げた「侠女世界」を具現化し、この作家の中国への愛、中国のことを日本に紹介しようとする努力などを明らかにしたいと思う。また、武田泰淳のやり方から学びに値するところを掬い出し、今日の日中交流に、些かなりとも力になれるよう務めていきたい。

参考文献

武田泰淳『十三妹』『増補・武田泰淳全集』第九巻、筑摩書房、1976年
武田泰淳『揚子江のほとり——中国とその人間学』芳賀書店、1971年
武田泰淳『わが中国抄』普通社、1963年
武田泰淳『毛沢東——その詩と人生』文芸春秋新社、1965年
武田泰淳『黄河海に入りて流れる——中国・中国人・中国文学——』勁草書房、1970年
兵藤正之助『武田泰淳論—昭和史に閃鑠する作家』冬樹社、1978年
松原新一『武田泰淳論』審美社、1970年
粟津則雄『主題と構造—武田泰淳と戦後文学』集英社、1977年

渡辺一民『武田泰淳と竹内好——近代日本にとっての中国』みすず書房、2010年

飯田吉郎「清末小説の読み方——武田泰淳のばあい——」『大安』第10巻第6号、1964年

大阪市立中国文学研究室編『中国の八大小説——中国近世小説の世界——』平凡社、1965年

小嶋知善「武田泰淳『十三妹』論——企図と背景——」『目白大学短期大学部研究紀要』(39)、
　　2002年

田中芳樹「解説」『十三妹』中央公論新社、2002年

川西政明『泰淳論—遥かなる美の国』福武書店、1987年

川西政明『武田泰淳伝』講談社、2005年

魯迅『中国小説史略』上海書店出版社、2015年

郭偉「武田泰淳と胡適——『十三妹』を中心に——」『立命館言語文化研究』第16巻第3号、
　　2005年

高洪興『纏足史』上海文芸出版、2007年

馮延燕「『児女英雄伝』中十三妹形象研究」中南大学修士論文、2009年

1　本稿のテキスト引用は全て『増補・武田泰淳全集』第九巻（筑摩書房，1976年）による。

2　川西政明の整理した「武田泰淳年譜」によると、一回目の訪問は1961年11月18日から12月14日まで。中国対外文化協会が招いた日本文学代表団の一員として椎名麟三、中村光夫、堀田善衛とともに香港、北京、重慶、上海などの都市を訪問した。二回目は1964年3月8日から26日まで。中国作家協会、中国対外文化協会の招きで大岡昇平、亀井勝一郎、由起しげ子とともに香港、深圳、杭州などの都市を訪問した。三回目は1967年4月13日から5月7日まで中国作家委協会の招きで杉森久英、尾崎秀樹、永井路子とともに、香港、深圳、杭州などの都市を訪問した。(川西政明『武田泰淳伝』講談社，2005年)

3　他の二部は『秋風秋雨人を愁殺す——秋瑾女士伝——』(筑摩書房，1967年)、『異族の美姫たち』(『別冊文芸春秋』に連載、1967年)。

4　武田泰淳「私の書きたい女」『増補・武田泰淳全集』第十巻、筑摩書房、p.287

中国都市ゴミ処理の課題

～日本のゴミ分別に何を学ぶか～

南京大学外国語学院日本語比較文学研究科
博士課程前期2年

韓亦男

はじめに

　ゴミ分別は、経済を持続的に発展させる上で肝心な位置を占めており、土地資源の無駄遣いを減らすと同時に、環境汚染問題をも解決しなければならない。世界各国のゴミ分別の歴史を概観すると、とりわけ日本は自国資源の特徴を踏まえた上で、長年にわたる実践により、国民をはじめとする社会各界から全面的なゴミ分別における協力体制を築き上げてきた。

　しかし、そのような日本もかつては無数の公害問題を引き起こした工業大国としてよく知られている。様々な記事で、過度な消費により都市部の生活環境に極めて深刻な問題をもたらしたと取り上げられた。21世紀に入ると、日本は資源再生を中心としたゴミ分別法に目を向けるようになり、受動的なゴミ処分階段から国民をはじめとする社会各層が積極的にゴミの分別と収集に加わることを実現し、ゴミの排出量を減らし、ゴミの循環利用を促した。

　日本は効率良くゴミを処分できただけでなく、循環型経済の発展を促進し、国民の積極性を高め、すべての人に環境保護と資源再生に対する責任感を持たせた。全国民総動員の元に、コミュニティ、民間組織、企業などといった複数の構造を持つ、多主体的共同ガバナンスのゴミ管理システムを作り出した。

　それに対して中国のゴミ分別の歴史は短い。1957年に北京市が先頭を切り、都市生活ゴミ分別の構想を打ち出し、「倹省節約、重複利用」というスローガンの下に、大雑把に回収できるゴミとできないゴミに分けた。当時は社会物質が極めて不足していたため、国主導の商業組合がゴミを回収する時に住民に一定の金額を支払った。

　住民のゴミ収集への参加意欲はそれなりに高かったが、市場経済の発展につれて、ゴミ収集を手がける人が最初の商業組合から、利益の最大化を求める個人に変わっていった。彼らはお金になるゴミだけを集め、不要なものは小規模な工場に売ったり、町中に捨てたりした。このため、都市の周辺にできたゴミの山は次第に大きくなり、市場調節によるゴミ収集体系は崩れ、機能しなくなった。

　だが、改革開放の幕が開けられた後は、中国の都市化が急激に進み、それと同時にゴミによる環境汚染問題に人々が目を向けるようになった。どのような分別基準を設け、いかにゴミ回収作業に関する人件費を節約するか、機能しなくなった旧物質回収網をいかに改めるかが、経済の循環的発展を実現させる上で、多くの中国都市が直面せざるを得ない重大な課題となっている。

　そこで、本論文において筆者はまず、中国都市におけるゴミ処分の実情を述べた後、ゴミ収集状況、国民のゴミ分別への意識、環境政策作成における政府の役割などの面から日本との比較を行い、文化的背景、住民の生活習慣などの文化面を踏まえた上で、日本のゴミ分別システムから役立てる点を見つけ、中国の国情に沿う管理策の構築を試みる。

一、中国の都市ゴミ分別法と直面する問題点

　まず、都市生活から生み出されたゴミには一体どのような種類があるのかを述べたい。都市生活ゴミとは、人間が生活あるいは生産活動で生み出す固体廃棄物のことである。また、リサイクルできるゴミとリサイクルできないゴミの二種類に分けられる。さらに細かく分類すると、リサイクルできないゴミとして生ゴミ、有害ゴミなどが挙げられる。これらは早めに適当な処分を行わないと、細菌に感染する恐れもある。

　有害ゴミは、重金属の成分の高いゴミ、または有害化学成分が大量に含まれたゴミを指している。捨てられた電池、古い家電製品や使用期限の過ぎた薬品などである。ゴミ処分においては、有害ゴミの処置方法を重視すべきであり、環境汚染による人体への危害を避けるために、安全な処理法を講じなければならない。

　現在、わが国では都市生活ゴミの処理法は、概ね埋め立て、堆肥、焼却及び総合利用と四つに分かれている。埋め立て法とはゴミを直接くぼ地に捨てる方式であり、コストが低く、成熟した技術でもある。集中的にゴミを処分できるため、大部分の都市が最優先に実施する方法とされている。一般的に

まず埋め立て場で、分層埋め立てを行う。具体的には、ゴミが処理場に運ばれた後、指定された区域内で薄く平らに敷き、その上に土を覆いかぶせる。微生物による分解でグラデーション状になると同時に、大量の有機物の液体が発生する。

堆肥とは高温状態にして、ゴミに含まれる有機物を分解発酵させ、再利用可能な肥料に仕上げる方法である。このやり方は生ゴミを処分する時によく用いられ、コストが低く、簡単に操作できるなどといった利点があるため、主流のゴミ処理法として各地で導入されている。

そして、焼却法は人間の長い営みの中で考え出されたゴミ処置法で、世界各地に多くの焼却炉が建てられ、都市のゴミ問題を解決する上での主流方法となっている。炉内の高い燃焼温度により、ゴミの中の可燃物は酸素と化学反応を起こし、大量の高温ガスと固体残滓を生み出し、ゴミはまたそれらの気体を吸収し熱量を貯めることで、燃料を使わずに自然燃焼できる。燃焼で発生した熱量は発電に使え、残滓はセメントを作る時の原材料として二次利用できる。また、ゴミに含まれた悪臭は燃焼を通して分解され、大気を汚染することなく処理できる。

ゴミの総合利用は、地域ごとにそれぞれ異なった方法で、ゴミを集中的に処置することを指しており、場所とゴミの性質により、処理法も違うのが特徴的である。ゴミの成分と特徴を分析した上で、現地の経済水準とガバナンス環境に合わせて減量化、専門化を目指して具体策を考える。

「世界において、中国ほど大量固体廃棄物の処置に悩まされている国はかつてない」[2]との記述が、世界銀行が2005年に公表したある報告にあった。また、世銀の予測によると、急速な都市化進展がもたらしたゴミの急増により、処分できないゴミが都市の周辺にたまっており、それはますます深刻になっていくという。今日、中国が直面しているゴミ問題は、主に以下の四点にまとめられる。

第一に、中国の都市生活ゴミの排出量が年々増え、大量の土地資源が占用されたため、都市が汚染とゴミによって包囲されるという問題が日に日に酷くなっている。2014年の我が国の都市生活ゴミの総量は2.2億トンに達しており、生活ゴミの運搬量は1.9億トンであった[3]。それが2020年には、都市ゴミ生産量が3.24億トンに及ぶと予想されている。

現在、全国の660余りの都市のうち、おおよそ440の都市はゴミに囲まれた状態に直面しており、中でも160の都市では埋め立て場として使える土地資源がなくなっている。中国のすべての都市の合計では、ゴミ埋め立てに5

億平方メートルの土地を使ってしまい、処分されないゴミがそのまま川や海に流されている。このような処理法は、環境に多大な危害を及ぼし、水源を汚染し、土壌を破壊するなどの様々な問題を引き起こしている。

第二に、2014年の中国の生活ゴミの処置率は94%、ゴミの無害化処理比率は85%に達している。現在、都市生活のゴミ処理施設は合計721基があり、処理能力は一日当たり47.4トン、無害化処理量は年間1.54億トンである。[4]

ゴミの処分法としては、ゴミ埋め立て場が540基あり、実際の処理能力は年間1.05億トン。ゴミ焼却場の処理能力は年間393トンである。総じていえば、現在中国のゴミ処分法は、埋め立て方式が依然として大きな割合を占めている。だが、ゴミの焼却率も上昇しつつあり、堆肥率は下降している。

第三に、ゴミ汚染問題への政府の関与度が足りない。ゴミによる環境汚染のモニター及び教育、さらには資金と人力投入に注力する必要がある。最近新しく改定された「生活ゴミの焼却に関する汚染規制基準」によれば、ゴミ焼却排出物の排出基準は新たな段階に進み、ヨーロッパの先進国と同一レベルに達したと言える。しかし、法律だけに頼っても、この現状を変えるにはハードルが高いと言わざるを得ない。また、政府の職能には、ゴミの汚染問題に直接対応できる部門がなく、環境保護に関する一連の基準と規則が作られたものの、その執行効果は遥かに低い。

第四に、中国のゴミ処分はまだ混合回収の段階にあり、ゴミ分別の効率は先進国との差が大きい。政府は2000年から、北京、上海、広州、南京、深圳、杭州、アモイ、桂林をゴミ分類収集指定都市とし、日本と似たようなゴミ分別法でゴミ収集作業を展開しているが、目標に達するプロセスは紆余曲折状態にあると言える。

これらの地域で得られた実績は、当初の想定数値を下回り、逆にゴミ分別の実施難易度を高めてしまった。ゴミ分別の実現は、ゴミの二次回収において重大な意義を持っているが、中国ではゴミ発生の量がそもそも多く、しかも住民のゴミ分別への参加意欲が低いため、ゴミ分別システムの構築とゴミ問題の解決への道のりはまだ遠いと思われる。次の章では日中両国の都市生活ゴミの収集状況、国民意識及びモニター制度の比較を行い、その違いを明らかにしていきたい。

二、日中の都市生活ゴミの収集状況について

ゴミ分別は、ゴミの減量化、無害化と資源化を実現するための最も有効な

方法であり、ゴミ分別を行う際に参考になるのは、ゴミの持続的利用価値、ゴミに含まれる有害成分の度合、潜在的リスクなどの面である。ゴミ分別は現在、都市ゴミ問題に取り組む上で不可欠なことであり、重大な役割を果たしている。それゆえ、筆者は次に日中両国のゴミ分別の状況を比較し、分析を行いたい。

　現時点では、中国でのゴミ分別は十分に行われておらず、混合収集方式がゴミ収集の中心になっている。具体的には、まず住民が指定されたゴミ捨て場に持ち運び、それをゴミ収集車で分類処置場に運ぶ。もちろん、この過程においてすべてのゴミは分別されずに混ざったまま運搬され、専門のゴミ収集員による分類・整合の作業も行われていない。市街地に分類回収用のゴミ箱が設けられているものの、回収できるゴミとできないゴミという二種類にしか分けられておらず、かつ多くの住民は正確に分類してゴミを捨てていないのが実情である。

　また中西部の都市では、すべて混合収集の形を取っており、まともなゴミ収集容器すら置いていない都市もある。沿海の先進都市では専門的な設備が置かれていても、実際に使われていないケースが多い。こうした状況の中で、上海市は2019年7月1日から「上海私生活ゴミ管理条例」を施行し、中国国内で初めて「ゴミ分別」に対する罰則を定めた。ゴミの分け方と捨て方は、表1に示した通りである。

表1　上海市生活ゴミの分け方と捨てる方法[5]

分　類	分類定義と捨てる方法
可回収物 （資源ゴミ）	回収して再利用できる生活ゴミ。ゴミ箱に捨てる時はできるだけ清潔に乾燥させて、汚さないようにする。立体包装の場合は中身を取り出して、綺麗にしてから、押しつぶして捨てる。砕けやすい物や、尖った部分は包んでから捨てる。
有害垃圾 （有害ゴミ）	有害ゴミを捨てる際は、強く投げたりしないよう注意する。砕けやすいもの、廃棄品などは包んでから捨てる。スプレー缶などの容器は内容物を空にしてから捨てる。
湿　垃　圾 （生ゴミ）	すぐに腐るゴミ、腐りやすい生の生活ゴミ。生ゴミは発生した時から他のゴミと分別しておく。捨てる前にできるだけ水分を切る。包装がある場合はそれを外してから捨てる。
干　垃　圾 （乾燥ゴミ）	資源ゴミ、有害ゴミ、生ゴミ以外の生活ゴミ。ゴミ箱に捨てる時は周辺環境を清潔に維持するよう注意する。

　条例によると、個人が間違ってゴミを捨ててしまい、さらに是正を拒んだ場合、最高で200元（約3400円）の罰金が課される。もし会社が分別を行わずにゴミを捨てる、あるいは運送した場合、最高で5万元（約85万円）の罰

金が課される。

　一見、詳しく分類されてはいるが、実施に移されるとその煩わしい規則に対し、すぐにネットで賛否両論の声が上がった。例えば、生ゴミを捨てる時に、使用したゴミ袋は乾燥ゴミになる。人々は生ゴミ本体をゴミ箱に捨てた後に、袋を違う箱に捨てなければならない。また、鳥の骨が生ゴミで、豚などの大きい骨は乾燥ゴミであるなど、処理の際に埋めるか、燃やすかによって違う分別方法を取っている。さらに決められた時間にしか出せない点も大変厳しい。例えば、毎日朝7時から9時、午後は6時から8時だけに集積所を開くところが多く、日本のように収集日の前夜に出すことはできない。

　日本はゴミ分別で既に40年の歴史を有している。高度経済成長期に深刻になってきたゴミ問題と公害問題を認識した日本政府は、循環型経済を目指すために詳細なゴミ分別制度を導入し、全国範囲でゴミ分別作業を始めた。各都市は地元の状況を踏まえたゴミ分類基準を設け、地区ごとに専門収集員を配置し、収集作業に取り組んでいる。

　四国の小都市新居浜市を例に見ると、生活ゴミを燃えるゴミ、燃えないゴミ、プラスチック製品、瓶缶、ペットボトル、有害ゴミ、粗大ゴミなどに細かく分類し、ゴミの種類によって異なる処置法を実施している。燃えるゴミと燃えないゴミは、透明あるいは半透明の45L規格のゴミ袋に入れることが定められ、PET標識のついたペットボトルは網の袋で回収し、粗大ゴミは事前にゴミ処理場に予約を入れると、家まで回収にくるシステムとなっている。タバコ箱も、紙箱、プラスチック製のシール、閉じ口の周りにあるアルミ箔という三種類に分け、捨てる時の詳細な参照基準によってゴミを出すことになっている。

　また、ゴミ出しの日付は、新居浜市役所により定められ、市役所は毎年、ゴミ分類の期日が書かれたカレンダーを住民に届ける。カレンダーには、それぞれの種類のゴミ出しの曜日が違う色で表示され、どの日にどの種類のゴミを捨てるべきかを住民に分かってもらえるようにデザインを工夫している。市民が、ゴミ収集日の当日に間に合わない場合は、収集日の前夜に出すことも可能なため、市民に負担をかけることがない。

　このように、日本はゴミ分別において、法律の制定から具体的な実施段階にまで厳格なシステムを築いており、世界でも優れたゴミ処分の成果を収めた国と言える。

三、日中国民のゴミ分別への意識

　中国のゴミ分別作業はまだ初歩的な段階にあるため、民度の高い地域でしか住民はゴミ分別活動に参加していない。また、全国的に住民の環境保護意識が低いため、ゴミ分別指定都市に選ばれた地域でも、積極的にゴミ分別活動に参加する人はあまり見かけない。通常、学校には使い終わった電池の捨て箱が設けられているが、多くの団地にそれは置かれていない。また、コミュニティではゴミ分別の重要性を教育するポスターも滅多に見られず、テレビではゴミ分別を提唱する公共広告が頻繁に放送されているものの、住民に対する環境教育は十分に行き届いていない。

　そこで今回、本格的なゴミ分別を始めた上海市で力を入れているのは教育である。上海市の小中学校では、ゴミ分別に関連する知識を授業にも取り入れ、そして中学校の試験にも出題されている。しかし、大人から見れば、どのゴミをどのように分別すればいいか、罰則があるだけに不安な人も多いようで、SNSなどでは、「わざわざ面倒なことをするために上海に行かないほうがいい」「もう少し移行期間が必要だ」など、分別の煩わしさや罰則の厳しさに戸惑う声が上がっている。

　また、分別方法を面白くわかりやすく伝えるために「生ゴミは豚が食べるもの、燃やすゴミは豚が食べないもの、有害ゴミは豚が食べて死んじゃうもの、資源ゴミはそれを売って豚を買えるもの」というシンプルな基準までもが流行っているそうである。厳しいルールへの対応策として、ゴミ分別用のアプリやサイトが急増し、政府も3万人のボランティアを募集し、ゴミ集積所などで実際に市民のゴミ分別を手伝うようにしている。一部の住宅地ではQRコードスキャン機能や顔認識機能付きのゴミ箱を設置し、ゴミと捨てる人をリンクさせ、守られているかどうか点検もするそうだ。このような厳しいゴミ分別が初めて実施されたため、面白いエピソードも次々と現れている。

　ゴミ箱のそばにボランティアのおばさんが立っていて、親切な声で問いかけてくれる「あんたは何ゴミ」がネットで取り上げられ、ゴミの煩わしさを冗談半分に表すフレーズとしてネットユーザーに親しまれている。また、タピオカを注文する時、食べ残した際にコップを開けてゴミを分別するのが面倒なため、細かく十個に分けて欲しいと言う人がいたという。その他、「ライス少なめのスープなし」などの要望も急増したとデリバリー業者が語っていた。串屋では「串を外して具だけをください」という声もあったという。

　どうやら市民は、ゴミ分別の重要さを感じる一方、日々の忙しい生活に追

われているため、積極的にゴミ分別に参加できるかどうかを疑問に思っている。さらに日常生活ゴミを何とか解決したいという多くの市民の要望から、「ゴミ分別代行」という新しいビジネスも登場している。今後政府は、ゴミ分別教育でいかに市民たちの意欲を高め、自主的にゴミ分別に向かわせるかを課題として考えなければならない。

それに比べて、日本の横浜市ではゴミ分別の知識が教育の一環として導入され、親も子供の幼稚園時代から、ゴミの正しい捨て方を身につけさせるように教育している。例えば、学校では子供に、飲み干した牛乳パックは自分で洗い、ハサミで切り開いた後に回収箱に置くように教えている。また、横浜市役所は毎年の行事として、子供にゴミ処理場と焼却場を見学させ、ゴミ処理場における実際の稼働の様子と環境に与える影響を直観的に感じさせている。

このような活動を通して、子供は実生活の中でゴミを正確に分別することの重要性を意識し、自らゴミ分別活動に携わるようになる。日本国民の頭には、ゴミ分別の重要性が深く植え付けられている。もし間違えた時間にゴミを出したら、専門業者に注意され、回収を拒まれてしまう。さらに環境指導員による専門指導を受ける必要があり、このような国民教育と政府教育に支えられた日本のゴミ分別事業は、既に極致に達していると言っても過言ではない。

四、日中ゴミ分別におけるモニター制度の比較

中国では、ゴミ分別におけるモニター制度が、ほぼないに等しい。まだ、全面的な政府による指導、社会監督、相互チェックなどのシステムが形成されていない。その点日本においては、長い年月にわたり、国から住民、社会団体まで、それぞれに適した相互チェックのシステムが出来上がっている。

次に図1の模式を用いて、日本の国民を中心とした協同ガバナンス体制の特徴を4点にまとめて説明していきたい。

環境を良くするためのガバナンスでは、近年国際社会が提唱した環境ガバナンス理論と政策体系がある。これは主に、環境ガバナンスにおいて、各方面の役割を十分に果たさせ、昔の政府が全面的に責任を担う局面を一転させ、経済、法律、社会、行政などの手段を同時に使い、環境問題を集中的かつ効率的に解決するという特徴を持っている。

また、この体系は立法を重視し、国民の参加意欲を促し、政府と企業、政

府と社会との提携関係及び環境情報に関する透明度を強調している。言い換えれば、環境を良くするためのガバナンスは、政府、市場、国民を代表する各業界の組織との間で展開される協力と駆け引きそのものであり、良性のインタラクションでもある。日本のゴミ分別システムが、まさにこの良性の環境ガバナンスプロセスを再現した国民を中心とした協同体制であることは言うまでもない。

図1　国民を中心とした協同ガバナンス体制

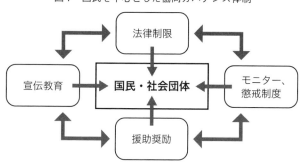

　図1に示すように、このシステムは多様なゴミ分別に関する教育をベースに、明確な問責制度に基づいて築かれたゴミ分別法律体系を持ち、厳しい懲戒措置とモニター措置のもとに置かれており、有効的な援助、奨励政策により国民のゴミ分別へのモチベーションを促すことができる。このシステムの特徴について筆者は4点に絞り、それぞれについて具体的に述べていきたい。

4-1　国民の参加度が協同ガバナンス体制の核心

　Backstrandは「持続的な発展において、最も重視されているのは、国家人口の大半を占める市民層の社会参加度及び政策の普遍性と透明度である」[10]と述べている。伝統経済学では、環境が典型的な公共資源と認識され、外部性を帯びており、人間の過剰消費により悲劇を招き、果ては環境を壊してしまう恐れがあると言われている。外部性を防ぐために、政府は強制的に干渉する必要があり、さらに最も大切なのは国民を中心とした協同参加体制を築き上げなければならないことである。公共経済学の角度から見れば、国民は消費者として、能動性を十分に発揮してこそ、環境保護分野における規模の経済を形成できると言える。

　日本では、国民がゴミ分別作業に実際に関わる段階は大きく三つに分かれ

ている。まず一番基本となるのは、住民の自己モニターと廃棄物の処分である。市民は政府やコミュニティの規定に従い、家庭のゴミを正確に分類し、定められたゴミ捨て場に出す。次に地方によって、ゴミ収集車の来る曜日やゴミの分別、出し方が全く違うことである。市民は市役所の規定に基づき、生ゴミ、プラスチック製ゴミ、粗大ゴミなどといったゴミを異なる時間帯に指定された場所に出したり、または事前に配られたゴミを覆うネットを自宅のゴミ捨て場に張り、カラスなどに散らかされていないかを毎日確認したりする。そして三番目は周りの人が正しいゴミの出し方をしているかどうかを確認したり、地方団体が毎月行う定例会議に出席したり、エコ組織に入会して相互モニター体制に参加したりすることである。

4-2　多様な教育が積極的なゴミ分別活動を促す

　国民にゴミ分別の重要性を認識してもらい、積極的にゴミ処分作業に参加させるために、政府は先頭に立って、社会全体にわたる教育体系の構築の大切さを呼びかけ、全国民に向けて体系的かつ詳細なエコ教育とゴミ分別に関する教育活動を行なっている。これらの活動を通して、国民はエコ意識を高めると同時に、科学的なゴミの出し方を理解できるようになった。そのほかに、透明度の高い世論環境が築かれ、それが逆に働きかけて国民のモチベーションを向上させ、ゴミ分別作業を日常生活の一部に位置付けられるようにした。ここで注意しておきたいのは、日本のゴミ分別における教育は、主に以下のような特徴を有していることである。

　一点目は、教育の実施者における多様性である。日本のゴミ分別についての教育活動の参加者は、政府、コミュニティ、団地住民、企業、家庭、学校、ボランティアなどあらゆる分野に存在している。日本社会では、国民の道徳性や社会への責任感を評価するにあたって、いかに制度に従ってゴミを分別したり、ゴミ袋の使い方を理解した上で正確な場所に出したりできるかどうかを、重要な判断基準とするのが普通である。

　とくに家庭内教育は、日本のエコ教育において重要な地位を占めており、子供に正確なゴミ分別法を教えるために、親は自分自身がゴミ分別についての知識を身につけ、エコ意識を培う。積極的に地元のゴミ分別説明会に参加する人も少なくない。こうして子供は家庭で自然にゴミ分別法を習得し、環境保護の重要性を認識できるようになる。また、ゴミ焼却場も格好な教育現場だと言っても過言ではない。主要な焼却場は綺麗な建物であり、ハイテク設備なども備え、近隣の学生や観光客のほか、一般住民も見学することで環

境の大切さを認識してもらうことができる。

そして二点目は、教育内容の多様化である。日本におけるゴミ分別の教育内容は一方的に正確なゴミの出し方を教えるばかりでなく、環境を壊すような悪い事例も取り上げるため、よりインパクトのある教育効果を生み出している。また、様々な種類の商品にシールが貼られ、使用後の捨て方についても詳しく書かれている。

三点目は、教育方式の多様化である。日本政府の教育活動は、大衆マスコミによる教育、社会活動、環境教育及びテーマ毎の教育の四種類に大別されている。大衆マスコミでは、ビラ配り、懇談会の定期的開催、市役所のホームページでの公共広告、大型イベントの実施などが挙げられる。川崎市は『資源物とゴミの分け方・出し方』というマニュアルを配り、ゴミ分別の知識や注意点を大衆に普及させた。資源の再利用を促進するために、不要なものを雑誌、新聞に交換できるイベントを行い、簡易ゴミ処理機を買った家庭には経済的な援助を行い、指導教官を派遣してフリーマーケットを開催するなどの方法も講じられている[11]。

4-3　国民の参加度を高める明確な責任体制、厳格なモニター・懲戒制度

環境保護のための関連法規が、経済制度や都市の生活体系とうまく融合できたことは、日本のゴミ分別成功に直接つながる主因となっている。1900年から1954年にかけて、日本はゴミの末端処置の合理化を図ろうとして、『汚物掃除法』と『清掃法』を制定した。1970年代以降、高度経済成長期に入った日本は、大規模な産業活動により、廃棄物の排出量が急増し、環境に与える悪影響が益々深刻になった。

日本は、こうした企業廃棄物の排出問題を前にして、『廃棄物処理法』を制定し、企業の責任を明確に定めた。そして、1980年代には、ゴミ処理場の不足や資源枯渇の現状を解決するために、『容器包装リサイクル法』『家電リサイクル法』『環境リサイクル法』を制定した。2000年には『循環型社会形成推進基本法』が作られた。同法では、循環型社会の基本的原則が定められ、3R（Reduce＝発生抑制、Reuse＝再使用、Recycle＝再生利用）理念が世に広く知られるようになり、国民の環境保護意識の高まりに大きく作用した。

日本政府は現在、「環境立国」を発展戦略として関連法案の改正に力を注ぎながら、地方団体、企業や国民に適切な教育を行い、インタラクティブなゴミ処分体系を形成している。それと同時に、ゴミ分別に違反した人や団体は厳しい処分を受けるという懲戒規制も打ち出された。総じて言えば、日本

のゴミ分別システムは、国民の参加度に重点を置いた動態的なメカニズムである。このため、目的の異なる各種団体が協力し合い、相互牽制システムを形成し、ガバナンス体制を持続的に運営することができる。

五、日本のゴミ分別システムが中国に与えた示唆

　持続的な経済発展を実現するために、環境問題を疎かにしてはいけない。これは中国に限らず、世界各国が直面している難問であり、とりわけ合理的なゴミの分け方・出し方の構築は急務となっている。中国にとって日本は一衣帯水の隣国であり、ゴミ分別技術において優れた成果を収めた日本から学べる点も多いと思われる。長年にわたりゴミ・ガバナンスの道を歩んできた日本は、試行錯誤の中で自国に適したゴミ分別技術と管理システムを生み出した。

　そして中国も今、工業化の真っ只中にあり、昔の日本と同じように深刻な汚染問題を抱えている。また、ゴミ分別技術において、まだ初級段階にしか達していない中国は、生活ゴミの処理技術においても未熟な状態である。目前のゴミ問題を解決する上で、いかに民衆に力を発揮させて、積極的にゴミ分別活動に参加させるかが肝心となる。その意味から、筆者は日本で集めた実証調査のデータに基づき、中国の実情を分析していきたい。

　まず、中国政府は社会各界と共同で教育活動を行い、国民の参加意欲を高める必要がある。これは中国のゴミ分別管理を進める上で、最も重要な問題である。日本は2003年に「環境の保全のための意欲の増進及び環境教育の推進に関する法律」を公布し、法律によって環境保護教育が政府業務の一環であることを定めた。

　それを機に全国レベルで、学校、工場、家庭がこの法律と同法に基づき作成された基本方針に沿って一連の教育活動を催した。日本のゴミ分別に関する教育は多様性、常態化、詳細化といった特徴を持っている。多様性は教育主体、教育内容、教育形式のあらゆる方面に反映されており、常態化は地方によって教育活動の具体的な開催時間は違うものの、中断することなく連続的に行われている。企業は製品の包装に詳細なゴミ分別方法を印字し、各家庭も学校での教育に対応して真面目にゴミ分別作業と取り組んでいる。それによって、ゴミ分別の重要性は人々の意識に根深く植え付けられ、一種の文化として受け継がれた。

　特に注目しておきたいのは、詳細化の特徴である。教育マニュアルや家庭

内教育、公共教育などの方法で国民にゴミ分別法と資源再生の知識やプロセスを習得させることができた。このような教育方法は、ゴミ分別の実行性を高め、国民が日常生活の営みで自ら進んで科学的なゴミ処分法を身につけることを可能にする。

　中国政府は環境教育に関する法律を充実させた上で、社会の各分野に向けて常態的、詳細的な教育活動を催し、地方政府、企業、学校、家庭を総動員して正確な廃棄物処分方法の教育活動への参加を呼びかけることを心がけるべきである。

　そして、国は明確な問責体制を樹立し、強制執行を行い、より一層法律の効力を発揮させるべきである。近年、中国のゴミ分別の現状に基づいて中国政府は一連の政策を打ち出した。その具体的な法律構成としては、まず、憲法に環境保護細則を加え、「環境保護法」を制定し、汚染防止の基本的原則と生活ゴミに関する規定を明らかにした。また、「固体廃棄物汚染環境防止法」、「清潔生産促進法」、「循環経済促進法」などといった関連法案を成立させ、国務院が作った「都市外観と環境衛生管理条例」と合わせて実施されるようになった。そして上海をはじめとする沿海先進都市が先頭に立ち、西欧先進諸国と同じようなゴミ分別方法の実施を開始した。地方によっては、具体的な実施細則を頒布したところもある。

　しかし、政府により数多くの法律が制定されたものの、それに適した実施細則や関連法規が不足しており、内容も曖昧であるため、操作性に欠けていることを認めざるを得ない。また、法に抵触する不法投棄が発覚した場合でも、責任が問われる側の判定基準が不明確であり、懲戒制度の制定に支障をもたらしている。

　広州を例にしてみると、2015年に「ゴミ分別管理規定」が作られ、個人と企業の不法投棄行為には、それぞれ200元と2000元の罰金が課せられると規定されている。しかし、実際の執行段階に移ってみれば分かるように、広州ではマンションの管理組合がモニターの責任を持っているとはいえ、法律上の執行権がないため、ゴミ分別作業を順調に進めるには住民の自覚に頼らざるを得ない。

　それに対して日本の横浜市では2007年9月28日に「横浜市廃棄物減量化資源化及び適正処理などに関する条例」を改定し、個人と企業の不当行為に対して罰金を課したり、正しいゴミの出し方をしていないゴミを徹底的に調べ、その家庭を特定したりできるようにした。また、環境指導教官を派遣して個別指導をしたり、一年以上経っても改善しない者に対しては2000円の

罰金の支払いを求める措置も設けた。処罰権を持っているのは政府であるため、実施過程において説得力があり、円滑に進めることができる。

　中国は今後、法制定においては、各政府機関の責任を明確にし、複数機関の職務を重複させないように法律の整合性を実現しなければならない。そのほか、今の中国のゴミ分別システムはゴミの末端処理に焦点を当てており、ゴミの資源化、減量化への関心が薄く、汚染源から問題の発生を防ぐ意識が不足している。今後、具体的な実施細則を制定するにあたっては、日本の経験をもとに完全な循環型経済の構築とゴミ分別処理の細分化に重点を置くべきと思われる。それと同時に、中央、各地方政府、生産者、販売者、消費者の責任体系を築き上げ、その関連措置の制定にも力を入れなければならない。

　次の段階は長期的な奨励、約束体制を作り、国民への参加意欲を向上させることである。KikuchiとGerardoが「現代ゴミ管理体制を作るには環境保護面の技術効率、経済効果及び実行可能性と社会許容度を含めて総合的に考えるべきだ」と指摘した[12]。ChungとPoonは「政策制定者にとっては、国民に正確なゴミの分け方を教えることにこだわるのではなく、社会利益のために国民をいかに動かすかが重要である」としている[13]。経済的奨励手段を用い、環境ガバナンスにおいて市場メカニズムを生かしながら、企業のエコ意識を高め、彼らに積極的にゴミ処理行動に参加させることができたのは、日本がゴミ処理作業で成功を収めた一因である。

　中国にとって、参考になる典型的な奨励制度としては環境税の徴収、企業廃棄物排出量の抑制、税金免除や専門研究への支援金の支給などがある。政府は生活ゴミを回収処分する企業の税金を減らし、財政補助金や技術支援策を提供することで、エコ企業の発展を促進できる。環境保護における研究活動に資金援助制度を導入し、新たな循環型製品市場を築くことも大切である。そしてゴミの回収から処分、再利用までのグリーンな産業チェーンの形成に資金を投入すべきだと思われる。

　それだけでなく、有効的なモニター制度の構築もゴミ問題の解決にとって避けられない問題である。日本では地方政府の最高指導者が自らゴミ分別活動に参加し、市に廃棄物減量化・資源化推進審議会を設立し、審議会のメンバーは市長により任命され、合計20人に及んでいる所もある。このことからも、日本政府のゴミ問題への強い関心を伺うことができる。中国も国民を中心とした協同体制の構築を工夫し、明確な説明責任を持つ体制のもとに、ゴミ問題の解決を着実に推し進めるべきである。

　最終的には、多元的な主体による協同ガバナンス体制を築き、社会全体の

力を発揮させねばならない。Hasegawaは「協同ガバナンス体制は、違う目標を追うグループ別に絶好のチャンスを与え、互いの信頼関係を強め、そこから共同の願望が生まれる。同じ目標を持ったからこそ、協力関係が成り立てる」と指揮している。中国においては、政府がゴミ処分作業の大半を引き受けており、実生活の中でゴミを絶えず生み出す個人や企業が責任を問われることは滅多にない。政府はゴミ分別技術の向上を図ると同時に、企業と個人にその責任をきちんと取らせ、能率的なゴミ分別システムの構築に力を注ぐべきである。政府は、一部のゴミ回収作業を企業、非営利組織に託し、ゴミ分別における負担を減らし、ゴミ分別作業をより効率的、能動的に進めることができる。

　そのほか、政府、住民、企業などといった良性の流通システムを構築する必要がある。中国では、ゴミ分別に関する規定は出されたものの、その効果はイマイチだと言わざるを得ない。北京の例をみると、各ビルに異なる種類別のゴミ箱が設置されているものの、清掃員がゴミを回収するときに、それらのゴミを混ぜて捨ててしまう。これではゴミ箱設置の意味はとっくに失われている。完璧な施設が整えられても、それに適した具体策がなければ、効率的な回収体系を作れない。国家の資源を無駄にするばかりでなく、国民の参加意欲に冷や水をかけることにもなる。

　住民のゴミ出しという段階から団体によるゴミ収集、企業による末端処理までの成熟したゴミ管理体制を作ることが急務となっている。中国政府は生活ゴミ分別回収システムを構築した上で、関連のネットワーク形成にも力を入れなければならない。こうすることで、ゴミの生産、処分、回収、再生、モニターなどといったあらゆる面が一つの環を形成し、お互いを牽制したり、協力したりするインタラクティブな体制を生み出すことも可能となる。

おわりに

　日本のゴミ分別システムは世界においても知名度が高く、その成熟した体制が各国に導入されている。また、専門の技術員を日本に送り出し、技術の習得を急ぐ国も少なくない。

　このゴミ分別体制において、一番大事なのは政府、企業、公民という三者による協調ガバナンス体系の役割である。2015年10月29日、中国共産党第十八回中央委員会第5回全体会議で「グリーンな発展方式を引き続き推し進め、全力で全体的な環境の改善に取り組む」との内容が、経済発展の重要戦

略として取り上げられた。さらに「環境品質の向上を中心に、最も厳格な環境保護制度をつくり、政府、企業、国民協同の環境ガバナンス体制を築き上げる」というスローガンも打ち出された。

　本論文を通して、日本のゴミ分別の歴史を遡りながら、その特徴をまとめてみたが、一番大事なのは長期にわたる弛まぬ教育だと思われる。汚染源から廃棄物の排出量を減らすには、健全なゴミ分別を定める法律の構築が大きな役割を果たしており、長期の奨励策とモニター策はゴミ分別活動を科学的かつ合理的に行う上のモチベーションとなりうる。そして最後は政府が改革を行い、トップダウンのモードから多元的な主体参加のガバナンスへの新局面に向かわせ、ゴミ分別作業を社会各界のエコ活動と関連づけてリサイクルできる循環型経済の構築を試みなければならない。中国政府は2020年までに46都市で、2025年までに全国でゴミ分別システムを展開する目標を表明した。上海が踏み出した第一歩は、この目標実現のために大きな意味を持っている。

参考文献

姜朝陽・周育紅「ゴミ処分政策の変化及びその効果分析──日本名古屋市を例に」『中国発展』、2013年第1期

朱留財「気候変化への対応：環境善治と平和治理」『環境保護』、2007年第11期

Lemons, Marian Carmen, and Arun Agrawal. "Environment Governance." Annual Review of Environment Resources,31（2006）: pp. 297 ～ 325

孟建軍「都市化における環境政策の実践：日本の経験と教訓に基づいて」北京・商務印書館、2014年、pp.89 ～ 91

呂穎「日本の循環型経済の発展模式および中国に与えた示唆」西北大学修士論文、2007年

Kikuchi, Pyunosuke, and Romeu Gerardo."More than a Decade of conflict between Hazardous Waste Management and Public Resistance: A case Study of NIMBY Syndrome in Souselas（Portugal）" Journal of hazardous Matertials,172（2009）

Chung, s, s, and C S Poon. "A comparison of waste-Reduction Practices and New Environmental Paradigm of Rural and Urban Chinese Citizens"Journal of environmental Management,62（2006）

張佳梅「法制度からみる日本の生活ゴミの処理」『科技創業』2011年第17期、余潔「中国都市ゴミ分別法の研究」『環境科学管理』2009年、第4期

魯先鋒「ゴミ分別管理における外圧機制と誘導機制」『都市問題』、2013年第1期

謝秋山・彭遠春「政府、企業と公民が直面する中国環境治理の責任難局」『天府新論』、2013年第9期

日本環境省「総合環境政策」　http://www.env.go.jp/cn/policy/index.html

Hasegawa, Koichi. "Collaborative Environmentalism in Japan. "Civic Engagement in Contemporary Japan : Established and Emerging Repertoires, pp. 99～85. New York, Dordrecht, Heidelberg, London: Springer,2001

Wen, Xuefeng, et al. "Comparison Research on Waste Classification between China and the Eu, Japan, and the USA."Journal of Material Cycles and Waste Management, 16（2014）

1 『中華人民共和国固体廃棄物汚染防止法』

2 世界銀行報告書「中国の廃棄物管理―問題点と勧告」、2005年5月

3 「わが国都市生活のゴミ処理業界 2013年発展総術」［A］、中国環境保護産業発展報告（2013）［C］、2014年

4 「わが国都市生活のゴミ処理業界 2014年発展総術」［A］、中国環境保護産業発展報告（2014）［C］、2015年

5 上海市生活ゴミ分別法案内の日本語版（2019年7月1日より実施）　http://www.collabo-china.com/archives/9151

6 新居浜市家庭ゴミの分別・出し方　http://www.city.niihama.lg.jp/life/1/18/72/

7 With news「上海でついにゴミ強制分別」施行、日本人観光客への「意外な影響」、2019年7月3日　https://withnews.jp/article/f0190703001qq000000000000000W02310101qq000019415A

8 CITIC PRESS JAPAN「上海、ついにゴミ分別を本格始動―日本よりも厳しいゴミ捨てルールとは」、2019年7月16日

9 ゴミと資源の分け方・出し方 横浜市　https://www.city.yokohama.lg.jp/kurashi/sumai-kurashi/gomi-recycle/gomi/dashikata.html

10 Backstrand, K. "Democratizing Global Evironmental Governance? Stakeholder Democracy after the World Summit on Sustainable Development. "European Journal of International Relations,12（2006）: 467-498.

11 孟建軍『都市化における環境政策の実践：日本の経験と教訓に基づいて』、北京・商務印書館、2014年、pp.89～91

12 Kikuchi, Pyunosuke, and Romeu Gerardo."More than a Decade of conflict between Hazardous Waste Management and Public Resistance: A case Study of NIMBY Syndrome in Souselas（Portugal）" Journal of hazardous Mattertials,172（2009）: 1681～85

13 Chung, s, s, and C S Poon. "A comparison of waste-Reduction Practices and New Environmental Paradigm of Rural and Urban Chinese Citizens" Journal of environmental Management, 62（2006）: 3～19

ゴミ分別で何が変わる？

〜「食品ロス」削減への提案〜

華東理工大学外国語学院日本言語文学科
博士課程前期1年
韓梅

はじめに

　中国・上海市では2019年7月1日から、市民にゴミ分別の徹底を求める「生活ゴミ管理条例」が施行された。「中国で最も厳しい分別規制」と言われており、違反者を取り締まるための監視も強化されて、市民生活に影響が出ている。中国ではこれまで、ゴミは基本的に丸ごと捨てられてきた。燃えるゴミと燃えないゴミ、さらに有害ゴミに分別せずに、一緒に捨てるのが普通だった。国家統計局によると、2018年に上海市が生み出したゴミの量は、毎日2.6万トンで、年間900万トンを超えた。毎日のゴミ運搬に、2.5トンのトラックが1万台以上も必要である。ゴミをより効率的に分別し再利用するために、上海市政府は条例の施行に踏み切った。

図表1　2011〜2018年の上海市ゴミ運搬量　　　単位：万トン

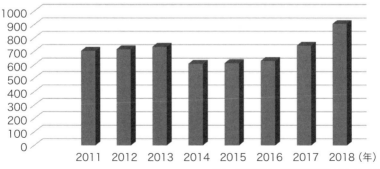

出典：国家統計局、華経産業研究院のまとめによる

　「上海市生活ゴミ管理条例」には、罰則も定められている。個人がゴミを間違って捨ててしまい、さらに是正を拒否する場合、最高で200元（約3400円）の罰金が課される。もし会社（法人）がゴミを分別せずに捨てた、あるいは運搬した場合、最高で5万元（約85万円）の罰金が課せられる。一般市民にとって、分別で一番困るのは生ゴミである。分別規則が難しいうえ、袋ごと捨てられないため、手が汚れるので、嫌がる人が非常に多い。しかし、生ゴミの分別により、生ゴミを根本的に減らす方法を考えなければならないと思われる。

　日本は世界でゴミ分類処理において最も進んだ国のひとつであり、「食品ロスの削減の推進に関する法律」（略称は食品ロス削減推進法）が、2019年5月31日に令和元年法律第19号として公布され、同年10月1日より施行された。2013年度に行ったゴミの調査によると、生ゴミは家庭から出される可燃ゴミの約5割を占めている。そのうち、食べられるのに捨てられている食品、いわゆる「食品ロス」に相当する部分（手つかずの食品や食べ残し、過剰に除去された調理くず）は、約26.8％という状況だった[1]。そのため、食品ロス削減推進法が必要となった。

　中国はゴミ分別の施行を機に、日本に生ゴミの減量などの方法を学び、食品ロス削減から着手し、健康で豊かな食生活の実現に取り組むべきと考える。本稿では、日本および中国におけるゴミ分別の歴史を紹介したうえで、日本の経験に基づいて、中国での生ゴミの減量について考察し、中国における食品ロス削減とバランスの良い食生活を、いかに推進すべきかについて明らかにしたい。

一、日本における食品ロス削減推進法

　日本のゴミ処理技術は国際先進レベルに達している。そして、日本は完全とも言えるゴミ分別の制度を有し、世界的に高い評価を得ている。

　食品ロスとは、食べられるのに捨てられてしまう食品のことである。コンビニやスーパーでの大量の食品廃棄物がやり玉に挙げられがちだが、実は1年間に発生する食品ロスのうち、家庭由来のものが全体の約半分を占めている。環境省環境再生・資源循環局によれば、家庭からの食品ロスの原因は、「直接廃棄」、「食べ残し」、料理の際の「過剰除去」の3つに大別される。例えば「直接廃棄」はさらに、「買いすぎによるもの」や「長持ちしない保存方法によるもの」に分けられるなど、食品ロスの原因が細かく分類されてい

る。食品ロスを減らすため、それぞれの原因ごとに適切な対策を取るよう、日常生活で気をつけることが大事となる。

　2019年10月施行の「食品ロス削減推進法」では、①自治体には、推進計画の策定、削減に取り組む事業者への支援やフードバンクとの連携強化、②企業には、施策への協力や積極的に食品ロスの削減に取り組むこと、③消費者には、購入や調理の際、自主的に取り組むこと、などを促す条文がそれぞれ盛り込まれている。

　日本では、「食品ロス」問題の認知度は高まってきている。消費者庁「消費者意識基本調査」によれば、「『食品ロス』が問題となっていることを知っていたか」の問に対し、「知っていた」（「よく知っていた」＋「ある程度知っていた」）と回答した者の割合は2015年度で77.8%だった。2012年度から2014年度までは60%台で推移していたので、大幅に上昇している。

　また、「『食品ロス』を軽減するために取り組んでいること」との問には、「何らかの取組をしている」との回答は横ばいだったが、取り組み内容を見ると、「賞味期限を過ぎてもすぐに捨てるのではなく、自分で食べられるか判断する」（63.6%）、「冷凍保存を活用する」（61.4%）と回答した割合が増加している。

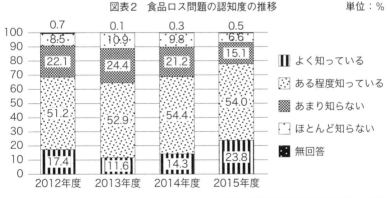

図表2　食品ロス問題の認知度の推移　　　単位：%

出所：消費者庁「消費者意識基本調査」から作成
注：四捨五入のため、合計は必ずしも一致しない。

　企業や消費者などが試みている具体的なアプローチは以下の通りである。

①商品需給把握の精度向上による不良在庫の削減、食材廃棄の縮小など
　販売と生産部門は、連携して過去の販売データや販売促進計画等を考慮し

て、商品別の需給計画を立案・推進している。そして、日々その需給把握の精度向上に努め、不良在庫の発生を抑制し、食品ロスの削減と取り組んでいる。

しかし、消費者は食品を買う時に「賞味期限」や「消費期限」の新しいものを、棚の奥から引っ張り出して買っている。この「常に新しいものを買いたい！」という意識が、企業での食品ロスを発生させやすくする商習慣を生み出す原因にもなっている。

食品ロスは、個別の企業ごとの取組みだけでは解決が難しく、食品に関係する企業全体で解決に取り組むことが必要になる。農林水産省の資料『食品ロスの削減に向けて～食べものに、もったいないを、もういちど。～』によると、食品廃棄物が必然的に発生する原因は幾つかある。

食品会社などで製造に伴い発生するものとしては、例えばパン製造業ではパンの耳等（可食部）、畜水産物では骨・肉片等（不可食部）などがある。それを防止するためには、製造方法の向上やリサイクルの促進などを進めていかねばならない。

食品卸売業、食品小売業においては、出荷から販売過程で破損品、過剰生産、在庫、返品、納品期限切れ、定番カット、売れ残りなどがよく発生している。このため、フードバンクの活用、受発注制度の向上、商習慣（納品期限を決めるルール）や消費者行動などの改善が必要となる。[2]

また外食産業においては、調理と販売の過程で食材廃棄、仕込みロス、調理くず、食べ残しなどが発生する。これに対しては、加工処理の一元化、販売数量に合わせた仕入れ、小盛りなどの品揃え単位での調整や調理ボリュームの適正化などが注目される。

②賞味期限の年月表示への変更、商習慣の見直し

賞味期限表示の「年月日」から「年月」へ変更が進められている。これにより製造・配送・販売の各業界の連携によるサプライチェーン全体にわたる食品ロスの削減や物流効率化が期待されている。

また、企業の商習慣が食品ロスを発生させる原因のひとつになっていることが分かり、そこで、納品期限のルールを見直す実験が進められた。食品小売業が設定する納品期限や販売期限は、1/3ルール（製造日から賞味期限までの期間を3等分し、納品期限や販売期限を設定）で決められている。しかし、その期限を過ぎてしまうと返品され、食品ロスが発生する原因となっている。これを1/2ルール（納品期限を緩和）にする実験を行ったところ、食

品ロス削減に相当の効果があった。食品製造業では、未出荷廃棄の削減に成功し、物流センターにおいては、納品期限切れ発生数量と返品数が減少した。

③品質を保持した賞味期限の延長

　品質への影響のないことが確認できた一部商品（菓子、飲料、栄養食品、調理食品など）について賞味期限を延長し、賞味期限切れによる廃棄物の削減に取り組んでいる。食品小売業においては、飲み物と賞味期間180日以上の菓子は、店頭廃棄増などの問題がほぼなくなった。農林水産省の推計値によると、飲み物は年間の廃棄削減量が約4万トンで、金額ベースでは約71億円の削減となる。菓子は同約0.1万トンで、金額ベースでは約16億円の削減となる。

④個人の日常生活でできること

　買いすぎをなくすために、買い物に行く前に冷蔵庫の中を確認する、食べられるだけの料理を作る、といった日常生活のちょっとした配慮が必要になる。また、「安いから」という理由で安易に買いすぎる前に、食べ切れるかどうかを確認すべきである。

　長期間保存する場合には、インターネットなどで適切な保存方法を検索してみる。食材を長持ちさせるだけでなく、美味しさの維持にもつながる。レシピを知らなくて食材を調理し切れない時、インターネットなどでレシピを検索してみる。贈答品でもらった食べ物が好きでない場合は、フードバンクなどへの寄付やお裾分けを検討してみる。また、自分が贈る場合には相手の好みも踏まえて贈り物を選ぶなど、様々な工夫を行うことが必要だ。

　食べ残しの場合には、作りすぎをしないで食べられる分だけを作るようにする。また、食べきれなかったものは冷凍するなど、悪くなりにくいような保存方法を工夫してみる。食材の過剰除去は、過度な健康志向や残留農薬のリスクを避けることからも発生している。リスク回避は大事だが、実はそんなに怖がらなくてもよいかもしれない。日本では、残留農薬のリスクなどについての必要な情報を入手できる。また、調理技術の不足を補うには、頑張って上達しなければならない。[3]

二、中国におけるゴミの分別

　ゴミ分別収集制度を中国の都市部に導入しようとする政府の提案は、今回

の上海市が最初ではない。地方都市での試行を含めれば、2000年にさかの
ぼることができる。2000年に、北京、上海、南京、杭州、桂林、広州、深
圳、廈門が全国生活ゴミ分別収集の実験都市に指定され、ゴミ分別収集を開
始している。しかし、予想通りの効果が得られず、ゴミ分別は未だに広く実
施されていない。

　中国では、急激な経済発展が続く一方、環境対策が追いつかない側面があ
る。便利さと発展を求めるため、相当な対価も支払わされてきた。クリーン
な街路と家屋、便利でスピードの速い都市生活を楽しむと同時に、一方では
ゴミに囲まれて生活している面もある。例えば、杭州市は目下のゴミの産出
量が年1.2万トンであり、今後3、4年で西湖が埋まるほどである。杭州市の
埋立て処分場が、一旦満杯になれば、ゴミは行き場がなくなる。

　現在、中国のゴミ処理方式は、主に埋立てと焼却の2種類があり、ゴミの
焼却過程ではダイオキシンが発生している。ヒ素よりも900倍の毒性物質で
あり、極めて強い発癌性がある。ゴミは焼却前に分別されず、混ざったまま
の状態であるため、焼却過程で発生するダイオキシンは分別済みの場合より
少なくとも倍は多く、既に様々な汚染が起きている。こうした状況から見て
も、ゴミの分別を進めなければならない。

　中国はゴミ産出大国である。2004年にアメリカを越え、世界一のゴミ産
出大国となった。現在、全国生ゴミの量は年間4億トン程あり、約8％／年
のペースで増えてきている。「13次五カ年全国都市生活ゴミ無害化処理施設
建設計画」では、2019 ～ 2020年に新たにゴミ運搬能力を一日当たり24.2万
トン高めると予想されており、このうち生ゴミの運搬車両数の比率は、現在
の50％から60％に高まり、運搬能力も一日当たり約14.5万トン増える計算
になる。少しでも生ゴミ発生量を減らすために、上海市は「生活ゴミ管理条
例」を施行せざるを得なかった。

　生ゴミはそれを利用し、発電することができる。例えば、上海浦東の黎明
有機物固廃処理場は、毎日300トンの生ゴミを受け入れ、バイオガス発電技
術を利用し、現在、1日当たりの発電量が4.5万度（1度＝1kWh）に達してい
る。1トンの生ゴミは80立方バイオガスを生産し、最終的に150度の電気に変
換できる。2019年1月から6月までに、黎明処理場が浦東新区北部各地から
受け入れた生ゴミは日量約330トンで、7月1日以降は同380トンに増加した。

　バイオガス化施設を設置し、そのガスをエネルギー効果が最も高い燃料電
池で発電する場合、バイオガス化施設を併設しない場合よりも一日当たり約
1,600kWhの電力増加が見込まれる。これは、約130世帯が使用する電力量

に相当する。一方、総事業費は、バイオガス化施設を設置しない場合に比べ、20年間で約105億円（年間で約5億円）の追加となる。

　生ゴミは、ゴミのリサイクル比率を大幅に低減させ、都市全体のゴミ処理量を増加させてきた。ゴミ焼却発電では、生ゴミに水分が多く含まれているほど、発電率に影響する。生ゴミ中の水分は発電させるための燃焼ができないだけでなく、水分が水蒸気となり、熱を吸収し、発電効率を低下させる。生ゴミが多すぎる場合は、ゴミ焼却に先立つ発酵の時間が長くかかり、加えて、ゴミが着火するまでに灯油のような多くの助燃焼物質も必要とされる。これはゴミ焼却発電のコストを大きく増加させる。

　生ゴミの水分が、ゴミ焼却にもたらすもうひとつの影響はダイオキシンの発生である。焼却温度は850℃以上に保たれる必要があるため、それ以下ではダイオキシンの発生が危惧される[4]。水分が多い場合は、高温に達するのが難しく、煙の温度も十分高くならないため、排出した煙のダイオキシン濃度が高まる。また、煤煙を含む排ガスの冷却課程でも、温度の低下により、新たなダイオキシンが生成する可能性がある。

　こうしたことから、ゴミ分別を徹底することと共に、いかに生ゴミを減らすかが根本的な問題になる。

三、中国における食品ロスと食生活の現状

　中国の食品浪費問題も、日本同様に深刻である。中国の食品浪費総量は毎年1.5億トンで、総生産量のおよそ8.5%である。食料浪費は環境や土地、水など自然資源の無意味な消耗など、多面的な被害をもたらす。環境ストレスを悪化させ、毎年、食べずに捨てられた食物の生産で使われた水資源量は世界の作物生産用水の24%に相当し、使われた土地が世界の農業耕地面の23%～30%を占めている[5]。

　中国では生活水準が上がり、家庭における食品浪費の割合も日増しに上がってきた。中国農業大学の研究では、異なるタイプの都市の2700世帯の食卓での過剰な料理に関する系統的な分析を行い、2007～2008年に無駄にした食料のタンパク質が800万トンに達し、それは2.6億人が1年間に必要とする量に相当すると推計した。同様に脂肪量は300万トンで、1.3億人の1年分に相当する[6]。

　食品浪費がますます深刻な問題になっているのには、いくつかの原因がある。一つは、中国で多くの人が出前に頼って生活していることである。出前

では、ミニマム金額が設定されているため、消費者が実際、一度の食事では食べきれない分を注文し、食品の浪費を招いた。また、ほぼすべての食品販売会社が、オンライン支払いのアプリに「満減優遇（一定の金額に足せば、いくらかが値引きされるという措置)」を強調した一括売りモードを採用し、より多くの消費者を獲得しようとしている。

　様々なアプリが無限に登場しているが、例えば「お腹すいたか」という出前アプリでは、多くのレストランが「あと80元足せば、35元割引する」という大幅な優遇を打ち出している。美団出前というアプリでは、「25元足せば18元割引く、60元足せば35元割引く」など段階的な優遇方式を採用している。さらに、特別価格やタイムセールなどの当日限りの優遇も加えると、顧客が別に食べたくなくても、その優遇条件を満たすために、不要なものを注文し、結局は食べ残す分が増えるというようなケースも少なくない。

　もう一つは、食事の習慣である。例えば北京大学健康科学センターが、2015年に中国9都市及び農村地区の7～12歳児童793人への健康調査を行ったところ、バランス良い食生活を実現するのに必要な栄養の分量が定められていないことが分かった。また、中国疾病予防制御センターの栄養と健康所の研究によると、現在、中国では児童の栄養不良が依然存在し、微量栄養素（ビタミン、ミネラル）の摂取不足、過体重と肥満が持続的に上昇しており、これは健康的でない飲食習慣と密接に関連していると指摘している。過体重児童の食習慣は、高熱量の高脂肪食を多く摂取する一方で、野菜や果物などの身体に良い食物を避け、運動不足も加わって、栄養不良を招きやすい。

　浙江省のマラリア制御センターが5年間にわたって学生の成長発育と栄養状況を監視した結果によると、19万余りの中小学生のうち、1/4を超える生徒の成長発育と栄養状況が達成されておらず、栄養不良率は15.26％、肥満率は10.40％に達することが示された。これは学校の食堂食の栄養不足や栄養指導不足の現状と密接に関連している。学校の食堂では、料理の質が低く、栄養知識が不足しており、栄養士を配置しないことによる栄養管理の問題も少なくない。同時に、学校では栄養改善、科学的な食事などの知識に関する講義が少なく、学生も栄養知識を欠いているなどの問題が普遍的に存在している。

　さらに、学校食堂のご飯の量も影響している。アンケートの結果によると、「量が少ない」と思っている人が20.2％を占める。さらに、「ご飯を大盛り、中盛り、小盛りと分量ごとに分けてほしい」と思っている生徒が83.84％にも上り、「量が少ない」、あるいは「量が多すぎる」という声も上がっている。

量が少ないとなると、学生たちにとってはエネルギーを取り込むことが難しい。また量が多すぎるとなると、食べられないために、食品ロスになってしまう。現状では、食堂で一人前の量を選べない。あくまでも料理を作る側の便利さしか考えていない。食品ロスの削減と飲食調整を通じて、生ゴミを減らす必要がある。

四、日本の経験に基づく中国の未来

　中国は、世界一の人口を有し、国民の健康と社会環境に注意を払わなければならない。日本は、アジアで先立って経済の高速成長を実現すると同時に、資源、環境及び人口の高齢化の制約に遭遇し、多くの経験を積んできた。中国は2010年に世界第二の経済体となり、発展の過程において、これまで日本が直面してきた諸問題にも直面している。従って、「経験者」としての日本が、経済の高度成長において発生した多くの問題と矛盾を如何に克服したか、その経験と教訓は、中国の今後の発展にとって参考とする一定の意義がある。日本を手本にしてどのようにゴミの分別や食品ロスの削減を推進するか、どのように飲食健康を進めていくか。これらを通じて、生ゴミを減らすことに焦点をあてるべきだと思う。

　中国の国民にとって、生ゴミの分別は最も難しい問題と言える。あるアンケート調査では、「日常生活で生ゴミを減らす考えがあるか」という質問に対し、「たまに」と答えた人が41.46%に上ったという結果も出ている。生ゴミを減らす意識がある人は、まだ少ない。

　一方、日本は1950年代から経済の高度成長期に入り、深刻な工業型公害を引き起こした。環境破壊もしばしば発生した。1971年に東京で環境汚染に対する大規模な抗議活動も起きた。同時期に、日本は資源ゴミ回収試験を始めている。40年以上の努力を経て、現在、日本はゴミ分類処理において、世界でも最も進んだ国のひとつになり、ゴミ処理技術は国際先進レベルに達している。日本は完全なゴミ分別の制度を作り、ゴミ分別に関して世界的に高い評価を受けている。中国には、生ゴミを減らす上で、日本を見習い、学ぶべきところがあると思われる。

　中国ではまず、バランスの良い食生活を導入すべきである。2015年に北京市で科学技術研究院所属栄養源研究所が400万元の資金を投入し、「栄養台所」計画を開始した。一部の事業単位の食堂試験拠点「栄養キッチン」で、料理を規範化し、各品の栄養素含有量を公示した。これにより合理的な食事、

栄養バランスがますます注目され、一部の社員食堂では栄養士を特別に招いた。しかし、実際に行われた合理的な食事では、簡単な食材配合に留まり、具体的に一食分でどれだけの栄養分を摂取すべきかについては、栄養士も分からなかった。

　これには、個々人の健康意識、関連規範の制定および生徒への栄養知識の訓練に関わる複雑なシステム工学が必要となる。これまで中国の学生食堂では、そのような栄養価のチェックがまだ行われておらず、学生たちがどれだけ栄養を取ったのかが分からない状態に陥っている。それが健康に悪い影響をもたらしてきた。

　一方、日本では、日常食べている食品を栄養素の働き別に「3つの食品グループ」に分けている。1952年に岡田正美氏によって考案され、栄養改善普及会の近藤とし子氏が普及につとめた。それは含まれている栄養素の働きの特徴から、食品を赤、黄、緑の3群に分類している。赤は血や肉をつくる食品のグループ、黄は力や体温となる食品のグループ、緑は体の調子をよくするグループである。赤群、黄群、緑群をまんべんなく摂取すると、栄養素などの摂取バランスがある程度整う。

　この3群点数法は、食べる量を1点＝80kcalのエネルギー点数で表している。3つの食品群から点数配分に沿って食事をすることにより、栄養バランスがとれる方法である。一日何点取るかは、自分で決める。食べる量は同じ年齢でも、性別、活動量などによって異なる。**図表3**の基本（1日20点）のパターンは、18〜29歳女子、身体活動レベルⅡ（ふつう）のエネルギー量の約80％に相当する。この表を目安に自分で調整する。

　どんな人でも赤と緑の食品群から9点（720kcal）とり、あとは黄の食品群で調節する。「食事バランスガイド」は、「何を」「どれだけ」食べれば、偏りのない食事になるのかを、「料理」の組み合わせとして示している。「食事バランスガイド」を使って料理グループごとに分類することで、どんな食品を食べたのか、また、どんな働きのある栄養を、どれだけ摂取できているのかを、消費者自身で知ることができる。

　さらに、この「三色食品群」を暗記することが難しいと思っている人にとって、便利なやり方もある。レシートでの栄養チェックである。日本の多くの大学食堂では、すべてのメニューのレシートに、エネルギー量・塩分量・3群点数法による栄養バランス点数が表示されていて、食事をしながら栄養価のチェックができる。これによって、飲食による健康により注意することが可能となる。

図表3　「赤・緑・黄」の3群点数法

	主な働き	食品	数量（g）	点数
赤6点	体の中で血や肉になる	肉・魚	140	2
		卵	50	1
		大豆・大豆製品	100	1
		牛乳・乳製品	200	2
緑3点	体の調子を良くする	野菜類	350	1
		芋類	100	1
		果物	150	1
		海藻類	—	
黄11点（16点）	力や体温になる	穀類	470（700）	8.5（13）
		油脂類	15（20）	1.5（2）
		砂糖	20	1

必ずとりたい9点

増減可能11（16）点

出所：岡田正美氏の考案
注：（　）は男子

図表4　レシートでの栄養チェック

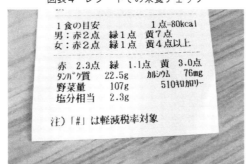

おわりに

　国連の食糧農業機関（FAO）などが作成した『世界の食料安全保障と栄養の現状世界食糧安全と栄養状況』（2018年）の報告によると、2017年に世界飢餓人口数が8.21億人に増え、世界人口の9人に一人が飢餓状態にある。一方、中国では生活水準の上昇に伴い、家庭における食品浪費の割合が年々増大しており、すでに深刻な問題になっている。

　日本では「食品ロスの削減の推進に関する法律」（略称食品ロス削減推進法）が、2019年10月1日に施行され、よりよい社会環境づくりを進めてい

188

る。中国においては「節約」という観念だけでは、効果があまりはっきり表れないため、日本に学んで法律を定めることを通して強制的な手段で食品ロスを削減する必要がある。

　中国は世界第二の経済体に成長したが、環境、資源、高齢化等においてまだ問題もたくさんある。しかし、日本は1960、70年代の高度経済成長、その後の転換過程において、今日の中国が直面する各種の問題を経験しており、日本の教訓は中国にとって重要な啓発になる。とりわけ、ゴミの問題において、中国が日本を手本として、生ゴミの減量などの方法を学び、食品ロス削減およびバランスの良い食生活の実現を推進していくことを提案したい。

1　松本亨・邉見亮太「食品ロスの発生要因分析と有効活用策のライフサイクル評価」『廃棄物資源循環学会研究発表会講演集』、2015年26巻、pp.1 〜 2
2　柳川立樹・矢野順也・酒井伸一「事業系食品ロスの発生抑制による温室効果ガス削減効果」『廃棄物資源循環学会研究発表会講演集』、2016年27巻、pp.3 〜 7
3　島野侑加・柳川立樹・矢野順也等「食品ロス削減に向けた消費者の発生抑制行動に関する考察」『廃棄物資源循環学会研究発表会講演集』、2018年29巻、pp.4 〜 8
4　高利偉・成升魁・曹暁昌等「食物損失和浪費研究綜述及展望」『自然資源学報』、第2015年3月30巻第3期
5　Kummu M, de Moel H, Porkka M,et al. "Lost food, wasted resources : Global food supply chain losses and their impacts on freshwater, cropland, and fertilizer use" [J]. Science of the Total Environment, 2012, 438 : pp. 477 〜 489
6　黄佳琦・聶鳳英「食物損失与浪費研究綜述」[J]『中国食物与営養』、2016年第10期、pp.43 〜 48

付　録

日中関係学会主催「第8回宮本賞（学生懸賞論文）」募集要項

2019 年 6 月

　日中関係学会では以下の要領で、「第8回宮本賞（学生懸賞論文）」の論文募集を行います。若い世代の皆さんが日本と中国ないし東アジアの関係に強い関心を持ち、よりよい関係の構築のために大きな力を発揮していただきたい。また日中関係学会の諸活動に積極的にご参加いただき、この地域の世論をリードしていってもらいたい。宮本賞はそのための人材発掘・育成を目的とし、2012年からスタートしました。

　論文のテーマは日中の政治、経済、文化など幅広い分野を対象としています。専門性の高い研究論文ももちろん歓迎しますが、それだけに限りません。実践報告や体験談をレポート形式でまとめていただいても構いません。オリジナリティがあり、これからの日中関係について明確なメッセージを持った論文・レポートを期待しています。

　応募は「学部生の部」と「大学院生の部」に分かれており、審査によってそれぞれの部から最優秀賞1本、優秀賞若干本を選びます。また応募者多数の場合には、特別賞（若干本）をそれぞれに設けます。最優秀賞には副賞として10万日本円、優秀賞には3万日本円、特別賞には5000日本円（図書券）をそれぞれ贈呈します。また受賞者論文集を日本僑報社から発刊予定です。

　昨年の第7回宮本賞には、「学部生の部」に35本、「大学院生の部」に29本、合計64本の応募がありました。この中から「学部生の部」では最優秀賞1本、優秀賞3本、特別賞3本を選びました。また、「大学院生の部」では、最優秀賞1本、優秀賞2本、特別賞4本を選びました。

　このほか、受賞者全員に日中関係学会への入会資格が与えられます（大学院を含め、卒業まで年会費無料）。また、中国国内の各大学から応募し、受賞した方の中から、特に優れた3〜4名を東京で開催の受賞者表彰式・若者シンポジウムに招待します（3月半ばに開催。航空運賃など交通費・宿泊費は学会が負担）。皆さん、奮ってご応募ください。

〈募集内容〉

（1）テーマ：日本と中国ないし東アジアの関係に関わる内容の論文、レポート。政治・外交、経済・経営・産業、文化・教育・社会、環境、メディアなどを対象とします。なお論文の最後の部分で、論文内容がこれからの日中関係にどのような意味を持つか、提言も含めて必ず書き入れてください。

（2）応募資格：「学部生の部」か「大学院生の部」かのどちらかに応募できます。

　　　学部生の部＝①大学の学部生
　　　　　　　　　②学部を卒業後2年以内で、大学院入学の準備をしている人や企業に勤めている人（研究職ではない）
　　　大学院生の部＝①大学院の修士課程学生、博士課程学生、聴講生、研究生
　　　　　　　　　　②大学院を卒業・修了・満期退学後3年以内で、研究職に就いていない人

（3）執筆言語：日本語で執筆してください。

（4）字　　数：以下の字数には図表、脚注、参考文献を含みます。字数制限を厳守してください。上限を大幅に超えた場合には、字数調整をお願いすることがあります。

　　　学部生の部＝8,000 ～ 10,000字
　　　大学院生の部＝8,000 ～ 15,000字
　　　加えて、論文・レポートの要約（約400字）を別に作成

（5）論文スタイル：論文サンプル（2本）をご覧いただき、同様なスタイルでの執筆をお願いします。

（6）その他
　　　①受賞者全員に、日中関係学会への入会資格が与えられます。卒業（大学院を含む）まで年会費無料の特典が付きます。受賞の直後に卒業の場合は、社会人になっても一年間だけ年会費無料で入会できます。
　　　②中国国内の大学から応募し、受賞した方の中から、特に優れた3～4名を東京で開催の受賞者表彰式および「若者シンポジウム」に招待します。国際航空運賃など交通費・東京での宿泊費は、学会が全額負担します。

（詳しくはhttp://www.mmjp.or.jp/nichu-kankei/ を参照）

第8回宮本賞
推薦・指導いただいた主な団体・各大学の先生・過去受賞の皆様

諸団体

日本華人教授会議（代表：宋立水）、NPO中国留学生交流支援・立志会（理事長：王紅）、九州中国研究会（会長：田中旬一）、日中交流研究所（所長：段躍中）、日中友好会館（総合交流部長：郭寧）、日中青年産学連合会（発起人：陳霄明）、日本科学協会

日本の大学

阿古智子（東京大学大学院総合文化研究科准教授）、王敏（法政大学教授）、岡田実（拓殖大学国際学部教授）、郝燕書（明治大学経営学部教授）、郝仁平（東洋大学教授）、川村範行（名古屋外国語大学特任教授）、刈間文俊（東京大学名誉教授、武蔵野大学講師、南京大学客員教授）、菅野真一郎（東京国際大学客員教授）、金群（早稲田大学教授）、厳善平（同志社大学教授）、黄磷（神戸大学教授）、近藤伸二（追手門大学経済学部教授）、周瑋生（立命館大学政策科学学部教授）、朱建榮（東洋学園大学教授）、諏訪一幸（静岡県立大学国際関係学部教授）、関口美幸（拓殖大学准教授）、高久保豊（日本大学商学部教授）、高原明生（東京大学教授）、趙軍（千葉商科大教授）、張兵（山梨県立大学国際政策学部教授）、杜進（拓殖大学国際学部教授）、西澤正樹（亜細亜大学教授）、範雲涛（亜細亜大学教授）、細川孝（龍谷大学経営学部教授）、真家陽一（名古屋外国語大学教授）、水野一郎（関西大学教授）、茂木創（拓殖大学国際学部助教授）、結城佐織（アメリカ・カナダ大学連合日本研究センター講師）、熊達雲（山梨学院大学教授）、劉傑（早稲田大学教授）

中国の大学

艾菁（復旦大学専任講師）、袁志海（西安外国語大学副教授）、王奕紅（南京大学教授）、王忻（杭州師範大学教授）、王書瑋（北京科技大学教授）、郭挙昆（重慶師範大学教授）、夏晶（武漢大学副教授）、加藤隆則（汕頭大学新聞・伝播学院教授）、賈臨宇（浙江工商大学副教授）、姜弘（北京師範大学外文学院日文系副教授）、許慈恵（上海外国語大学教授）、金雪梅（首都師範大学講師）、邢永鳳（山東大学教授・日本語学科主任）、高潔（上海外国語大学教授）、呉英傑（対外経済貿易大学外語学院副教授）、呉春燕（広東工業大学外国語学部副教授・副院長）、呉少華（西安外国語大学教授）、呉爽（上海外国語大学講師）、呉琳（西安交通大学外国語学院日語系専任講師）、蔡建国（同済大学教授）、周星（上海外国語大学教授）、徐一平（北京外国語大学教授）、肖霞（山東大学教授）、蒋青（華東理工大学専任講師）、肖平（浙江工商大学教授）、蒋芳婧（天津外国語大学高級翻訳学院副教授）、銭昕怡（中国人民大学准教授）、孫偉（首都師範大学副教授）、湯伊心（海南師範大学講師）、譚晶華（上海外国語大学教授）、

張艶萍（西北大学教授）、張建（上海外国語大学日本文化経済学院教授・副院長）、趙鴻（上海外国語大学副教授）、張厚泉（東華大学教授）、張平（四川大学准教授）、沈海涛（吉林大学国際政治研究所教授）、陳毅立（同済大学准教授）、陳多友（広東外語外貿大学教授）、丁紅衛（北京外国語大学北京日本学中心副教授）、鄧超群（湖南大学助教）、鳥羽厚郎（上海師範大学外国語学院日語学科外籍講師）、馬永平（西南民族大学教授・外国語学院副院長）、潘蕾（北京外国語大学北京日本学研究センター准教授）、毋育新（西安外国語大学教授）、本郷三好（中国人民大学法学院特聘助理）、葉琳（南京大学教授）、宮山昌治（同済大学外国語学院日語系外籍専家）、李静（瀋陽師範学院講師）、李東軍（蘇州大学教授）、李豊（北京外国語大学講師）、劉芳（大連外国語大学副教授）、呂雷寧（上海財経大学副教授，院長輔佐）

過去受賞者

江暉（中山大学外国語学院副教授、第2回最優秀賞）、方淑芬（日本大学、第4回最優秀賞）、張鴻鵬（信陽師範学院教授、第4回優秀賞）、勾宇威（中国人民大学、第5回特別賞）、陳星竹（北京大学、第6回特別賞）、朱杭珈（一橋大学、第6回特別賞）、王羽晴（中山大学、第7回最優秀賞）、邱吉（関西大学、第7回優秀賞）、李嫣然（南京大学、第7回優秀賞）

第8回宮本賞　審査委員会・実行委員会メンバー

審査委員会

審査委員長：宮本雄二（元駐中国大使、日中関係学会会長）
審査委員（学部生の部）：大久保勲（福山大学名誉教授、日中関係学会顧問）、加藤青延（NHK解説委員、日中関係学会副会長）、国吉澄夫（元東芝中国室長、日中関係学会副会長）、藤村幸義（拓殖大学名誉教授、日中関係学会監事）、村上太輝夫（朝日新聞国際報道部記者（機動特派員）、日中関係学会理事）、村山義久（時事総合研究所客員研究員、日中関係学会評議員）
審査委員（大学院生の部）：江原規由（国際貿易投資研究所チーフエコノミスト、日中関係学会顧問）、北原基彦（日本経済研究センター主任研究員、日中関係学会理事）、高山勇一（元現代文化研究所常務取締役、日中関係学会理事）、露口洋介（帝京大学経済学部教授、日本銀行初代北京事務所長、日中関係学会評議員）、林千野（双日株式会社海外業務部中国デスク、日中関係学会副会長）、吉田明（前清華大学外国語学部日本語教員、元朝日新聞記者、日中関係学会会員）

実行委員会

実行委員長：林千野
実行副委員長：国吉澄夫、村上太輝夫、川村範行、伊藤正一
実行委員：内田葉子、高山勇一、三村守、方淑芬、江越眞、藤村幸義

これまでの主な応募大学一覧　（あいうえお順）

中国大陸の大学

●青島大学（山東）●青島濱海学院（山東）●煙台大学（山東）●外交学院（北京）●華東師範大学（上海）●華東理工大学（上海）●華南師範大学（広東）●広東外国語外貿大学（広東）●広東工業大学（広東）●広東財経大学（広東）●曲阜師範大学（山東）●吉林華僑外国語学院（吉林）●杭州師範大学（浙江）●江西理工大学（広西）●湖南大学（湖南）●湖南師範大学（湖南）●三江大学（江蘇）●山東大学（山東）●山東財経大学（山東）●四川軽化工業大学（四川）●上海外国語大学（上海）●上海海事大学（上海）●上海交通大学（上海）●上海財経大学（上海）●上海師範大学（上海）●上海商学院（上海）●重慶師範大学（重慶）●首都師範大学（北京）●信陽師範学院（河南）●西安外国語大学（陝西）●西安交通大学（陝西）●清華大学（北京）●西南大学（重慶）●西北大学（陝西）●浙江工商大学（浙江）●蘇州大学（江蘇）●大連外国語大学（遼寧）●大連民族大学（遼寧）●中国江南大学（江蘇）●中国人民大学（北京）●中国政法大学（北京）●中山大学（広東）●中南大学（湖南）●東華大学（上海）●同済大学（上海）●南開大学（天津）●南京大学（江蘇）●南京工業大学（江蘇）●南京師範大学（江蘇）●南通大学（江蘇）●武漢大学（湖北）●復旦大学（上海）●北京大学（北京）●北京外国語大学（北京）●北京科技大学（北京）●北京師範大学（北京）●北京第二外国語学院（北京）●北京理工大学（北京）●遼寧師範大学（遼寧）

日本国内の大学

●愛知大学　●愛知県立大学　●青山学院大学　●大阪大学　●桜美林大学　●神奈川大学　●関西大学　●関東学院大学　●関西外国語大学　●京都大学　●京都外国語大学　●杏林大学　●慶応義塾大学　●神戸大学　●静岡県立大学　●大東文化大学　●拓殖大学　●東京大学　●東京外国語大学　●東京学芸大学　●東京工業大学　●東洋大学　●中央大学　●同志社大学　●名古屋大学　●名古屋学院大学　●日本大学　●二松学舎大学　●一橋大学　●明海大学　●明治大学　●名城大学　●明星大学　●山梨県立大学　●横浜国立大学　●立教大学　●立命館大学　●麗澤大学　●早稲田大学

第1回宮本賞受賞者（2012年）

最優秀賞（1編）

謝宇飛（日本大学大学院商学研究科博士前期課程2年）
アジアの未来と新思考経営理論 ―「中国発企業家精神」に学ぶもの―

優秀賞（2編）

宣京哲（神奈川大学大学院経営学研究科博士後期課程修了）
中国における日系企業の企業広報の新展開 ―「期待応答型広報」の提唱と実践に向けて―

馬嘉繁（北海道大学大学院経済学研究科博士後期課程）
中国国有企業における民主的人事考課の実相 ―遼寧省における国有銀行の事例分析―

奨励賞（3編）

周曙光（法政大学大学院人文科学研究科修士課程2年）
清末日本留学と辛亥革命 ―留学ブームの成因及び辛亥革命への影響の一考察―

長谷亮介（法政大学大学院人文科学研究科博士後期課程1年）
現状において日中関係を阻害する要因の考察と両国の将来についての展望

山本美智子（中国・清華大学国際関係学研究科修士課程）
日中国交正常化以降の両国間の経済貿易関係
―日中経済貿易関係に影響を与える政治要因を分析する―

努力賞（1編）

沈道静（拓殖大学国際学部4年）　尖閣問題を乗り越えるには

第2回宮本賞受賞者（2013年）

最優秀賞（1編）

江暉（東京大学学際情報学府Ⅲ博士課程）　中国人の『外国認識』の現状図
～8ヶ国イメージ比較を通じて日本の位置づけに焦点を当てて

優秀賞（3編）

長谷川玲奈（麗澤大学外国語学部4年）
中国人富裕層をターゲットとするメディカルツーリズムの可能性
～亀田総合病院の事例研究を中心に～

周会（青島大学日本語学部3年）　冬来たりなば春遠からじ ―中日関係への体験談―

佐々木亜矢（愛知大学現代中国語学部卒業、中青旅日本株式会社中部営業本部勤務）
華僑・華人のアイデンティティについて ―変化し続けるアイデンティティ―

佳作（4編）

鈴木菜々子（明治大学経営学部4年）
中国における日系小売業の企業内教育に関する一考察 ―CIY社の事例より―

劉暁雨（立命館アジア太平洋大学アジア太平洋学部4年）
心の繋がりからみる東アジア平和的な未来

桑建坤（西南大学4年）　中日両国の社訓に関する対照考察

龔奕珑（上海外国語大学研究生部修士課程卒業）
中国市場におけるユニクロの成功要因 ―ブランド構築を中心に―

第3回宮本賞受賞者（2014年）

最優秀賞（1編）

間瀬有麻奈（愛知県立大学外国語学部中国学科4年）　日中間の多面的な相互理解を求めて

優秀賞（6編）

佐々木沙耶（山梨県立大学国際政策学部3年）
　日中間における歴史教育の違いに関する一考察

陸小璇（中国人民大学4年）
　日本人の『甘え』心理の働き方 ―漫画『ドラえもん』を中心に―

韓静ほか6人（日本大学商学部3年）
　日本における外国人学生の就職と大学の支援施策に関する一考察

陳嵩（東京大学大学院学際情報学府博士課程後期課程5年）
　尖閣諸島（釣魚島）問題をめぐる反日デモに対する中国民衆の参加意欲
　および規定要因に関する所得階層ごとの分析

丁偉偉（同志社大学大学院社会学研究科博士後期課程2年）
　日中関係促進とテレビ番組の役割に関する一考察
　―中国中央テレビ『岩松が日本を見る』の分析を例に―

王鳳陽（立命館大学・政策科学研究科・D2）
　食品安全協力の視点から日中関係の改善を考える

佳作（5編）

丸山健太（早稲田大学政治経済学部国際政治経済学科3年、北京大学国際関係学院双学位留学生）
　中国における非効率的市場の存続
　―売り手の行動に着目したゲーム理論的分析とその原因の考察―

渡辺航平（早稲田大学法学部3年、北京大学国際関係学院）
　僕らの日中友好@北京活動報告レポート

耿小衞（中国人民大学日本語学科13年卒業）
　日本メディアの中国進出についての研究
　―『朝日新聞中文網』の中国報道記事を中心に―

王暁健さん（中国人民大学国際関係学院外交学系大学院1年）
　中日協力の視点から見る東アジア経済一体化の可能策

張鶴達（神戸大学大学院法学研究科国際関係論研究生）
　日本の対中政策における支援と抑止 −長期的戦略と短期的目標−

第4回宮本賞受賞者（2015年）

最優秀賞（1編）

方淑芬（日本大学商学部3年）、董星（同4年）、関野憲（同3年）、
陳文君（同3年）、小泉裕梨絵（同2年）、姜楠（同2年）
　日中経済交流の次世代構想　〜華人華僑の新しい日本展開を巡って〜

優秀賞（7編）

幡野佳奈（山梨県立大学国際政策学部4年）
　日中映画交流の歴史と意義 〜高倉健の事例を中心に〜

倪木強（日本大学商学部3年）、佐藤伸彦（同4年）、
趙宇鑫（同3年）、韓姜美（同3年）、林智英（同2年）
　日本企業は中国リスクをどう捉えるか
　〜中国労働者の権利意識に関するアンケート調査からの示唆〜

福井麻友（明治大学経営学部4年）
　在中日系企業の中間管理者の確保に関する一考察

張鴻鵬（名城大学法学研究科博士課程後期3年）
　陸軍中将遠藤三郎の『非戦平和』思想と日中友好活動

龍蕾（広東外語外貿大学東方言語文化学院日本語言語文化研究科博士課程前期2年）
　中国清朝末期における福沢諭吉認識への一考察

堀内弘司（早稲田大学アジア太平洋研究科博士課程2015年3月修了）
　中国在住の日本人ビジネスパーソンらの異文化社会適応のアスペクト
　―Swidlerの『道具箱としての文化』の理論を援用した考察―

胡優（立命館大学大学院政策科学研究科博士課程前期2年）
　日中韓三国の排出権取引制度のリンクについて

佳作（5編）

西野浩尉（明治大学経営学部4年）
　日中企業の評価制度比較と企業経営への影響

艾鑫（北京師範大学外国言語文学学院4年）
　戦後国民党対日賠償放棄の出発点についての研究
　―蒋介石『以徳報怨』の方針と賠償請求権の放棄をめぐって

盧永妮（北京外国語大学北京日本学研究センター社会コース博士課程前期2年）
　21世紀初頭における日本経済界の対中認識について

宋鄧鵬（広東外語外貿大学東方言語文化学院日本語言語文化研究科博士課程前期1年）
　中国人の爆買いをめぐる一考察

李書琴（北京外国語大学北京日本学研究センター社会コース博士課程前期2年）
　中日関係における国家中心主義及びその衝撃

第5回宮本賞受賞者（2016年）

最優秀賞（2編）

苑意（東京大学教養学部3年）、李文心（同3年）
　日中外交関係の改善における環境協力の役割 ―歴史と展望―

楊湘云（北京第二外国語学院日本語言語文学研究科2015年7月卒業）
　21世紀中国における日本文学翻訳の特徴 〜文潔若『春の雪』新旧訳の比較を通して〜

優秀賞（6編）

高橋豪（早稲田大学法学部3年）
　日中関係のカギを握るメディア ―CRI日本語部での経験を交えて―

王嘉龍（北京第二外国語学院日本語学部2016年7月卒業）
　　日系企業の中国進出についての文化経営研究 —ユニクロを例にして—

宮嵜健太（早稲田大学商学部1年）
　　『草の根』の日中関係の新たな構築 〜農業者、農協の交流を通して〜

田中マリア（早稲田大学政治学研究科博士課程後期2016年3月満期退学）
　　日中関係における競争と協力のメカニズム 〜アジア開発銀行（ADB）と
　　アジアインフラ投資銀行（AIIB）の相互作用を事例として〜

李坤（南京大学外国語学部博士課程前期2年）　中日におけるパンダ交流の考察

賈玉龍（大阪大学大学院人間科学研究科博士課程後期1年）
　　草の根からの日中平和 —紫金草平和運動を中心に—

特別賞（7編）

渡邊進太郎（日本大学商学部3年＝代表）、岡野正吾（同4年）、
河合紗莉亜（同2年）、橋本清汰（同2年）、山口掌（同2年）
　　ハイアールのネット化戦略を読み解く —日立、アイリスオーヤマとの比較を中心に—

戴岑仔（上海外国語大学日本文化経済学院4年）　日中における東アジアFTA政策

小泉裕梨絵（日本大学商学部3年＝代表）、原田朋子（同4年）、林智英（同3年）、
池田真也（同3年）、伊東耕（同2年）、仲井真優豪（同2年）
　　アリババが生む中国的ビジネスイノベーション —ビジネス・エコシステムの新展開—

岩波直輝（明治大学経営学部4年）　爆買いの衰退から見る日中関係

エバン・ウェルス（アメリカ・カナダ大学連合日本研究センターウィスコンシン大学
　　　　　　　　マディソン校歴史学部博士課程後期3年）
　　大豆貿易の政治的商品への過程 —日中の協力と競争をめぐって—

勾宇威（北京師範大学歴史学院博士課程前期1年）
　　歴史認識と中日の未来 〜歴史に学び、歴史に束縛されないように〜

村上昂音（東京外国語大学総合国際学研究科博士課程後期2年）
　　日中における生活系廃棄物減量化について
　　〜ベストプラクティスに見るゴミを減らすためのソリューション〜

第6回宮本賞受賞者（2017年）

最優秀賞（1編）

浦道雄大（横浜国立大学経済学部3年）　日中経済とシェアリングエコノミー

優秀賞（7編）

河合紗莉亜（日本大学商学部3年＝代表）、魏英（同3年）、山口掌（同3年）、有田俊稀（同2年）、大平英佑（同2年）、影浦秀一（同2年）、伴場小百合（同2年）、山縣涼香（同2年）、山中舜（同2年）
　　訪日中国人に伊豆の国市の魅力を伝える 〜中国人留学生とのパンフレット作製を通じて〜

山本晟太（大阪大学外国語学部4年）
　　フィールドを通じて深まる日中相互理解と協働関係構築への試み
　　〜雲南省でのフィールドワークを例に〜

王婧瀅（清華大学人文学部3年）
　中日国民関係の改善におけるメディアの役割 ～落語『死神』からの発想～

張嘉琳（明治大学経営学部4年）
　在中国日系企業における現場改善活動に関する一考察

白宇（南京大学外国語学院博士課程前期2年）、坂井華海（九州大学大学院地球社会統合科学府博士課程前期1年）
　日本語を専門とする中国人学生の日本語学習動機と習得状況の関係
　～蘭州理工大学と南京大学の比較を通して～

徐博晨（東京大学大学院総合文化研究科博士課程後期4年）
　北朝鮮核問題におけるアメリカの外交戦略と中国と日本の役割
　～強制外交及び安心供与の視点から

陶一然（立命館大学社会学研究科博士課程前期1年）
　日中戦争初期における中国世論の影響
　～『申報』から見る中国『徹底抗戦』世論の形成と戦争の拡大

特別賞（8編）

朱杭珈（中国嘉興学院外国語学院2016年卒）
　三ツ星『日中民間交流活動』作り方探索～日中民間交流活動のあり方についての体験談～

長澤成悟（日本大学商学部3年＝代表）、池田真也（同4年）、黄鶯（同3年）、谷口混（同3年）、金子拓斗（同2年）、結城里菜（同2年）
　中国・日本のメイカームーブメントから探るモノづくりの新たな一断面
　～衆創空間の深化に着目して～

陳星竹（西安交通大学外国語学部2017年6月卒業）
　テキストマイニングに基づく日本外交談話の分析
　～外務省記者会見における談話を例として～

趙書心（上海外国語大学日本文化経済学院2017年6月卒業）
　太宰治『十二月八日』におけるアイロニー

中島大地（一橋大学大学院言語社会研究科博士課程前期2年）
　青年層における日中文化交流の現状と展望
　～小説、映画、アニメ、伝統文化、観光の概観を通して～

丹波秀夫（復旦大学外国語学院日語言文学系博士課程2年）
　中国の日本語学科生における学習動機の変遷と教師の役割についての考察
　～学習継続プロセスの仮説モデル提起の試み～

周渝陽（武漢大学外国語言文学学院博士課程前期3年）
　大正期の総合雑誌における五四運動の捉え方
　～1919年の『中央公論』と『太陽』を中心に～

宋曉煜（名古屋大学大学院国際言語文化研究科博士課程後期満期退学）
　スペンサーの進化論の翻訳と重訳
　～日本語訳『政法哲学』とその二つの中国語訳をめぐって～

第7回宮本賞受賞者（2018年）

最優秀賞（2編）

王羽晴（中山大学外国語学部日本語学科4年）
　新たな時代の中国における日本文化の流行
　〜時代・国家・企業・メディアと個人からの考察〜

李国輝（早稲田大学アジア太平洋研究科博士課程後期4年）
　国際緊急援助と災害外交　〜四川大震災後における日中の地震外交〜

優秀賞（5編）

劉崢（南開大学外国語学院日本言語文学科2年）
　中日モバイル決済の比較研究

山宮朋美（明治大学経営学部3年＝代表）、荻原菜都子（同3年）、中村悠河（同3年）、阿部アンドレ（同3年）、黄嘉欣（同3年）
　アメーバ経営の中国導入の考察

李嫣然（南京大学外国語学部日本語科博士課程前期2年）
　中国の日本ブームにおけるセルフメディアの有様と役割
　〜2014年から2017年にかけて〜

邱吉（関西大学東アジア文化研究科博士課程前期2年）
　王一亭の日本交友からみた日中関係と今後への模索
　〜水野梅暁・長尾雨山・山本竟山を中心に〜

張姝蕊（遼寧師範大学外国語学部日本語科博士課程前期1年）
　日本の文化財保護に関する一考察及び中国への啓発

特別賞（7編）

呉沁霖（同済大学外国語学部日本語学科3年）
　日中関係と介護サービス

大西達也（明治大学経営学部4年）
　なぜ中国ではスタートアップ・ベンチャー企業が育ちやすいのか？

結城里菜（日本大学商学部3年＝代表）、黄鶯（同4年）、有田俊稀（同3年）、李鍾榮（同3年）、加藤司（同3年）、孔繁羽（同3年）、王思鋭（同2年）、武田実沙子（同2年）
　ロボットが繋ぐ日中関係
　〜広がる「中国智造」への波〜

邵馨儀（上海外国語大学日本文化経済学院日本語科2018年6月卒業）
　翻訳における人工知能の応用と啓示

王継洲（早稲田大学社会科学研究科博士課程後期4年）
　蠟山政道の東亜協同体論
　〜日中戦争を収拾する手段として〜

文佰平（大連外国語大学日本語学院日本語言語文学科博士課程前期3年）
　「訳文学」理論に基づく日本現代詩歌の中国語訳について
　〜日本の「三行情書」を中心に〜

張鳳熙（武漢大学外国語学院日本語言語研究科2018年6月卒業）
　知の越境　〜中国新聞学草創期における日本新聞学著作の受容〜

■監修　宮本雄二（みやもと ゆうじ）

1969年外務省入省。以降3度にわたりアジア局中国課に籍を置くとともに、北京の在中華人民共和国日本国大使館駐在は3回を数える。90年から91年には中国課長を、2006年から10年まで特命全権大使を務める。このほか、85年から87年には軍縮課長、94年にはアトランタ総領事、01年には軍備管理・科学審議官、02年には駐ミャンマー特命全権大使、04年には沖縄担当大使を歴任。現在は宮本アジア研究所代表、日中友好会館会長代行、日本日中関係学会会長。著書に『これから、中国とどう付き合うか』（日本経済新聞出版社）、『激変ミャンマーを読み解く』（東京書籍）、『習近平の中国』（新潮新書）、『強硬外交を反省する中国』（PHP新書）、『日中の失敗の本質──新時代の中国との付き合い方』（中公新書ラクレ）。

■編者　日本日中関係学会

21世紀の日中関係を考えるオープンフォーラムで、「誰でも参加できる」「自由に発言できる」「中国の幅広い人々と交流していく」をキャッチフレーズに掲げている。主な活動としては、①研究会・シンポジウムを随時開催、②毎年、「宮本賞」学生懸賞論文を募集、③学生を中心とした青年交流部会を開催、④ビジネス実務者による中国ビジネス事情研究会の開催、⑤ホームページ「中国NOW」で、中国の政治・経済などの情報を提供、⑥newsletter（年3回）の発行、などがある。会員は約500名。

The Duan Press

若者が考える「日中の未来」vol.6

日本の若年層を中心とする対中世論改善の可能性

2020年4月30日　初版第1刷発行
監　修　　宮本雄二（みやもと ゆうじ）
編　者　　日本日中関係学会
発行者　　段景子
発売所　　株式会社日本僑報社
　　　　　〒171-0021 東京都豊島区西池袋 3-17-15
　　　　　TEL03-5956-2808　FAX03-5956-2809
　　　　　info@duan.jp
　　　　　http://jp.duan.jp
　　　　　中国研究書店 http://duan.jp

中国政治経済史論

胡鞍鋼……著　日中翻訳学院本書翻訳チーム……訳

鄧小平時代

18000円＋税　ISBN 978-4-86185-264-0

毛沢東時代

16000円＋税　ISBN 978-4-86185-221-3

橋爪 大三郎

中国政治経済史論

胡鞍鋼著〈日本僑報社・1万7280円〉

毛沢東時代〈1949～1976〉

胡鞍鋼著　評

毎日新聞　東京朝刊 08/25（日）　読書｜読書　面選択▼

中国政治経済史論 鄧小平時代

胡鞍鋼著、日中翻訳学院本書翻訳チーム訳（日本僑報社・1万9440円）

鄧小平の改革開放が、現代中国の基盤をつくった。この世界史的な出来事を、中国経済の第一人者が豊富なデータを駆使して論じる。

著者は一九五三年生まれ。農村に送られて苦労し、独学で大学入試に合格。経済学を学んでアメリカに留学し、帰国後は清華大学で政策科学を講じている。本書は前著『毛沢東時代』に続く第二巻。清華大学での人気講義が元になっている。翻訳で七〇〇頁を超える大作だ。

本書で印象的なのは、改革開放を決めた十一期三中全会から「八九」年に至る約一〇年間の中国経済の軌跡を、党の文献や基本データを駆使して描く『江沢民時代』と三冊で、現代中国を理解するための必読文献だ。

本書は個々の指導者にも、踏み込んだコメントを加える。華国鋒は誠実で率直。趙紫陽は彼に及ばない。八六年の学生運動を前に、胡耀邦は政治的に未熟だった。趙紫陽は八九年、判断を誤り事態を悪化させた。胡耀邦は八九年、判断を誤り事態を悪化させたので、敏感な問題も多いので、中国語版は書店で入手できない。図書館はぜひ本書を揃えて、日本の読者に提供してもらいたい。

（橋）

毛沢東時代

アメリカを抜く、世界最大のボートを書き続けるうち、政治経済に迫る現代史を、指導者の実像を織り込んで構成する大作だ。ぶ厚い『歴史』研究こそ経済の本質に届くのだと思い定める。そこで、文化大革命がどういう原因で生じ、どれだけ災厄をもたらしたか、どれだけ成長をもたらしたか、まだ改革開放がいかに可能となり、どれだけ成長をもたらしたか、認め、企業会計や党の資産復活が始まった。信頼すべきデータと方法に基づき判断を精査して洗い出した。

《毛沢東時代》の意見が全党で可決した決議とぶつかった時に、毛沢東個人の意見がいかに党を凌駕し始めたか。文化大

著者・胡鞍鋼教授は、中国指折りの経済学者。文化大革命に東北の農村で十年間の辛酸をなめ、入試が復活するや猛勉強で理工系大学に合格。その後経済学を独学でマスター、認め、米国に留学して帰国後は清華大学のシンクタンク「国情研究中心」を率いる。膨大な著書や提言を発表する著者だが、中国の経済は政治と不可分である。それを発表する著者は不可分である。

データで明らかにする新中国の骨格

コ入れした。大躍進の責任を追及された毛沢東は深く恨み、劉少奇の打撃を挽回する。資本主義と文化大革命がダメージを与え、胡教授の推計によると、長期潜在成長率約九％に対し九五七～一九七八年が五・四％で、人民公社の食糧の放出も輪をかけた。《五三～一九七八年の年平均成長率は一一・三％》。正しいルールに戻る機会が何度かあったのが惜しい。文化大

人民公社の食糧の放出も輪をかけた。大飢饉が始まり、餓死者は《二千五百万人》に達した。大躍進の一人歩きだ。

毛沢東時代をどう評価すべきか。《五一～一九七八年の間に工業総生産額は一七倍に増加し、年平均成長率は一一・三％》で、このほか、教育機会を奪われた人材の喪失や人心の荒廃、社会秩序の混乱も深刻だ。毛沢東の失政がもたらしたのは体制の欠陥と党規約の空文化。《文化大革命》は鄧小平が改革開放を始めた直接的な動機であり、政治的・社会的安定を保つこと。文章の炎記から、人びとは教訓を学んだのだ。

毛沢東の歴史的評価は中国でも、現在でも「敏感」な問題である。胡教授は公平に、客観的に読みやすい。全本訳すべての必読図書として、中国のなるべく多くの図書館に一全国の読者に正確で数多くの本書を揃えて多くの見識に基づき、党関係の膨大な資料を読み込んだ本書は、待望の中国の歴史的評価はまだ日本の読者にも手にしてほしい。

（日中翻訳学院 本書翻訳チーム 訳）

第3回 忘れられない中国滞在エピソード

原稿募集

中国滞在中の悲喜こもごもや国境を越えた心のふれあい、中国の奥深い魅力など、中国滞在経験者以外にあまり知られていない、日本人が見たありのままの中国の姿を伝え、新時代の日中関係構築の一助となるべく、本コンクールを開催いたします。

思わず誰かに教えたくなるような中国でのとっておきのエピソード、学びと感動のストーリー、もっと知りたい奥深い魅力や新発見のおもしろさなど、テーマに即したオリジナリティーあふれる作品をお待ちしています！

特別テーマ（随時受付中）
- **中国で新型肺炎と闘った日本人たち**
- **新型肺炎、中国とともに闘う**—日本からの支援レポート

一般テーマ
- **中国のここが好き、これが好き** **中国で考えたこと**
- **私の初めての中国** **中国で叶えた幸せ**

受付期間 **2020年6/1**㊊—**6/15**㊊**必着**

詳しくはホームページへ http://duan.jp/cn/

応募資格・賞・特典

- **特別テーマ…全ての日本人および中国人**
- **一般テーマ…中国に行ったことのある全ての日本人**
  （旅行経験だけの方、滞在中の方も歓迎）
- **1900〜2000字以内＋略歴**（特別テーマは3000字まで可）
- **入選作品は書籍として刊行**
- **表彰式ならびに出版記念会を開催**
- **副賞として最優秀賞**（中国大使賞）**1名に10万円の賞金**
  （1等賞5名、2等賞20名、3等賞44名）

合計70名入選

日中両国のメディアで紹介！

コンクール表彰式・懇親交流会を開催（中国大使館にて）

孔鉉佑大使と中国大使賞
受賞者の乗上美沙さん

程永華大使と中国大使賞
受賞者の原麻由美さん

　第2回「忘れられない中国滞在エピソード」コンクールの表彰式と交流会が2019年11月15日午後、東京・港区の駐日中国大使館で開かれ、日本全国から、また中国各地から駆けつけた受賞者やその家族、各界・マスコミ関係者ら約200人が出席、盛大にこれを祝った。

　孔鉉佑大使は挨拶で、「中国には『少しのことからすべてを見通す』という言葉がある。（受賞者の中には）中国で見たり感じたりしたことが中日関係改善・発展への思いや理解に変わった人も大勢おられる。これらの有益な経験が将来の貴重な財産になるものと固く信じる」と温かなエールを送った。

コンクール受賞作品集 好評発売中！

第2回 2019年
中国で叶えた幸せ
978-4-86185-286-2

第1回 2018年
心と心つないだ餃子
978-4-86185-265-7

日中対訳 2017年
忘れられない中国留学エピソード
978-4-86185-243-5

福田康夫
元首相 推薦！

主催：**日本僑報社** 〒171-0021 東京都豊島区西池袋3-17-15　Tel 03-5956-2808　Mail info@duan.jp
後援：**中華人民共和国駐日本国大使館、読売新聞社**、（公財）日中友好会館、（一財）日中文化交流協会、（公社）日中友好協会、日本国際貿易促進協会、（一財）日中経済協会、日中友好議員連盟、（一社）日中協会、中国日本商会

日本僑報社好評既刊書籍

日中中日翻訳必携

武吉次朗 著

古川 裕（中国語教育学会会長・大阪大学教授）推薦のロングセラー。著者の四十年にわたる通訳・翻訳歴と講座主宰者及び大学での教授の経験をまとめた労作。

四六判177頁 並製 定価1800円＋税
2007年刊 ISBN 978-4-86185-055-4

日中中日翻訳必携 実戦編
よりよい訳文のテクニック

武吉次朗 著

好評の日中翻訳学院「武吉塾」の授業内容が一冊に！
実戦的な翻訳のエッセンスを課題と訳例・講評で学ぶ。
『日中中日翻訳必携』姉妹編。

四六判177頁 並製 定価1800円＋税
2007年刊 ISBN 978-4-86185-160-5

日中中日翻訳必携 実戦編II
脱・翻訳調を目指す訳文のコツ

武吉次朗 著

日中翻訳学院「武吉塾」の授業内容を凝縮した『実戦編』第二弾！
脱・翻訳調を目指す訳文のコツ、ワンランク上の訳文に仕上げるコツを全36回の課題と訳例・講評で学ぶ。

四六判192頁 並製 定価1800円＋税
2016年刊 ISBN 978-4-86185-211-4

日中中日翻訳必携 実戦編III
美しい中国語の手紙の書き方・訳し方

千葉明 著

日中翻訳学院の武吉次朗先生が推薦する『実戦編』第三弾！
「尺牘」と呼ばれる中国語手紙の構造を分析して日本人向けに再構成し、テーマ別に役に立つフレーズを厳選。

A5判202頁 並製 定価1900円＋税
2017年刊 ISBN 978-4-86185-249-7

日中中日翻訳必携 実戦編IV
こなれた訳文に仕上げるコツ

好評シリーズ
最新刊!!

武吉次朗 編著

「実践編」第四段！「解説編」「例文編」「体験談」の各項目に分かれて、編著者の豊かな知識と経験に裏打ちされた講評に加え、図書翻訳者としてデビューした受講者たちの率直な感想を伝える。

四六判176頁 並製 定価1800円＋税
2018年刊 ISBN 978-4-86185-259-6

『日本』って、どんな国？
―初の【日本語作文コンクール】世界大会―
101人の「入賞作文」

大森和夫・弘子 編著
（国際交流研究所）

初の日本語作文コンクール世界大会入選集。54カ国・地域の約5千編から優秀作101編を一挙掲載！
世界の日本語学習者による「日本再発見！」の作品集。

四六判240頁 並製 定価1900円＋税
2017年刊 ISBN 978-4-86185-248-0

中国人ブロガー22人の「ありのまま」体験記
来た！見た！感じた!! ナゾの国 おどろきの国
でも気になる国 日本

中国人気ブロガー招へい
プロジェクトチーム 編著
周藤由紀子 訳

誤解も偏見も一見にしかず！SNS大国・中国から来日したブロガーがネットユーザーに発信した「100％体験済み」の日本論。

A5判208頁 並製 定価2400円＋税
2017年刊 ISBN 978-4-86185-189-6

新中国に貢献した日本人たち

中日関係史学会 編
武吉次朗 訳

元副総理・故後藤田正晴氏推薦!!
埋もれていた史実が初めて発掘された。登場人物たちの高い志と壮絶な生き様は、今の時代に生きる私たちへの叱咤激励でもある。
－後藤田正晴氏推薦文より

A5判454頁 並製 定価2800円＋税
2003年刊 ISBN 978-4-93149-057-4

日本僑報社好評既刊書籍

人民日報で読み解く
第2回中国国際輸入博覧会

人民日報国際部
日中交流研究所 編著

昨年を上回る規模で中国の巨大市場を開放し各国にチャンスをもたらす第2回輸入博に関する人民日報国際部のリアルタイム情報を最速で日本語訳。中国ビジネス、中国貿易に必携の一冊！

四六判96頁 並製 定価1600円＋税
2019年刊 ISBN 978-4-86185-293-0

日中文化DNA解読
心理文化の深層構造の視点から

尚会鵬 著
谷中信一 訳

昨今の皮相な日本論、中国論とは一線を画す名著。
中国人と日本人、双方の違いとは何なのか？文化の根本から理解する日中の違い。

四六判250頁 並製 定価2600円＋税
2016年刊 ISBN 978-4-86185-225-1

日中未来遺産 中国「改革開放」の中の "草の根"日中開発協力の「記憶」

岡田実 著

「改革開放」初期、"草の根"で黙々と汗を流し、農村の発展を支えた日本人たちがいた。「戦争の記憶」が色濃く残る中国で顕著な成果を挙げた日本人4人の「開発協力の記憶」をひもとき、日中の未来を考える。

四六判160頁 並製 定価1900円＋税
2019年刊 ISBN 978-4-86185-276-3

病院で困らないための日中英対訳
医学実用辞典

松本洋子 編著

海外留学・出張時に安心、医療従事者必携！指さし会話集＆医学用語辞典。本書は初版『病院で困らない中国語』（1997年）から根強い人気を誇るロングセラー。すべて日本語・英語・中国語（ピンインつき）対応。豊富な文例・用語を収録。

A5判312頁 並製 定価2500円＋税
2014年刊 ISBN 978-4-86185-153-7

日本の「仕事の鬼」と中国の〈酒鬼〉
漢字を介してみる日本と中国の文化

冨田昌宏 編著

鄧小平訪日で通訳を務めたベテラン外交官の新書。ビジネスで、旅行で、宴会で、中国人もあっと言わせる漢字文化の知識を集中講義！
日本図書館協会選定図書

四六判192頁 並製 定価1800円＋税
2014年刊 ISBN 978-4-86185-165-0

日本人70名が見た 感じた 驚いた
新中国70年の変化と発展

笹川陽平・島田晴雄・近藤昭一・西田実仁・伊佐進一・小島康誉・池谷田鶴子 など70人 著

2019年の中華人民共和国成立70周年への祝福メッセージ。隣人である日本の人々は中国の変化と発展をどう見ているのか？ 日本全国の各界各層70名が生の中国について綴る。

A5判568頁 上製 定価4900円＋税
2019年刊 ISBN 978-4-86185-283-1

中国式管理
世界の経済人が注目する新マネジメント学

曾仕強 著
内山正雄 訳

「中国式管理」とは何か。管理者・被管理者双方の心理に立脚し、個々人の修養と協力によって社会を作り上げる新たな視点を提示する。ビジネスの場面に限らず、中国人の行動規範を理解するヒントとなる一冊。

A5判284頁 並製 定価3600円＋税
2019年刊 ISBN 978-4-86185-270-1

わが七爸 周恩来
（おじ）

周爾瞻 著
日中翻訳学院 馬場真由美 訳
松橋夏子

新中国創成期の立役者で、毛沢東と並び称される歴史上の偉人・周恩来はどのような人物だったのか。親族である著者の立場から、その不屈の精神の真相に迫った知られざる記録。

A5判280頁 上製 定価3600円＋税
2019年刊 ISBN 978-4-86185-268-8

中国人の 日本語作文コンクール

主催 日本僑報社 日中交流研究所

中国人の
日本語作文
コンクール

第16回 募集要項 (詳しくはHP参照)

応募期間 **5月20日(水)〜31日(日)** (必着)

テーマ 「新型肺炎と闘う」

❶新型肺炎と闘った中国人たち
　　　　──苦難をいかに乗り越えたか
❷新型肺炎から得られた教訓や学んだこと
❸ありがとうと伝えたい
　　　　──日本や世界の支援に対して

中国の学校で日本語を学ぶ学生を対象とし、2005年にスタートして以来、15年間で中国全土の300校を超える大学や大学院、専門学校などから、計4万5849名が応募。中国国内でも規模の大きい、知名度と権威性の高いコンクールへと成長を遂げています。

日本語作文コンクールHP **http://duan.jp/jp/**

中国若者
たちの
生の声

受賞作品集シリーズ (2005〜2019年 15冊) 好評発売中!

2005年から15年間、毎年出版されている本コンクールの受賞作品集は、中国の若者たちが直接日本語で書いたリアルな「生の声」であり、貴重な世論として、ますます両国の関心を集めています。

【第15回・最新刊】
ISBN 978-4-86185-292-3
2000円＋税

【第14回】
978-4-86185-267-1
2000円＋税

【第13回】
978-4-86185-252-7
2000円＋税

【第12回】
978-4-86185-229-9
2000円＋税

【第11回】
978-4-86185-208-4
2000円＋税

【第10回】
978-4-86185-182-7
2000円＋税

【第9回】
978-4-86185-163-6
2000円＋税

【第8回】
978-4-86185-140-7
2000円＋税

【第7回】
978-4-86185-122-3
2000円＋税

【第6回】
978-4-86185-107-0
2000円＋税

【第5回】
978-4-86185-092-9
1900円＋税

【第4回】
978-4-86185-083-7
1800円＋税

【第3回】
978-4-86185-066-0
1800円＋税

【第2回】
978-4-86185-047-9
1800円＋税

【第1回】
978-4-86185-023-1
2000円＋税